前言

21世纪，信息无处不在，大学生成为信息的主宰者，在正确的信息意识指导下，不仅能获取信息，而且善于评价、鉴别和有效利用信息。培养信息意识、提高信息能力成为大学生信息素养教育的核心内容。信息素养，是指有关个人能意识到信息需要并有效地定位、获取、评价和利用所需信息的一系列能力的综合。大学生的信息素养教育是根据社会信息环境，培养和提高个人的信息意识、信息能力、信息观念、信息道德、信息心理的一种教育活动，包括传统的图书信息用户教育、计算机技术、网络技术和信息检索技术的教育。信息素养教育不仅被视为对基本文化素质教育的一种补充，更是在泛在信息时代对教育观念的重新定义以及对教育过程的重新设计和构建。

近年来，国内已有不少高校将信息素养教育纳入大学生素质教育的全过程中，积极探索实践大学生信息素养培养模式，充分发挥高校在消除“数字鸿沟”、努力将“数字鸿沟”转化为“数字机会”、提高信息素养战略中的积极作用，使之真正成为塑造“大学灵魂、大学精神”的教育基地，奠定学生独立学习、终身学习、科学研究和知识创新的基础。长江大学在这方面也进行了积极的探索，自2007年以来，坚持对新生实施信息素养基础教育，并做好后续配套的信息检索课程教学，几年来已初见成效，很多学生在后续的创新科研实践中能学以致用，熟练地查找到所需要的专业信息，弥补了课堂知识的不足，同时也高效地利用了行业资讯，提高了自学能力和独立研究能力。

为了总结经验，也为了满足课堂教学之需，长江大学图书馆特组织编写了本书。本书由唐伦刚馆长策划设计并进行最后统稿，各章采取集体讨论、分头执笔的形式完成。具体分工如下：朱玉兰副研究馆员编写第一章信息与信息素养；都政权副研究馆员编写第二章信息素养教育；龚光丽硕士编写第三章图书馆信息知识基础；李昌彩副研究馆员、柯玉清硕士编写第四章高校图书馆的职能及服务内容；程思祥硕士编写第五章计算机信息检索；储冬红副研究馆员编写第六章常用中文数据库的使用；喻萍萍硕士编写第七章常用外文数据库的使用；李靖硕士编写第八章信息社会信息安全；周爱莲副研究馆员编写第九章文献信息综合利用方法;漆俐红副研究馆员编写第十章学位论文写作规范。

全书分上、中、下三篇,共十章。上篇的四章主要介绍信息素养与图书馆方面的知识;中篇的三章主要介绍信息检索技能方面的知识,是本书的核心;下篇的三章主要介绍信息社会与文献综合利用方面的知识。

由于时间仓促,书中不妥和疏漏之处在所难免,敬请广大读者批评指正!

衷心希望本书与大学生信息素养教育一路同行,与广大教育工作者携手并进,为泛在信息时代中的大学生的素养教育开拓一片新天地。

DAXUESHENG XINXI SUYANG JIAOYU

大学生信息素养教育

唐伦刚 储冬红 编著

Daxuesheng Xinxi Suyang Jiaoyu

華中科技大學出版社
http://www.hustp.com
中国·武汉

内容提要

本书旨在培养大学生信息素养理论与实践能力，围绕信息素养、信息检索技能、信息社会等展开。全书分上、中、下三篇，共十章。上篇的四章主要介绍信息素养与图书馆方面的知识；中篇的三章主要介绍信息检索技能方面的知识，是本书的核心；下篇的三章主要介绍信息社会与文献综合利用方面的知识。

图书在版编目(CIP)数据

大学生信息素养教育/唐伦刚，储冬红编著．—武汉：华中科技大学出版社，2014.6
ISBN 978-7-5680-0182-3

Ⅰ.①大…　Ⅱ.①唐…　②储…　Ⅲ.①信息技术-高等学校-教材　Ⅳ.①G202

中国版本图书馆 CIP 数据核字(2014)第 135859 号

大学生信息素养教育　　　　唐伦刚　储冬红　编著

策划编辑：袁　冲
责任编辑：胡凤娇
封面设计：刘　卉
责任校对：曾　婷
责任监印：徐　露
出版发行：华中科技大学出版社(中国·武汉)　电话：(027)81321913
武汉市东湖新技术开发区华工科技园　邮编：430223
录　　排：华中科技大学惠友文印中心
印　　刷：北京虎彩文化传播有限公司
开　　本：710mm×1000mm　1/16
印　　张：17.5
字　　数：338 千字
版　　次：2019 年 1 月第 1 版第 5 次印刷
定　　价：39.00 元

目　录

SHNAGPIAN

上篇

信息素养与图书馆

第一章　信息与信息素养

第一节　信息概述

一、信息的定义

信息作为一个科学术语最早出现于通信领域。目前关于信息的定义众说纷纭，莫衷一是。据统计，公开发表的定义已有几十种之多，以下仅列举几种具代表性的定义。

信息论创始人克劳德·艾尔伍德·香农(C. E. Shannon)的信息定义：信息是可以使不确定性减少或消除的知识。某种知识使不确定性减少的程度越大，则它的信息量越大。

控制论的创始人诺伯特·维纳(N. Wiener)的信息定义：信息这个名词的内容就是我们对外界进行调节并使我们的调节为外界所了解时而与外界交换的东西，如人与人之间的交流。其目的在于相互了解，协调行为。

信息管理专家霍顿(F. W. Horton)的信息定义：信息是按照最终用户决策的需要，经过处理和格式化的数据，处理可以是自动化的或手工的，由数据转化为信息是由信息处理者自己完成的。

《信息与文献术语》(GB/T 4894—2009)中关于信息的定义有两个：①信息是指被交流的知识；②在通信过程中为了增加知识用以代表信息的一般消息。也就是说，信息是物质存在的一种方式、形态或运动状态，一般指数据、消息中所包含的意义，可以使消息中所描述的事件的不确定性减少。

从狭义上讲，信息就是一种消息、资料或数据。从广义上讲，信息是物质的一种普遍属性，是物质的表现形式，包括自然信息、生物信息和社会信息等。

根据信息的本质内涵，信息可以分为四个层次：数据(data)、信息(information)、知识(knowledge)和智慧(wisdom)。数据、信息及知识是处于一个平面上的三元关系，反映了人们认知的深化过程，即数据是对客观事物特性和特征进行描述的一种抽象性的、符号化的记录，它由数字、字母、符号、图形等组成；

经过加工处理后所获得的有用的数据则是信息；知识是一种信息，知识是在对数据和信息理解的基础上，以某种可利用的形式，高度组织化后的、可记忆的信息；智慧超越了这个平面，它是人们在数据、信息以及知识基础之上的独创性的活动，可以说是一种更高层次的知识创造活动。

二、信息的主要特征

信息的主要特征包括普遍性、传播性、不灭性（稳定性）、时效性、共享性、转换性、存储性、再生性、可识别性等。

1. 普遍性

只要有物质和物质运动存在，就会有信息。信息是人类社会的产物，普遍存在于社会，应用于社会。信息只有经过人类对数据的加工过程，并通过一定形式表现出来才有使用价值。

2. 传播性

信息本身是无形的，必须借助某种媒介（如语言、文字、图像、声波、电波、光波、胶片、磁盘等）进行传播和存储，信息只有经过传递才能体现其价值。

3. 不灭性（稳定性）

信息的不灭性是指一条信息产生后，虽然其载体可以变换，但信息在被重复使用、大量复制、长期保存过程中不会产生增减或消失。

4. 时效性

同一信息在不同的时间具有不同的价值。信息的时效性表现在其反映的内容越新，价值越大，随着时间的推移其价值逐渐减少。信息的内容全部被人们了解后，其价值也就消失了，过时的信息几乎没有价值，信息具有老化特性。

5. 共享性

信息可以被不同的个体或群体在同一时间或不同时间共同享用，这与物质、能量不同，也是信息交流与实物交流的本质区别。信息能够共享的特点，使信息资源能够发挥最大的效用。共享后的信息不会消失。

6. 转换性

信息在一定的条件下可以从一种形态转换成另一种形态，可以转化成物质、能量、时间、金钱、效益等。比如，电子信息可以转换为文本信息、图像信息、多媒体信息等多种不同形式的信息形态或其组合形态。因为信息的可转换性，可以使同一信息针对不同的接收者而采用经过转换后的易于为接收者所接纳的形式，这样，我们接收和传播信息的渠道和范围就扩展了。

7. 存储性

信息必须依附于物理载体存在。信息可以通过符号表现，而符号可以依附在一定的载体之上以便更有效地保存与传递。信息从信息源传出后其自身的信息量并没有减少，即信息并不因为被使用而消失，它可以被大量复制、长期保存，并重复使用。我们了解远古时代的社会，知道遥远地方发生的事情，全是因为信息被记录在了一定的载体上，从而存储起来，为更大范围的人所知道。传统的载体有树皮、羊皮、锦帛、竹简、纸张等，现代的载体有硬盘、光盘等。

8. 再生性

信息可以被再次处理以提高利用价值。

9. 可识别性

任何信息都可被特定对象识别而发挥作用。

三、信息文献载体的演变

文献载体是人们用以记录信息的物质材料，也是借以传递和交流知识信息的工具，它存在的意义在于传递和交流载于其中的内容信息。伴随着信息量的不断增加，信息文献载体形式也在不断发生变化。当文献载体的性能负荷不起繁重的传递交流活动时，新的载体形式就会产生。

1. 古代自然文献载体

在人类社会漫长的发展过程中，不同的国家和地区，为了社会记忆的需要，曾经采用过多种物质材料作为信息记录与交流的载体。从我国古代的甲骨、青铜器、石料、竹木、锦帛，到西亚的泥板、古埃及的纸莎草等，这些在当时社会经济、生产和科学技术水平制约之下产生的早期载体，无不具有取材便利、形态稳定等特点。我们称这些载体为自然文献载体。此类载体具有难于书写和保存等不利因素，因此文献传递功能很弱，所记录的内容和信息范围也很窄。

2. 纸质文献载体

造纸术的发明，结束了人类直接利用天然物质材料传递文献信息的历史，使记录文献信息的载体发生了一场重大变革。纸质载体的产生加上印刷术的发明，不仅大大缩短了文献生产周期，而且增加了文献的复本量和总数量。由造纸术和印刷术支持下的纸质文献载体很快普及开来，实现了人类长久保存和大量复制文献的愿望。纸质文献携带方便，便于阅读，易于复制，所含信息内容全面、完整，因而在社会上得到广泛传播，成为人类最主要的文献载体形式，一直延续至今，对人类文明产生了巨大影响。

3. 电子文献载体

随着文献信息量的不断增加，文献的有限存储空间与文献量无限增加的矛盾日益突出，新的信息载体应运而生。电子文献载体代表了信息载体技术发展的基本方向，通过网络可以轻易获取分布在全球的文献信息，网络可以在文献生产的同时，把所载的信息传递到世界各个角落。

比尔·盖茨说过，“几乎所有的信息都是数字”，“数字化技术构成了当代信息革命的一个新平台，如果说文字和印刷术代表了人类历史上两次划时代的信息载体革命，那么插上数字翅膀的现代计算机和互联网技术就成为第三次信息载体革命的重要里程碑”。

新型载体以其传输速度快、检索不受时空局限等优势，契合了现代人对信息传递的需求，成为人们获取文献信息的主要载体形式。但新型载体必须有辅助设备或在专门的场所才能使用，对系统的依赖性强，易损坏，可靠性较低，这些弱点使之不可能完全取代纸质载体，而且纸质文献符合人们仍然保留的传统阅读和书写习惯，具有利于持久、全面地学习和研究以及易保存，不需辅助设备等优势，故纸质载体仍将在信息交流中发挥重要作用。

四、信息技术的发展

信息技术是人类在认识自然、改造自然的过程中，为了放大自身“器官”的功能，争取更多、更好的生存发展机会而产生和发展起来的技术。信息技术是能够提高或扩展人类获取信息能力的方法和手段的总称。这些方法和手段主要是指完成信息产生、获取、检索、识别、变换、处理、控制、分析、显示及利用的技术。纵观社会的发展进程，信息技术已经经历了以下三个发展时期。

1. 以人工为主要特征的古代信息技术

从远古时期到 19 世纪 20 年代漫长的人类社会发展进程中，由于政治、经济、军事和贸易的需要，人们处理信息的手段和方法从简单到复杂、从低级到高级缓慢地发展着。人们最初只能以手势、表情、动作、声音表达基本情感，传递基本信息，后来逐步探索出应用自然物件来记载信息、传递信息和处理信息。例如，为了处理信息，使用算盘进行计算（即珠算术）等；为了传递信息，探索出了烽火台、号角、信号标等简单的信息传输技术；为了记录信息，绘制了岩画、壁画等。随着语言文字的创造、邮驿系统的建立、造纸术与印刷术的发明，古代信息技术走向了一个又一个新阶段：文字的出现使人类真正开始了大脑之外的信息存储，笔、墨等书写工具的出现促进了书卷、书信、账簿的产生；邮驿系统的建立使信息传递更为专业化——可传递信息的距离更加遥远，渠道更加通畅，安全和保密性更加有保障；造纸术和印刷术的发明将人们从篆刻、手抄文献的劳动中解放出来，使信息得以大量复制、存储和交流。

通过古代信息技术的发展可以看出古代信息技术具有如下特点：古代信息技术基本上是在人工条件下实现的，它与农业社会的生产力水平相对应。自给自足的经济模式、森严的等级制度和封闭隔绝的交通使得人们的信息活动范围狭窄、效率低下。

2. 以电信为主要特征的近代信息技术

19 世纪 30 年代至 20 世纪 30 年代，随着电子学、电子技术的发展和成熟，信息技术与电子技术迅速地结合起来，以电子技术为主要技术的近代信息技术建立并发展了起来。光学技术、电子技术、通信技术、声像技术等一系列近代科学技术构建了近代信息技术基础。光学摄影技术、静电复印技术为信息的永久保存提供了手段和条件；录音、摄像技术为信息的存储、还原提供了技术支持和保证；电话、电报技术使远隔千里的即时通信成为现实；广播、电视的应用为信息的大众化传播提供了途径。近代信息技术与工业社会的生产力水平相适应，是近代工业社会发展的结果。

3. 以网络为主要特征的现代信息技术

1946 年，世界上第一台电子多用途计算机埃尼阿克（electronic numerical integrator and computer，电子数字积分计算机，英文缩写 ENIAC）在美国的宾夕法尼亚大学诞生，从此，电子计算机成为信息技术的新主角。1969 年，世界上第一个分组交换计算机网络阿帕网投入运行。1990 年，蒂姆·伯纳斯-李（Tim Berners-Lee）发明了互联网上的超文本系统，使网络互联技术用于人们的信息交流与共享，从而极大地促进了互联网的发展。现在，互联网已经成为人们进行信息交流的重要工具。

因特网是目前世界上最大、使用人数最多、信息资源最丰富的国际互联网络。因特网上提供各种信息服务，例如电子邮件 e-mail、电子新闻组、超文本 WWW（world wide web，全球万维网，简称万维网）浏览服务以及文件传输 FTP 服务等。其中，WWW 是因特网上最受欢迎、最为流行的浏览服务程序。因特网上的数据以各种形式分布在世界各地的计算机上，正是 WWW 利用超文本技术，将位于全世界因特网上不同地点的相关数据信息“有机地编织”在一起，提供了在信息网络内从一个文献迅速转移到另一个文献的手段，而不论这些文献是分布在因特网上的哪台机器上。用户不仅可以通过这些技术传送文本和其他数字化资料（如音乐、图像等），还能从远处进入和利用知识体系（如远程试验）、远程学习师生互动课程（远程教育），并通过计算机获得难以想象的大量信息。信息技术从此进入信息高速公路的快车道，现代信息技术得到了空前的发展。

现代信息技术以微电子技术为基础，以电子计算机技术和网络通信技术为主要标志。现代信息技术的核心是电子计算机技术和网络通信技术。相对以往的信息处理和传播工具，电子计算机及网络通信系统的诸多优势使得信息技术的发展有了质的飞跃。信息处理可以由计算机高速、精确、自动地进行，突破了人脑及人体感觉器官处理信息的局限性。信息传输借助遍布世界的互联网络可以即时、迅速、准确、有效地完成，计算机网络拓展了传播途径，人机对话、信息交互改变了传播形式，多媒体信息丰富了传播内容。

现代信息技术已经进入了信息处理、传输、存储和应用综合化的新境界。现代信息技术与信息社会的生产力水平相适应，是现代信息社会发展的必然产物。

现代信息技术在现代社会发展中起着至关重要的作用,已经成为发展社会生产力、繁荣社会经济和促进社会改革的巨大动力。

第二节　信息素养概述

在讨论信息素养时,有几个问题需要弄清楚。首先,信息素养作为一种素养,它是社会共同的判断,同时,信息素养的内容也会不断发生变化、更新。其次,信息素养是以社会实践效果来衡量的。最后,信息素养不是先天就有的,而是后天培育而成的。

一、信息素养的内涵

1. 国外专家或机构的观点

随着社会的不断发展及信息技术的突飞猛进,信息素养的内涵日益变化、完善。许多专家和机构都对其概念提出了新的看法。

1974 年,美国信息产业协会主席保罗·泽考斯基(Paul Zurkowski)最早提出了信息素养(information literacy)的概念,他在美国全国图书馆和情报科学委员会上,把信息素养定义为“利用大量的信息工具及主要信息源使问题得到解答的技术和技能”,并认为信息素养包括众多方面:其一,传统文化素养的延续和拓展;其二,受教育者达到独立学习及终身学习的水平、对信息源及信息工具的了解及运用;其三,必须拥有各种信息技能,如对所需文献或信息的确定、检索,对检索到的信息的评估、组织、处理并做出决策。信息素养既是一种能力素质,又是一种基础素质。

1989 年,美国图书馆协会(American Library Association,ALA)认为,“具备信息素养的人是能够敏锐地洞察信息需要,并能够进行相应的信息检索、评估和有效地利用所需信息的人”。它全面而简练地概括了信息素养中基本技能和思考技能两个方面的内容。

最具有代表性的是美国学者 Christina S. Doyle 于 1992 年在《信息素养全美论坛的终结报告》中的观点。他认为:一个具有信息素养的人能够认识到精确和完整的信息是做出合理决定的基础;识别信息需求,在信息需求的基础上明确表达问题;确认潜在的信息源;制订成功的检索方案;从包括基于计算机的和其他的信息源中获取信息;评价信息组;组织信息用于实际应用;将新信息与原有的知识体系进行融合;在批判性思考和解决问题的过程中使用信息。这个定义主要是通过说明具有信息素养的人有哪些特点或能力来对信息素养进行描述,使信息素养的内涵具体化了。

美国密苏里大学哥伦比亚分校大学教育学院的 Mary F. Lenox 和 Michael L. Walker 认为：具有信息素养的人有明确陈述研究问题的能力，有评价、分析与鉴定研究结果的能力，有检索多种类型信息以满足信息需求的能力。广泛地说，信息素养是指一个人获取和理解多种信息资源的能力。而要真正具备信息素养则必须做到以下几点：第一，必须懂得和使用分析技能去简单陈述问题，明确研究方法以及能对实验性（经验性）结论进行批判性的评价；第二，必须能利用越来越多的、复杂的方法寻求问题的答案；第三，一旦已经明确了要寻找的东西就一定能够找到。无论信息是从计算机、书本、政府机构、电影、谈话、海报，还是从其他可能的来源而来，信息素养概念的本质是具有把从书本、电视屏幕、海报、图片、其他图画所看到的以及所听到的信息进行分析和理解的能力。

1994 年，美国雪城大学信息研究学院教授 Charles R. McClure 提出，信息素养是传统素质、网络素质、计算机素质与媒体素质的集合。

1996 年，美国菲尔丁研究生大学的 Jeremy J. 和 Shelley K. Hughes 提出，信息素养由工具素质、资源素质、社会架构素质、研究素质、出版素质、科技素质和思辨素质构成。他们都通过信息素养与其他相关概念的关系来描述信息素养。

1997 年，澳大利亚学者 Christine Bruce 利用现象学研究方法来分析信息素养的内涵，提出信息素养作为一种现象，涵盖了七种过程：①使用信息技术进行信息检索与交流的过程；②在信息源中发现所要寻找的信息的过程；③执行的过程；④控制信息的过程；⑤在新领域建立个人知识的过程；⑥利用已有知识、观点产生新的观点的过程；⑦明智地使用信息的过程。

2003 年 9 月，联合国信息素养专家会议发表了《布拉格宣言：走向信息素养社会》。会议宣布：信息素养是终身学习的一种基本人权。信息素养正在成为一个全社会的重要因素，是一项促进人类发展的全球性政策。信息素养是人们投身信息社会的一个先决条件。

科罗拉多州教育媒体协会认为，具有信息素养的学生是有能力的、独立的学习者。他们知道自己的信息需要，能积极参与到概念的讨论中，会运用技术去获得信息，进行交流；能在存在多种答案及无答案的环境中自如地工作；会对自己的工作采取高标准，创造出高质量的产品。他们非常灵活，能适应变化，既可以从事独立工作也可以从事协同工作。

英国谢菲尔德大学（The University of Sheffield）的 Sheila Webber 与 Bill Johnston 将信息素养定义为：信息素养是能够采用适当的信息行为，通过任何渠道与媒介获得最适合的信息，同时意识到在社会中合法使用信息的重要性。

2. 国内专家或机构的观点

国内对信息素养理论的研究与探讨，应该说表现得相当积极、活跃。

著名的未来教育专家桑新民教授提出，可以从以下三个层次六个方面确立培养信息素养的内在结构目标体系。

第一层次,驾驭信息的能力:高效获取信息的能力;熟练、批判性地评价信息的能力;有效地吸收、存储、快速提取信息的能力;运用多媒体形式表达信息、创造性地使用信息的能力。

第二层次,运用信息技术的高效学习与交流能力:将以上一整套驾驭信息的能力转化为自主、高效地学习与交流的能力。

第三层次,信息时代公民的人格教养:培养和提高信息时代公民的道德、情感、法律意识与社会责任。

具有了以上三个层次的能力,每个人就有了自主学习的能力,所以具有信息素养是掌握如何学习的基本条件。

南开大学柯平教授在其《信息素养与信息检索概论》中提出,信息素养是一个多元化、综合性的概念,包含多方面的内容,既包括信息意识和信息伦理,又包括信息技术的操作能力、各种软件的应用能力、信息资源的利用能力、信息的创造与表达能力,还包括信息的评价能力、开发新的信息资源与软件的能力。这些决定了信息素养的多重特点。其一,信息素养具有知识性。知识是信息素养的重要内容。其二,信息素养具有普及性。对个人来说,在信息社会中具备信息素养可以说属于公民的基本素质。生活在现代社会,人们的生活和工作学习都离不开信息技术,经常接触各种各样的信息系统,如银行存款、查找资料、通信等,人们遇到问题也经常想到利用信息技术去寻求答案和帮助。其三,信息素养具有操作性。操作性是人们在处理和运用信息时,在技术、诀窍、方法和能力等方面所表现出来的素养。信息素养的所有内容最终必然表现在人们利用信息技术、操作信息系统上。在评判一个人的信息素养时,实际操作能力的权值要比其他方面的权值更大一些。

钟志贤教授认为信息素养应包括七个方面的能力:运用信息工具、获取信息、处理信息、生成信息、发挥信息的效益、信息协助和信息免疫。

张基温教授认为,信息素养主要包括信息意识、信息知识、信息能力和信息品质等四个方面。

第一,信息意识。信息意识是人们利用信息系统获取所需信息的内在动因,具体表现在如下几个方面:①面对信息在经济发展中的作用将大大超过资本,要有信息第一的意识;②面对信息资源获取的激烈竞争,要有信息抢先意识;③面对世界信息化进程的加速,要有信息忧患意识;④面对信息的发生,具有捕捉和猎取意识;⑤面对信息活动有积极的体验意识(如依赖感、赞同感和支持感);⑥面对信息时代的技术进步和知识更新的加速,要有再学习和终身学习的意识。

信息意识是可以培养的,经过教育和实践,可以由被动地接收状态转变为自觉活跃的主动状态,而被“激活”的信息意识又可以进一步推动信息技能的学习和训练。

第二，信息知识。信息知识具体表现在如下三个方面：①熟悉与信息技术相关的常用术语和符号；②了解与信息技术相关的文化及其背景；③熟知与信息获取和使用有关的法律、规范。

第三，信息能力。信息能力具体表现在如下六个方面：①信息挑选、获取、传输、处理、保存与应用能力；②信息技术的跟踪能力；③基于现代信息技术环境的学习和工作能力；④信息交流能力；⑤信息评价和批判能力；⑥信息免疫和信息系统安全的防范能力。

第四，信息道德。信息道德具体表现在如下两个方面：①热爱生活，有较高的情商，无论面对何种情境，能够充满自信地运用各类信息解决问题，有较强的创新意识和进取精神；②具有团队、服务和协作精神，善于同外界建立多种协作关系。

陈维维、李艺等学者，根据马斯洛的层次需要理论把信息素养分为三个层次，即基础性信息素养、自我满足性信息素养和自我实现性信息素养。信息素养在不同层次上对信息意识、信息知识、信息能力、信息道德这些方面提出了不同要求，并且随着时间的推移和信息技术的发展与普及，信息素养对信息意识、信息知识、信息能力、信息道德的要求呈动态变化。信息素养的三个层次如表 1-1 所示。

表 1-1　信息素养的三个层次

层次＼要求＼内涵	信息意识	信息知识	信息能力	信息道德
基础性信息素养	具有使用技术、信息和软件的习惯	了解计算机基本工作原理和网络基本知识	熟练地使用网络资源，学会获取、传输、处理、应用信息的基本方法	懂得与信息技术有关的道德、文化和社会问题，负责任地使用信息
自我满足性信息素养	积极利用信息技术，将利用信息技术作为工作、生活的必要手段之一	了解各类信息技术工具的原理和知识	能充分利用信息技术为自己的学习、生活、工作服务	关注与信息技术有关的道德、文化和社会问题，自觉按照法律和道德使用信息技术

续表

内涵 要求 层次	信息意识	信息知识	信息能力	信息道德
自我实现性信息素养	将信息技术作为实现自我价值的重要工具，使之成为工作、生活的重要内容	了解信息技术原理和知识，深入掌握某一领域或方面的设计、开发、利用、管理和知识的评价	具有信息的分析、加工、评价、创新能力和具有设计开发新的信息系统的能力	严格按照知识产权等相关法规使用信息，做有知识、有责任感、有贡献的信息技术的使用者、探求者、创造者

张亚莉在《信息素养内涵的建构》中将信息素养分成三个方面的结构体系。她认为，信息素养是由信息知识、信息能力和非认知因素（非智力因素）相互作用所组成的一个结构体系。信息素养的非认知因素（非智力因素）主要包括在所有信息活动中必须具备的信息意识、信息道德、信息法规和社会责任感等。信息素养的诸要素相互联系，相互依存，构成一个有机的整体。

虽然国内外各个专家和机构对信息素养的具体界定有所不同，但是其内涵基本上都是一致的。信息素养定义最经典、被人引用最多的是 1989 年美国图书馆协会的观点。

在这里我们认为，对信息素养的正确理解，可以从以下几个方面入手：①信息素养包括有效地检索、评价和使用信息（涵盖多种信息源）；②对信息进行批判性的思考，并将有用信息变成自己思想的一部分；③具有对信息进行主动鉴别、有区别地对待信息的能力。

二、信息素养相关术语的定义

关于信息素养国内外尚未形成统一概念，随着研究的深入又衍生出一系列相关术语及其不同的解释。其他相关术语（如信息能力、传媒素养（也称媒介素养或媒体素质）、计算机素养、视觉素养、终身学习、利用资源自学等）与信息素养有着程度不等的相关性，但同时也有着明显的区别。

1. 信息能力

美国加利福尼亚州立大学的学习资源和教育技术委员会信息能力研究组定义：信息能力是以各种形式发现、评价、利用和交流信息的能力，是图书馆素养、计算机素养、传媒素养、技术素养、伦理学、批判性思维和交流技能的融合或综合。

信息能力是信息素养的核心，但并不是信息素养的全部内容。信息能力是一个多元化的概念，它包括信息技术的操作能力和运用信息技术解决问题的能力，对软件的应用、评价、开发的能力，对信息和信息资源的搜集、开发、评价、利用的能力。

2. 传媒素养

美国媒介素养研究的专门机构对传媒素养做了这样的定义：媒介素养是一种能力，用这种能力来接触、分析和评价大众媒介中所传递的诸多复杂信息。媒介素养着重于帮助人们尤其是青年人成为媒介信息更谨慎、更理性的消费者，从而在有关健康、购物和价值判断上能做出更明智的选择；同时也帮助人们成为媒介有创新性的生产者，从而更有效地传递他们的所思、所想和优势。

3. 计算机素养

美国北肯塔基大学的学术计算局对计算机素养下的定义是：已获得知识和经验的大学生及教师在其学科领域内必须具有熟练地和有效地利用计算机的能力。这是该局在其 1997 年 3 月编制的《学术计算机策略和程序手册》中提出的。《韦氏大学英语词典》第 11 版所下的定义是：利用计算机及其软件完成实际工作任务的能力。

4. 视觉素养

加利福尼亚西南部波姆那市教育局在其联机视觉计划中指出：视觉素养是通过基本视觉要素理解映像的含义和构成的能力。

5. 终身学习

P. C. Candy 等人在 1994 年发表的《通过大学教育培养终身学习者》一文中指出：终身学习就是学习者自己有意识地计划、自我管理并与其有效地补习相一致的审慎而有意的努力，即审慎地自学。

6. 利用资源自学

加拿大安大略省金斯敦王室大学的斯托夫图书馆在其编制的《什么是利用资源学习》手册中指出，利用资源自学就是通过开发各种资源并用其训练，使学科和信息素养达到目标的一种学习方式。

三、信息素养的标准

信息素养已成为现代人文化素养的一部分，信息素养能力是信息社会人的发展的核心问题。因此，信息素养评价标准是用来衡量个体信息素养达到了什么水平、个体之间信息素养的差异。对信息素养的评价标准的研究，国内外专家及学者，还有科研机构在 20 世纪 90 年代就开始进行了。以美国为代表的信息技术发达的国家对此做出了积极的反应并制定了相应的标准，现分别进行简单的介绍。

(一)美国信息素养标准

1. 系列一:《美国高等教育信息素养能力标准》

《美国高等教育信息素养能力标准》是美国大学和研究型图书馆协会提出的系列标准,分为五大标准22项执行指标。

标准1:具有信息素养的学生应能确定所需信息的性质和范围。

(1)能清晰、详细地表达信息需求。

(2)能确定多种类型和格式的可能的信息源。

(3)考虑获取信息的成本和效益。

(4)能重新评估所需信息的性质和范围。

标准2:能有效和高效地获取信息。

(1)能选择最适当的研究方法或信息检索手段获取信息。

(2)能构建和实施基于有效性的信息检索策略。

(3)能联机检索信息和亲自使用各种方法。

(4)调整信息检索策略。

(5)能摘录、存储和管理信息和信息源。

标准3:能批判地评估信息和信息源,将新的信息综合到现有的知识体系和价值观中。

(1)能综述所搜集信息的主要思想和观点。

(2)能清晰、明白地说明初始评价标准,并对信息和信息源进行评价。

(3)能综合主要思想和观点,完善新观念。

(4)能比较新旧知识的差异和联系,确定新信息新增含义和特征。

(5)能确定新知识是否对个人价值观产生影响,并逐步解决冲突。

(6)能通过与专家或他人讨论,验证自己对信息的理解和解释是否正确。

(7)能确定是否修正初始的观点。

标准4:能独立或作为团队的一员高效地利用信息,实现一个明确的目标。

(1)能运用新旧信息计划或创建一个特别的成果或某项工作。

(2)能修正原先制订的工作程序。

(3)能高效地与他人沟通,实现目标。

标准5:能理解信息使用的经济、法律和社会道德问题,及其在伦理和法律上的可行性。

(1)能理解信息和信息技术上的伦理、法律和社会经济问题。

(2)能依照相关的法律法规、制度和礼仪使用信息。

(3)能对工作中使用的信息情况进行肯定和致谢。

综观该标准可以看出,该标准的条文和各项评估指标具有很强的科学性和系统性，是进行信息素养教育和教育成果评价的完整的知识体系。信息素养教育表现出很强的过程性，贯穿于个人受教育过程的各个阶段，该标准是制定各个阶段教育成果评价标准的依据。

2. 系列二：《学生学习的信息素养标准》

《学生学习的信息素养标准》是美国图书馆协会于1998年制定的。该协会按信息素养、独立学习和社会责任三个方面制定了包括基础教育和高等教育学生学习等的九个标准，具体包括以下内容。

1）信息素养方面

标准1：高效、快捷地获取与存储信息。

标准2：审慎、恰当地评价信息。

标准3：准确、创造性地使用信息。

2）独立学习方面

标准1：对自己感兴趣的信息能够持续地跟踪、追寻。

标准2：对于信息文化及其创造性的表述方式能够理解和重视。

标准3：在信息获取与知识形成方面追求卓越。

3）社会责任方面

标准1：主动为学习社区做贡献，认识信息对民主社会的重要性。

标准2：在处理信息与信息技术时，能采取合乎道德规范的行为。

标准3：有效地参与信息开发的团队活动。

（二）澳大利亚信息素养标准

自《美国高等教育信息素养能力标准》出台以来，在2000年10月27日至28日堪培拉会议上，澳大利亚图书馆与信息协会通过并修改了《美国高等教育信息素养能力标准》作为澳大利亚的国家信息素养标准。该标准主要应用于高等教育中，也可适用于其他层次的教育。

标准1：具有信息素养的学生能确定信息需求的性质和范围。

标准2：具有信息素养的学生能有效、充分地存储所需的信息。

标准3：具有信息素养的学生能批判地评估信息和信息源并把所选择的信息纳入自己的知识系统和价值系统。

标准4：具有信息素养的学生能分类、存储、利用和改写所搜集到的信息或生成信息。

标准5：具有信息素养的学生能独自或作为团体中的一员，结合以前的知识和新的理解来扩展、再组织或创造新的知识。

标准6：具有信息素养的学生能通过使用信息理解文化的、法律的和社会的问题，并遵守法律、伦理道德地存储和使用信息。

标准7:具有信息素养的学生能确认终身学习和履行公民职责与行使公民权利需要信息素养。

澳大利亚和美国制定的信息素养标准相差不大,澳大利亚制定的信息素养标准中增加了两个指标:一是具有信息素养的人能够对搜集与产生的信息进行分类、存储、利用和改写;二是能够认识到信息素养为终身学习和具有参与感的公民所必需。

由此可见,该标准增加了对社会文化背景知识的重视,并强调将此融入信息素养教育的内容和实施过程中。

截至2003年,澳大利亚与新西兰成立的联合工作组修订了澳大利亚2001年的高校信息素养能力指标体系,生成了澳大利亚和新西兰共同认可的高校信息素养能力指标体系。

(三)英国的信息素养评价标准

英国国家与大学图书馆协会在1998年提出信息素养能力模式。该模式在名称上不是指标体系,但实际上是一个高校信息素养能力指标体系,由7个一级指标和17个二级指标组成,按照能力由低到高,分为值得关注级至专家级5个层次。虽然这个指标体系没有像美国、澳大利亚的高校信息素养能力指标体系通过高校图书馆的领导性联盟以文件的形式颁布,但在英国高校信息素养教育中影响广泛。图1-1所示为英国信息素养评估标准模型。

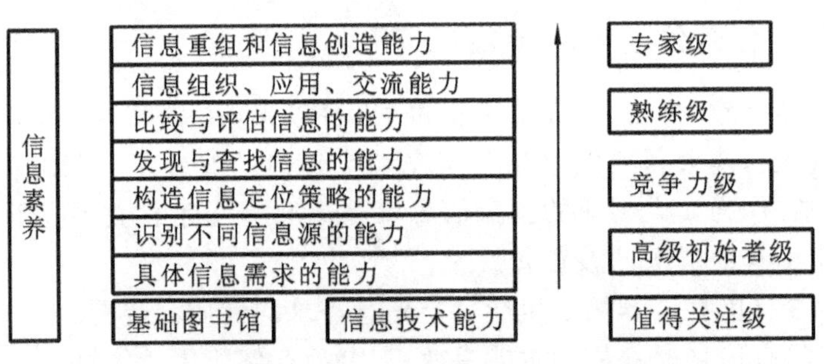

图1-1 英国信息素养评估标准模型

(四)我国信息素养能力标准

和发达国家信息素养教育评价标准相比,我国目前仍然未发布全国性的信息素养评价标准。

2001年我国在《基础教育课程改革纲要(试行)》中明确提出信息素养在基础教育目标中的地位,并制定了中学生信息素养标准。但大学阶段的信息素养教育并没有得到应有的重视。不过,我国的专家、学者及有关研究人员也制定了一些信息素养标准。其中比较完善的是清华大学孙平教授的《北京地区高校信息素质能力指标体系》，并于 2005 年发布。其指标体系由 7 个一级指标，19 个二级指标，61 个三级指标组成，这里仅列举其一级指标。

指标 1：具备信息素养的学生能够了解信息以及信息素养能力在现代社会中的作用、价值与力量。

指标 2：具备信息素养的学生能够确定所需信息的性质与范围。

指标 3：具备信息素养的学生能够有效地获取所需要的信息。

指标 4：具备信息素养的学生能够正确地评价信息和信息源，并且把选择的信息融入自身的知识体系中，重构新的知识体系。

指标 5：具备信息素养的学生能够有效地管理、组织与交流信息。

指标 6：具备信息素养的学生能作为个人或群体的一员有效地利用信息来完成一项具体的任务。

指标 7：具备信息素养的学生能够合理、合法地检索和利用信息。

《北京地区高校信息素质能力指标体系》对北京市高校学生信息素养提出了衡量依据，但是由于北京属于教育发达地区，其指标体系对其他地区的高校不具有普遍适用性，但毕竟提供了参考建议。

第二章　信息素养教育

随着现代社会信息技术的发展，信息在每个人工作和生活中的重要性日益突出。信息素养是21世纪大学生必备的基本素质，是获得终身学习技能的基础。学校在学生信息素养教育中起主导作用，图书馆在信息素养教育中起引导作用，学生也应积极发挥其能动作用。信息素养，是指有关个人能意识到信息需要并有效地定位、获取、评价和利用所需信息的一系列能力的综合。大学生的信息素养教育是根据社会信息环境，培养个人的信息意识、信息能力、信息观念、信息道德、信息心理的一种教育活动，包括传统的图书信息用户教育、计算机技术、网络技术和信息检索技术的教育。

信息素养教育是一种旨在根据社会信息环境的需要，培养和增强社会个体成员的信息意识与信息能力的过程。长期以来，高校图书馆都作为校园信息中心，主导着信息资源和信息服务。高校应充分利用图书馆在大学生信息素养教育中的有利条件，开展形式多样的信息素养教育，培养大学生的信息意识、信息能力、信息道德，促使他们养成良好的学习习惯。如何利用图书馆在信息素养教育中的优势，通过多种途径开展信息素养教育，已成为图书馆界所关注的重要课题。信息科技的迅速发展，导致人类的沟通与信息交换的方式由过去的人际互动模式转变为以人机互动为主的模式，终身学习和开放学习成为新的教育理念。为满足知识创新和终身学习的需要，发达国家纷纷将信息素养教育作为培养高素质人才的重要内容。信息素养教育的目的是培养和增强学生的信息能力，信息能力主要包括以下几个方面：敏锐的信息意识；快捷的信息获取能力；正确评价和鉴别信息的能力；将信息技术和获得的信息与工作、生活、学习结合起来的能力；利用所获取的信息开发新信息的能力。信息素养教育是一个具有时代性的重要教育议题，信息素养教育水平是未来的信息社会考察人力素质和生产力的重要指标，因此对大学生进行信息素养教育有着极其重要的意义。

第一节　信息素养教育概述

一、信息素养

信息素养是大学生未来生存和发展的基础，高校必须培养学生理性思考问题，利用先进的信息技术和检索各类信息的方法，采用多种创新性思维，利用信息解决问题，以及开发信息的能力。信息素养教育应成为大学生素质教育中不可缺少的重要内容。高校图书馆信息素养教育还处于探索阶段。信息素养教育，文献检索课程改革，多层次、全方位的信息素养教育的内容、形式等，都需要在实践中认真探索。信息素养教育是一项系统工程，涉及高校的许多部门，如图书馆、电教中心、计算机中心、信息中心及教务管理部门等。信息素养教育应由多个单位协同完成，只有这样才能取得较好的效果。

二、信息意识

信息意识又称信息观念，是指人们对信息本质、特征和价值等的认识。信息意识包括对信息的识别与分析能力以及对信息的利用和评价素养等。信息意识影响着人们的信息需求、心理和行为。通过对大学生实施信息意识教育，可以增强他们对信息的认识，同时可以激发他们潜在的信息需求，培养他们对信息的感受力和洞察力。

三、信息能力

信息能力是指人们获取信息、加工处理信息、利用信息、传输信息、管理信息以及吸收信息并创造新信息的能力。信息能力是构成信息素养的核心部分。在社会活动和经济活动中，以信息能力论成败已不是天方夜谭。

四、信息道德

信息道德是指人们在信息活动中应遵守的行为准则和法律规范，以及了解信息技术对社会的正负面影响，并认识个人对此应承担的社会责任等。信息技术对社会的影响具有正反两方面的作用，它既可推动社会的发展，同时也可导致社会公害的产生，如信息污染、信息犯罪等。人们在自由获取和利用信息的同时，应该尊重他人的知识产权和信息隐私，注重社会公德，自觉抵制违法信息行为。

五、信息素养教育的基本要求

高等学校关于信息素养教育的总体要求是，培养大学生具有较好的信息意识、信息道德和较强的信息捕捉能力，掌握丰富的专业信息知识，增强大学生在信息社会中的竞争、生存和发展技能，提高大学生的道德水平。其具体目标如下所述。

第一，培养大学生正确的信息价值观和人生观，并让大学生具备良好的信息鉴别能力以及自控、自律和自我调节能力。

第二，培养大学生熟练地使用各种信息工具、充分利用各种信息渠道获取所需信息的能力。

第三，培养大学生分析、判断、处理、运用有用信息的能力，使他们能够依据个人的学习情况，熟练地运用检索、访问、阅读、讨论等方法获得所需信息，并能针对某一课题对搜集的信息进行归纳、分类、分析、鉴别、筛选、存储，使之系统化、准确化、适用化。

第四，培养大学生独立运用所获得的信息解决实际问题的能力，让所获得的信息在学习和今后工作中充分发挥效用，从而掌握终身学习的理论基础和研究方法。

第二节　国内外大学生信息素养教育的现状

一、国内大学生素质教育现状

大学生信息素养教育影响高校素质教育的成败，更对大学生综合能力的提升有极大的影响。但是，当前信息素养教育的诸多问题，不仅仅存在于学生本身，还包括学校和教师等多方面因素。

陕西教育学院图书馆，为了了解目前大学生信息素养的状况，分别在其图书流通部、期刊阅览部、技术信息部对入馆大学生进行了为期一年(2009 年 10 月—2010 年 10 月)的“日登记、周汇总、月交流”等系统观察、分析，并针对大一、大二不同专业学生进行了 300 份问卷调查，收回 263 份，回收率约 87.7%，现实调查发现的主要问题有以下四个方面。

第一，忽视图书馆获取信息的功能。学生到图书馆的目的，学习专业知识的占 10.3%，扩大知识面的占 50.1%，随意阅读的占 8.2%，上自习的占 26.6%，消遣娱乐的占 4.8%。很多学生认为图书馆是一个可以看书、上自习的场所，未曾意识到图书馆资源对他们学习的帮助作用，忽视了图书馆是他们学习的“第二课堂”。

第二，信息意识相对淡薄。调查发现学生到图书馆更多的是看一些娱乐消遣书刊或利用网络进行游戏、聊天等活动，有少数同学通过网络查看新闻或相关学习资料。32.4%的同学表示了解信息素养的概念，56.3%的同学是通过图书馆开设的文献信息检索课程了解的，11.3%的同学通过专题讲座、用户培训等途径了解的。学生信息来源主要还是在课堂，除了写毕业论文，平时一般不会就某个问题的研究去图书馆查阅资料。

第三，信息能力相对较弱。调查发现部分大学生虽然对信息有所需求，但不会选择合适的信息源，信息能力偏低。特别是新生，他们对图书馆的馆舍、藏书、设备比较感兴趣，但由于不大了解图书馆的目录组织体系、检索方法和规章制度，尽管在他们入学教育时接受过专门的入馆教育，但在查阅相关信息时部分学生仍然无从下手。有55%的学生“不知道”图书馆主页，经常利用图书馆网上资源的学生仅占12%左右。

第四，信息道德缺乏。调查发现一些大学生在网上大搞恶作剧，擅自改变计算机设置，甚至删除软件自设密码，将其他计算机的程序资料弄得面目全非，严重影响正常的教学和实验工作。

二、国外大学生素质教育现状

英国是较早开展信息素养教育研究的国家，主要机构有国家和大学图书馆协会、英国特许图书馆与信息专家协会和信息服务联合委员会。国家和大学图书馆协会下属的信息素养咨询委员会(ACIL)于1999年提出信息技能7项指标模型并于2011年更新升级，对英国继续教育和高等教育过程中的信息素养教育发展有重大的推动作用。英国几个主要的信息素养组织机构也在不断地致力于发展、推动信息素养教育，主要表现在信息素养框架的更新、信息素养内容的发展以及符合地区与民族教育特点的信息素养框架的建立等。每年多项相关学术活动的组织也促进了英国教育成果的发展与交流，使信息素养教育走进学院，并将信息素养教育与专业课进行有机结合。另外，开展在线培训课程、系统的网页自学指导和多元化的信息服务也是培养学生信息素养技能的重要途径。

澳大利亚的信息素养理念是以培养终身学习的信息公民为目标，因而研究方向主要集中在高校、职场和社区。高校信息素养方面的研究主要有设计与评估信息素养项目、大学生信息素养体验及信息搜寻行为研究、特定学科的信息素养教育和毕业生素质评估等；职场信息素养相关研究有从学校到职场的信息素养能力转变、职场必备的信息技能、有效的职场信息素养培育、职场的信息利用和信息行为等；社区信息素养研究包括与获取信息相关的信息技术素养、数字鸿沟问题以及老年人/妇女/残障人士的信息查询行为和信息获取。经过多年的发展，澳大利亚高校的信息素养教育模式已经趋于成熟。例如，通过讲座来普及、学科主题资源整理和嵌入教学课程三个层次推进信息素养教育。中央昆士兰大学和西澳大利亚大学提出与学校战略紧密结合，通过参加校委会等途径与教师和教务处合作，将信息素养教育整合到教学科研活动中，积极创新，培训教师，保证毕业生的质量，确保信息素养教育可持续发展。此外，飞速发展的信息技术对信息素养教育也产生了深刻影响。一方面，各校独立开发的信息素养教程的成本提高且容易过时，因此对能够满足图书馆教学和资源更新要求、功能齐全的软件的服务需求强烈。另一方面，培养师生利用数字媒体合理获取和传播信息的需求也不断上升，因而信息素养教育的内容有拓展的趋势。有的单列称之为数字信息素养，即利用数字媒体识别需求、获取、评价和交流数字信息的能力，有的合并称之为媒体与信息素养。

三、高校图书馆信息素养教育的不足

我国对信息素养教育的研究虽然还处于起步阶段，但已经得到教育界和社会各界的积极关注。高校图书馆作为文献信息中心，在信息素养教育方面有着绝对优势，但也存在着很多不足之处。

第一，目前我国高校图书馆对信息素养教育的重要课程之一的文献信息检索课重视程度不够。很多学校都把它当作选修课，而且选课的学生人数也偏少，课程安排缺乏连续性、针对性和层次性，且其教学内容大多停留在传统工具书的检索上，这已不能满足信息时代的要求。

第二，高校图书馆普遍存在只重视学生的信息素养教育，而忽略对教师、管理人员、图书馆员等用户的信息素养教育。高校教师对于信息技术在教学中应用的意识不足，大多仅限于应用多媒体展示教学内容，没有认识到信息技术的有效运用对大学生身心发展的重要性。另外，高校在评价教师的过程中更加重视科研成果，导致高校教师只注重科研成果而忽视教学。大多数教师给学生授课时照本宣科，对信息资源的重视还远远不够。

第三，运用信息检索等技术工具获取信息的意识与能力不强。目前在校大学生中，使用网络工具的倾向偏于娱乐化。据不完全统计，大学生上网热点排名中，聊天、游戏稳居前列，而阅读、学习等则居后，且往往是学生面临论文、作业的难题时才会主动上网查资料、复制信息。一方面，大学生对搜索引擎了解不深（绝大多数只限于几个知名的搜索引擎），仅有很少的一部分人能熟练掌握和利用检索工具快速、高效地获取信息；另一方面，一些受传统教育影响较深的学生宁愿选择保守的方法而放弃新兴的方法，直接扼杀了自己使用高端信息检索方式的意识。

第四，学校基础设施投入不足。高校信息化建设对学生的信息素养培养有着直接的影响。良好的信息化建设有利于学生接触各种媒体及信息工具，有利于学生对信息工具使用能力的提升和信息意识的增强。但是,高校的信息化建设往往跟不上学校的发展,这就导致学生接触媒体及各种信息工具的机会减少,阻碍了学生信息素养的发展。

第五,驾驭信息知识的素养不高。复杂的网络世界,给每个人提供了丰富的信息知识,然而,丰富的信息中难免存在良莠不齐的现象,一些有害信息、垃圾信息迅速传播,危害无穷,直接影响了学生的视听,致使他们很难做到辨别并较好地驾驭所获取信息。换句话说,在校大学生都已具备一定的信息知识与技术,但是由于缺少明确、积极而正面的引导,使大部分学生对铺天盖地的信息资料表现得无所适从或盲目随流。他们缺少良好的信息共享意识,往往不愿意或无意识发扬协作精神,不能做到较好地交流和分享,从而导致信息流通不畅,信息搜索视野狭窄等弊端产生,再加上很多学生对网络上纷繁的信息只见其表,不入其理,只是简单随意地滥用、套用,于是在此过程中大学生的自主思考意识逐渐被借鉴甚至抄袭信息意识所取代。“走捷径,奔结果”的后果更是让越来越多的论文、研究流于形式和应付,直接危害学术的健康发展,等等。

第六,大学生缺乏信息意识。中小学学生大多接受的是“填鸭式”教育,学生习惯于被动地接收信息,而不是主动地获取信息,这就导致许多高校学生的主要信息资源来自于传统的课堂教学和教材,加之缺乏教师的有效引导,相当一部分学生没有利用计算机网络或相关电视、媒体获取信息的意识,并低估了信息素养的重要性。

第七,信息能力不足。高校计算机教学评价过于注重学生对基础知识的掌握,忽视了对学生综合能力的考查,因此,有相当数量的大学生计算机操作水平仅限于网页浏览、简单软件的使用,信息的搜集和处理能力不强,从而造成信息资源的浪费和综合应用能力的缺乏,导致对原信息加工和再创造能力不强,巧用信息、活用信息能力有待增强。随着校园网络的普及,获取网络信息资源的途径也日益丰富,他们乐于接受使用网络检索,但不能较好地在所得信息的基础上,对信息进行准确提炼与概述,也缺乏把了解信息上升至理解并合理利用信息的意识与行动,更缺乏利用所获取信息进行再创造的能力。在当今这个推崇自主性、创造性学习的社会,缺乏良好的信息加工和创新能力,也会直接影响学习效果与发展前途。

第八,信息伦理缺失。伴随着科技发展,信息的获取越来越简单、便捷,相当一部分大学生对信息持“拿来主义”态度。近年来,更爆出了不少大学生论文抄袭等事件,这从一个侧面显示出了大学生信息道德和信息观念方面存在的问题,信息法规意识欠缺。据调查,很多学生对计算机网络涉及的知识产权、个人网络隐私、网络行为规范等了解得不太多,误以为这些问题无关法律道德。有的学生认为,网络是一个自由表达思想的世界,在网络上发表过激言论没有什么可怕的;有的学生往往无视网络道德规范，喜欢随心所欲地发表一些有悖于网络伦理道德的言论，更有甚者无视网络社交绿色、安全、有序的规则，或进行网络欺诈，或沉溺色情诸类的低级趣味，等等。这种情况说明大学生对信息道德和信息法规内容还没有一个全面而清醒的认识，当代大学生信息道德的缺失已成为一个社会问题，亟须解决。

第三节　大学生信息素养教育的重要性与必要性

在信息技术发展迅速的当今社会，信息的获取、分析、处理和利用等信息素养是大学生所必须具备的，因此，必须重视培养大学生的信息素养。

一、信息素养是大学生学习和生活中不可缺少的素质

第一，信息素养是大学生自主学习不可缺少的素质。与中学的学习相比，大学阶段的学习对学生自主学习的要求更高。大学生在课堂上学到的专业知识并不能满足对专业知识的需求和自身发展的需要，这就要求他们利用空余时间自主学习。具备较好的信息素养，能够使他们及时地了解最新的专业发展信息，简捷地获取所需的知识。因此，具备良好的信息素养对大学生自主学习有促进作用。

第二，信息素养的培养有助于提高大学生解决各种问题的能力。解决问题的过程就是搜集、筛选、重新组织、创造性地使用信息的过程。信息素养包括信息的获取、筛选、组织、传递、有效利用等多方面的能力。具备良好的信息素养，能够使大学生更加充分、有效地利用各种信息工具和信息资源，提高分析和解决问题的能力。

第三，信息素养对大学生道德品质的提升有重要意义。信息伦理是大学生道德品质必不可少的重要组成部分，能把握个体信息素养的方向，使大学生在信息活动中不危害社会或侵犯他人的合法权益。此外，良好的信息伦理使大学生能够正确地对待社会中出现的各种不良思潮，免受不良思想和文化的腐蚀。

二、信息素养是现代大学生必备的素养

第一，信息素养是时代和社会的需要。21 世纪是信息时代，信息时代的最大特点是知识、信息、技术等不再受到时空限制，人们可以通过各种渠道得到信息、发布信息、利用信息。对信息具有一种敏锐的洞察力、判断力以及加工能力，是每个人在社会生存中不可缺少的基本素质。当代大学生是国家的未来和希望，他们的信息素养能力关乎国家未来在国际上的竞争力，因此，当代大学生应具有很强的信息查询、获取、熟练应用和驾驭信息技术的能力。所以，加强当代大学生信息

素养教育，培养他们搜集、整理和利用信息的能力，是时代赋予的要求。

第二，信息素养是大学生创新意识的需要。当代大学生应该不再是只会在课堂上吸纳信息的人，而是一个知道如何检索、评价和应用所需信息的人。在迎接未来的挑战中，当代大学生最重要的就是要创新，要勇于创新，善于创新，创新意识和能力已成为现代大学生的重要特征。而创新的必要素质是独立性与批判性：独立性就是指会独立地思考、判断，有独立的意志与人格，没有独立性就没有创新；批判性就是实事求是的科学态度和怀疑批评精神，不盲从。批判性与独立性有着密切的关系。信息素养是高素质人才完成创新过程不可缺少的素质之一。信息素养教育不是简单地培养大学生的信息获取能力，而是培养大学生的批判信息、利用信息和创造信息的能力。因此，加强对大学生的信息素养教育，提高大学生信息素养的能力是非常必要的。

第三，信息素养教育是当代大学生终身教育的需要。信息时代与知识经济时代的特性使知识更新的节奏加快，这就对教育提出了更高的要求：教育需打破一次性学校教育的模式，把教育推向终身化，学习推向社会化。终身教育已成为时代的要求，而信息素养教育的目的正是培养大学生自我学习的能力。通过信息素养教育而获得良好信息素养的大学生，不管是在什么环境下，都能主动地去获取各种知识和信息，并进行知识的突破，使得学习不再受到各种限制，从而能很好地实现终身教育。

三、对大学生实施信息素养教育的意义

21 世纪，世界全面进入以经济全球化、信息网络化、社会知识化、教育终身化为社会特征的信息时代。“信息是效益”，“信息是生产力”，信息在社会主义市场经济中的作用已日益显现，成为人们追逐成功的法宝之一。信息日益成为社会发展的决定性力量和主导因素，信息素养教育是一种促进社会成员全面发展的教育，信息社会将是一个学习的社会。终身学习的过程就是进行信息获取、理解、转化并生成新信息的过程，因而信息素养教育是终身教育的基础和前提。只有具备良好信息素养的人，才能更好地适应信息化社会的发展需要。随着我国高等教育改革的不断深入和社会信息化的逐步形成，信息素养教育已成为当今大学生综合素质教育的重要组成部分。美国图书馆协会和教育传播与技术协会在其出版的《信息力量：创造学习的伙伴》一书中指出：具有信息素养的学生能够有效地、高效地获取信息；具有信息素养的学生能够精确地、创造性使用信息；具有信息素养的学生能够熟练地、批判地评价信息。对大学生实施信息素养教育，既是高校图书馆读者教育的深化与发展，又体现了高等学校素质教育与时俱进的时代意义。

第四节 高校图书馆在信息素养教育中的优势与作用

一、高校图书馆信息素养教育的优势

第一，信息资源优势。高校图书馆是文献信息的存储和传递中心，具有丰富的馆藏文献信息资源，它不仅有大量的纸质文献，还有众多的电子文献、机读文献、联机数据库等，能够满足读者的不同要求，极大地方便读者的阅读。这些丰富的信息资源是高校图书馆开展信息素养教育的基础，是大学生接收信息素养教育取之不尽、用之不竭的财富。

第二，人才优势。高校图书馆不仅拥有理论和实践经验丰富的馆员，还拥有业务能力强、知识面广、应用新技术对信息进行开发处理的人才。他们是一支训练有素、技术精湛、学识渊博的专业人才队伍，他们长期从事图书馆业务工作，熟悉馆藏，接触信息量大，精通文献的搜集、加工和整理，能很好地掌握现代化技术。他们既是文献信息的管理员、传递员，又是文献信息的导航员。馆员每天直接接触读者，在具体的各项信息服务中，他们通过自己的言传身教感染学生，使大学生在潜移默化中增强信息意识、提高信息能力和强化信息道德。这是对大学生实施信息素养教育的主体优势。

第三，技术设备优势。随着社会的发展，现代电子通信技术以及国际互联网的出现，还有计算机、网络、多媒体等技术的迅速发展，为读者提供了数字化的信息资源。各种高新现代化信息技术和先进设备很快在高校图书馆得到普及和应用，进而实现了馆藏资源多元化、资源共享网络化、管理计算机化、检索手段现代化。高校图书馆建立了电子阅览室、馆藏书目数据库、馆藏信息资源网、多类专业期刊全文数据库等，这些都为大学生信息素养教育提供了强大的技术支持和设备保障。

第四，环境优势。高校图书馆具有庄重典雅的建筑设计，内部环境安静、整洁、书香四溢，对读者的信息素养教育有着潜移默化的作用。在环境方面，高校图书馆有它自身的优势。一是自然环境，高校图书馆环境优美，阅览室宽敞明亮、整洁舒适，让人心旷神怡，学习时效率倍增；二是人文环境，高校图书馆大厅、阅览室墙上张贴的读书求知、名人名言条幅等，给人以文化熏陶，阅览室内求知者聚精会神、孜孜不倦，处处充满着奋发向上的求知氛围，从而激发学生学习的兴趣和求知欲望。

二、高校图书馆在学生信息素养教育中的作用

1. 学校在学生信息素养教育中的主导作用

大学生信息素养教育就是围绕信息领域的基本内容，通过行之有效的方法对大学生实施全面、系统的教育活动。

首先，要宏观地构建培养计划，创建信息素养教育模式。学校要根据“以人为本”的核心思想，以学生发展为基础，宏观指导、统一规划、统一协调，根据不同专业需求开展信息素养教育；根据学习进程，开展分阶段的全程式信息素养教学；突出实用性，以应用为目的，将信息素养教育贯穿于整个培养计划和服务体系之中。

其次，专业课教师要适时引导，注重信息教育与课程目标相结合。大学生在校学习的主要课程是学科专业，尽管任何一门学科专业各有特点，但在信息社会的今天，任何学科专业的学生都迫切需要提高信息素养。因此，在专业课学习过程中，教师要适时引导学生掌握相关学科背景与横向关联知识，了解本学科本专业最新信息动态；有针对性地提出问题，要求学生利用图书馆相关资源，寻找不同观点进行分析，引用相关背景知识进行佐证，并利用相关信息达到对专业学习的掌握，进而增强信息意识。

再次，要有计划地安排专题研究，形成信息素养教育氛围。有研究表明，人的一生中知识积累的20%～30%是在学校课堂上完成的，70%～80%的知识有赖于课堂外的不断学习积累。为了激发学生的学习热情和探索精神，学校要有计划、有步骤地安排学生进行专题研究。

最后，还要加强信息伦理道德教育，注重人文精神培养。学校要围绕校园文化建设，在充分鼓励学生学习网络技术、利用网络信息的同时加强网络道德教育，帮助学生树立正确的人生观、价值观，引导学生正确运用互联网选择信息、判断信息、评价信息以及合理使用信息资源，自觉抵制和消除垃圾信息及有害信息的干扰与侵蚀。教育学生要自律、自控、自我约束，不制作、传播、利用不良信息；不侵犯他人的知识产权和隐私权；不利用信息技术进行违法活动等；遵守学术道德和学术规范，养成良好的信息素养。

2. 图书馆在信息素养教育中的引导作用

高校图书馆是学校的文献信息中心，是大学生信息素养教育的重要基地。因此，高校图书馆应充分发挥在信息方面的优势，以其专业性、权威性和丰富的文献信息资源积极发挥引导作用，采取多种形式大力推进信息素养教育。

首先，利用资源优势，营造信息氛围。高校图书馆一般都拥有一定的历史，拥有数量庞大的纸质图书和电子图书，拥有中国知网期刊全文数据库、万方数据库、人大报刊复印资料等电子文献，且一般都在校园网的基础上建立了良好的局域网。文献信息资源的自动化、网络化，多媒体教室的开放等，为信息素养教育提供

了良好的硬件基础。图书馆要利用校园网的便利条件，在图书馆网站上开设信息素养教育专题网页，发挥电子阅览室的作用，拓展学生的知识面，培养他们的兴趣爱好，陶冶他们的情操。教育和引导他们既要适应信息社会的学习和掌握信息技术，又要克服对信息和信息技术的过分依赖与迷信，充分利用信息而不被信息所左右，增强自身的主体性，正确处理人与信息、虚拟与现实的关系。

其次，发挥队伍优势，培养信息能力。高校图书馆拥有图书情报学、计算机、教育学、外语专业的专业馆员，他们熟悉文献检索的基本技能，能够运用自身的知识和能力为学生提供信息素养教育和服务，成为信息素养教育的专业辅导员。文献信息检索课作为信息素养教育的一门主干课程，其理论性、操作性与实践性都很强。它以培养学生的信息意识、信息获取、信息分析、信息利用以及信息评价能力为教学目标，是目前我国培养大学生信息素养和信息能力的重要途径。文献信息检索课应变原来教师单一传授方式为多元化、立体式的师生互动方式，开展大学生在线文献信息检索课教学，培养学生灵活运用文献的实际能力。

再次，开展专题培训，提高信息素养。图书馆要通过多种渠道将馆藏资源情况及时传递给学生（如新书评价、新书推荐、网上公告、新生培训、开展专题读书活动、组织知识竞赛等个性化方式）；充分利用各种条件，组合优化信息资源，为学生提供全方位的服务（如放置专业学习课件、图书馆电子资源、网络免费学术资源等内容）；对学生经常开展利用信息资源的专门培训（如辅导学生学习检索中国知网电子期刊数据库、万方数字资源系统、超星电子图书）等，指导学生使用免费信息资源，如讲解谷歌、雅虎、百度等大型搜索引擎的技术知识，帮助学生熟练掌握这些工具，提高他们利用网络免费信息资源的能力。

最后，加强信息管理，净化信息环境。互联网上信息比较庞杂，零星散乱，缺乏系统性，而且有时真假难辨，并且联机数据库的累计年限都比较长，因其检索过程方便快捷，致使不少垃圾信息乘虚而入。因此，图书馆员应对学生读者的需求行为做出系统的观察分析，对不同需求行为进行控制和引导；对正确的文献信息给予满足和协调；对不良需求行为进行相应的纠正；对学生读者使用联机数据库耐心指导，使他们熟练掌握检索技能，有效乃至高效获取有用信息，从而强化自己的学习。

第五节　图书馆开展大学生信息素养教育的方法与途径

一、高校图书馆开展大学生信息素养教育的方法

在当前信息高速发展的社会，如何加强大学生信息意识、信息能力、信息道德

教育,已成为目前图书馆的重要工作。图书馆应根据其优势,发挥自身主渠道作用。

第一,加强大学生的信息素养教育。为了有效培养大学生信息素养,改变他们信息素养欠缺的现状,图书馆首先应该积极争取学院领导的重视和支持,把信息素养教育纳入学院正规的教学计划,开展以培养大学生信息素养为目的的教学活动;加强对新生的信息素养教育,这是因为刚刚进入大学的大学生,对大学图书馆缺乏必要的了解,对如何利用图书馆更感到茫然,对新生进行信息知识教育是正确引导其提高信息素养的有效办法。通过向新生系统地介绍图书馆的概况、馆内布局、图书馆的规章制度、馆藏信息资源以及基本检索技能等,用最短的时间让新生了解使用馆藏资源的基本方法,提高新生对馆藏信息资源的兴趣,从而激发他们的信息意识,增强他们入馆学习的目的性,使他们可以更好地利用图书馆资源。图书馆还要结合当前网络已经成为大学生获取信息、交流信息的重要渠道的实际情况,引导大学生正确使用校园网络,提高自身信息素养。

第二,加强文献信息检索课教育力度。文献信息检索课要从培养大学生信息素养的目标入手,以培养信息意识为先导,以传授现代信息基本知识为基础,以培养大学生的信息能力为核心,使大学生能够把握信息价值取向,明确自己的信息需求,并能从大量信息中感知有用信息,它是大学生素质提高和发展的内在驱动力。通过传授有关检索知识和相关检索工具,以及科学的方法和技巧,使学生能够从浩瀚的文献信息中找出符合特定需要的文献信息。这种理论与方法指导课,是高校图书馆对大学生进行信息素养教育的一个重要方式。它能增强学生的信息意识,使学生掌握一定的信息基本知识,培养学生获取与利用文献知识和网络信息资源的能力。

第三,加强大学生信息道德教育。通过对大学生进行信息安全、信息传播法规、知识产权、信息的合理利用的教育,引导大学生树立正确的网络信息使用观念,培养大学生正确的道德判断和选择能力,使其学会在信息社会中遵守法律,尊重他人的知识产权及隐私,提高信息鉴别能力和自我约束能力。

二、高校图书馆开展大学生信息素养教育的措施

大学生还处于世界观、人生观、价值观的形成阶段,缺乏对信息的鉴别能力、判断力以及对不良信息的抵抗力。如何引导大学生正确对待各类信息,提高大学生的信息素养,是摆在高校面前十分紧迫的任务。高校应该改善教学方法,加强信息素养教育,以适应新信息环境的要求。

第一,完善信息素养教育体系。信息素养教育要从新生抓起。新生入学后,图书馆应及时按专业组织新生分批进行入馆教育,让学生了解图书馆的服务项目、馆藏资源、藏书布局、专业信息资源及其查询和使用方法、开放时间等,对学生

进行以信息意识和信息知识为主的教育，通过学习，将信息意识变为自身的行为习惯和思维方式，从而形成个人品质。在各种形式的教育中，应努力创造一个在实际学习生活中使用信息技术解决问题的学习环境，将信息技术与各门学科或具体的实际生活有机整合，从而培养学生利用信息技术的意识和兴趣，拓宽学生解决问题的思路，培养学生的创新精神和实践动手能力。现代大学课程的典型特点是学科交叉融合，信息知识更新快，信息量大。因此，信息素养教育必须与大学生各阶段专业学习有机地结合起来，从文献信息检索课教学出发，结合不同专业的教学内容，以学业驱动学习模式、问题求解模式等，让学生参与到课堂中来，变被动接受知识为主动探求知识，成为学习活动的参与者、合作者。学生既可以独立完成学习任务，也可以通过和其他同学协作交流共享信息资源，在自主学习、协作学习中逐步提高信息获取、鉴别、处理、运用能力，从而有效地提高信息素养。

第二，改变信息素养教育模式。信息的获取能力和相应的技术知识是信息素养教育的重要内容。传统的以理论为主的教育方式已经不能适应新时代信息环境的要求。因此，必须结合当代大学生的特点，进行引导式、针对性教学，特别是针对现代学生的各种特点进行引导，使他们具有随时、随处搜集、整理信息的意识和辨别、利用信息的能力。采取大学生习惯的方式，如QQ、微信等移动服务方式，加强新技术、新知识的宣传，使他们能正确使用新技术。图书馆作为信息资源管理的部门，它的根本目的就是最大限度地捕获、挖掘、利用、传播知识，实现知识价值和服务价值，为用户提供有效的信息资源共享平台与接口，以帮助用户做出最好的决策，同时，不断提升图书馆的形象。在3G时代，图书馆应该责无旁贷地发挥信息资源的优势，担负起为学生搭建可以信赖和依靠的移动电子信息资源平台的重任。以传统的信息素养教育为基础，将移动在线教育作为信息素养教育的拓展和延伸，两者相互依托、相互补充。高校图书馆应该充分发挥自身的信息资源、信息人才等多方面的优势，把加强新媒体时代大学生信息素养教育作为主要教学内容之一。信息素养教育是一种以培养学生信息意识和信息处理能力为目标的教育。它不仅包括传统的图书馆用户教育，还包括计算机、网络运用技术和信息检索技术以及信息意识、信息观念、信息道德、信息法规等方面的教育。它并不是一种纯粹的技能教育，而是培养学生可持续学习能力、创新能力和批判性思维能力的素质教育。因此，高校图书馆在讲授传统文献检索知识的同时，要增加信息意识和网络信息检索方面的课程。

第三，加强信息资源的建设与管理。作为信息资源的发散地，图书馆需要不断地完善文献资源建设，整合信息教育资源，优化多媒体信息环境，拓展图书馆的信息服务，应重视计算机及网络环境的建设，特别注重数字资源的建设。加强一些新型服务项目，如图书馆联机目录、联机数据库服务、全文型电子出版物、数字化文献传递服务及网络化信息资源导航服务的广泛宣传和使用，使文献资源获取和服务进入电子化知识传递的新环境,形成多渠道、全方位的局面;管理服务方面,要进一步完善图书馆自动化集成系统,如公共检索系统、光盘检索系统、网上查询系统等;开通网上咨询、网络导航等服务项目,拓宽服务范围。图书馆还应不断努力建设和更新自己的网络主页,在主页上介绍图书馆资源,做好资源导航,以丰富的信息资源和优质的管理服务为大学生信息能力培养奠定物质基础。

三、高校图书馆对大学生开展信息素养教育的主要途径

第一,文献信息检索课是开展大学生信息素养教育的有效途径。文献检索就是利用一定的检索工具,运用科学的方法和技巧,从浩如烟海的文献信息中寻找自己所需的信息。大学生只有掌握了文献检索的方法与技巧,才能在浩瀚的信息资源中自主地获取信息知识。高校图书馆开设的文献信息检索课,其目的就是增强大学生的情报信息意识,培养他们搜集和处理文献信息的技能。文献信息检索课既是增强大学生信息意识和信息运用能力的主要途径,也是目前对大学生进行信息素养教育的主要方式。随着计算机技术与互联网的迅速发展,文献信息趋向海量化、多元化,检索途径更加多样化,高校图书馆的信息环境也随之发生了巨大的变化,只有改革与深化文献信息检索课的教学,才能符合时代的要求,才能适应信息社会发展的需要。

第二,入馆教育是对大学生开展信息素养教育的基础和起点。在我国,由于信息素养教育概念提出较晚,加之各地中学开展信息素养教育的程度不同,新入学大学生的信息素养良莠不齐,整体信息素养处于启蒙阶段。高校图书馆应通过对新入学大学生进行如何利用图书馆的基础信息素养教育,帮助新入学大学生尽快地熟悉图书馆、了解图书馆,使他们在高校期间掌握和应用好学习方法和途径,增强自学和终身学习的意识,加深对信息的理解。对新入学大学生进行入馆教育,既是缩小大学生之间信息素养差距的有效途径,又是大学信息素养教育的基础和起点,是大学生信息意识培养的初始阶段。

第三,建设一支高素质的图书馆馆员队伍。信息社会给图书馆馆员的素质提出了更高的要求,使其角色发生了很大的变化:从传统的文献资料提供者和管理者转变为信息传递员、信息导航员等具有开拓创新意识的复合型信息人才。图书馆馆员的素质不仅影响图书馆工作,也将直接影响着大学生信息素养教育的开展。因此,图书馆馆员不仅要有良好的职业道德和爱岗敬业精神,还应具有适应新形势发展的业务素质。高校图书馆应结合本校的具体情况,有计划地对图书馆馆员进行信息能力培训,如举办计算机知识、网络技术、多媒体技术、信息获取与处理以及管理等讲座或培训班;对在情报检索等专业性较强岗位的馆员和担任文献信息检索课的馆员,应安排进一步的专业培训或深造。每一位图书馆馆员,只有努力提高自身的信息素养,才能适应社会的发展,这也是高校图书馆开展大学

生信息素养教育的根本保证。

第四,举办专题讲座。通过各种专题讲座,让学生了解各类数据库和电子信息资源的使用方法,邀请各学科领域的专家介绍学科最新进展,介绍最新的数据库及其使用方法,使大学生掌握检索信息的方法和途径。通过讲座,可以开阔学生的视野,扩展学生的知识面并增强其信息意识。

第五,开展各种咨询及网络导航。图书馆应设咨询窗口,工作人员应对学生进行指导,帮助学生提高信息检索和筛选的能力,从而提高阅读效率、知识利用率和创新能力。图书馆网站是图书馆与学生交流的窗口,主页上应设置读者留言、咨询台、馆长信箱等板块,并建立电子资源利用、信息查询、学科导航等多个栏目,随时指导学生使用信息资源,方便学生随时了解和获取信息,形成以图书馆网络资源为特色的校园信息素养教育环境和氛围。

第六,建立和完善大学生信息素养教育课程体系。信息素养教育应以培养大学生良好的信息意识、信息能力和信息道德为目标,在现代课程理念的指导下,建立起一个开放、动态的信息素养教育课程体系,以培养大学生的信息能力为核心、传授信息基本知识为基础、培养信息(意识)观念为先导、信息伦理道德的培养为准则和保证。课程体系的四个层面相互联系、相互影响,缺一不可,从总体上反映道德修养、信息技术和人文素养的目标导向。在课程目标的具体设置上,大学生信息素养教育可以采用三级目标,逐步推进的模式:对于刚入学的大一新生,主要是培养其信息基础知识和信息处理的基本技能,培养他们的学习兴趣。对大二、大三学生着重培养他们熟练使用专业检索工具和利用信息资源的能力;而对大四学生和研究生阶段的学生,应该加强信息理论教育,提高他们的理论素养,使他们能够结合自己的专业进行针对性学习,进一步提高他们对专业信息搜集、利用与评价的能力,能够承担相关的研究课题,为理论研究、应用研究提供信息依据。在课程的具体设置上,高校要从横向和纵向上拓展延伸,丰富信息素养教育课程的内容,在纵向上应该摆脱长期以来主要依靠文献检索及计算机基础等课程来实现信息素养培养目标的现象,可以尝试开设专门培养大学生信息素养的理论课程和实践课程,让学生获取比较系统、完整的信息知识;在横向上可以开设一些拓展培养大学生信息素养的课程,如开设专业文献检索、计算机伦理等方面的选修课,进一步扩宽学生的视野,改善学生的知识结构。在实施信息素养的教育过程中,绝对不能把信息素养教育等同于文献信息检索课的讲授,必须对现有的内容进行补充与整合,使学生不仅掌握检索方法,具备良好的信息意识、检索技巧以及良好的文献组织、利用、评价等方面的素质,还要努力调整和约束个人的行为举止,以适应信息社会环境中新的社会规范和道德伦理要求。创新教学模式,引导大学生主动提高自身的信息素养。大学的学习就是为了获取信息资源、识别信息、交流信息、处理信息及利用信息,在学习过程中,学生既可分散独立自学,也可采用合作学习模式，即由几个能力不同的学生组成小组，在积极互动中共同学习。学生学会的不仅是知识，更重要的是探究过程本身，如怎样获取信息资源、怎样识别信息、怎样利用信息、怎样评价信息以及怎样批判地思考问题等。通过这种学习，学生可以在获取信息、识别信息和利用信息的过程中，创造出新的知识经验，主动地建构知识，提高自身的信息素养。

第七，整合图书馆信息资源和学科课程。高校图书馆集聚了丰富的文献资源、高信息素养的图书馆馆员，以及良好的学习环境等优势，发挥这些优势推动大学生信息素养教育，既是对图书馆资源的有效利用，也是对图书馆传统用户教育的一种优化与发展。从目前高校的教学现状分析，课堂教学作为教学方式的主导，在信息素养培养方面同样具有主阵地、主渠道的作用，高校应把信息素养的精神、意图，整合到各学科课程中，贯彻教学的始终，以此来优化课堂教学的信息传递过程、交流方式等。

第八，努力提高教师的信息素养。教师作为学校教育中对学生进行知识传授并提供帮助的研究者和应用者，其教育使命就是为社会培养适应时代需求的高素质人才，因此，在强调以学为中心的时代，以及在整个教育信息化的发展历程中，教师仍然处于主导地位。教师的信息素养水平的高低直接影响着信息素养教育实施的成败，因此，进一步提高教师的信息素养水平，是进行信息素养教育的当务之急。对教师信息素养的培养，可以通过数字化图书馆和现代教育技术中心这两个机构进行，同时应该把信息素养教育纳入到教师继续教育中去。

第三章　图书馆信息知识基础

第一节　信息资源的概念、特性及类型

一、信息资源的概念

信息资源是一个具有丰富内涵的术语，是信息概念与资源概念交互衍生而成的新概念，这一概念目前还处于不断发展和完善的过程之中。

信息资源一词最早见于罗尔科(J. O. Rourke)的《加拿大的信息资源》一文。随后，对信息资源的研究逐渐成为图书馆界研究的热点。某些研究者认为，信息资源可与文献资源画等号；另一些研究者认为，信息资源等价于数据信息；还有的研究者认为，信息资源是指多种媒介和形式的信息；更有部分研究者提出，信息资源应定义为信息活动中各种要素的总称，包括信息、设备、技术和人等。但时至今日，无论是国内还是国外，对信息资源这一概念的认识都还未达成共识。综合国内外目前比较流行的观点，大体上可归为两类。一类是狭义的理解，即从信息本体出发，认为信息资源是经过人类选取、组织、序化并大量积累的有用信息的集合。这类观点集中强调了信息要素在信息资源定义中的核心地位，但忽略了信息本体之外的相关要素。另一种是广义的理解，认为信息资源是指人类社会活动中所积累的信息以及创造信息的生产者和相关信息技术的集合(孟广均等，1998；马费成等，2001)。这类观点强调了信息资源除信息内容本身外，还应包括与其紧密相连的信息设备、信息人员、信息系统、信息网络等要素。

从对图书馆信息资源建设实用的角度出发，笔者在本书中对信息资源取狭义的理解，即信息资源是在人类信息活动中产生的，并经过人为的搜集、组织、加工、存储、转换等过程而形成的可利用的信息集合。

二、信息资源的特性

信息资源的特性就是对其内部性质的描述，是由信息资源发展、变化的规律所决定的。认识信息资源的特性，首先涉及信息资源概念和定义的问题，对信息

资源内涵与外延的不同认识，必然导致对其特性认识的差异。基于本书狭义的理解取向，因此，本书对信息资源特性的讨论，也仅限于对信息本体性质的描述。信息资源具有多方面特性，从不同角度去认识，则表现出不同的特性。

信息资源是由信息和资源两个概念整合而成的。信息和资源都是其上位概念，研究其属性就有两个角度（或称切入点）：一是从资源的角度探讨其属性；二是从信息的角度探讨其属性。目前，国内在信息资源的属性方面多有歧义，除了对属性、特征、特性未做区分以及在信息资源的概念上认识不一致外，很重要的一个原因就是人们研究的切入点不同。根据上述分析，笔者认为，信息资源的属性是分层次的。为了更清楚地说明本书的观点，现将世界资源简要分为三大部分，其结构图如图 3-1 所示。

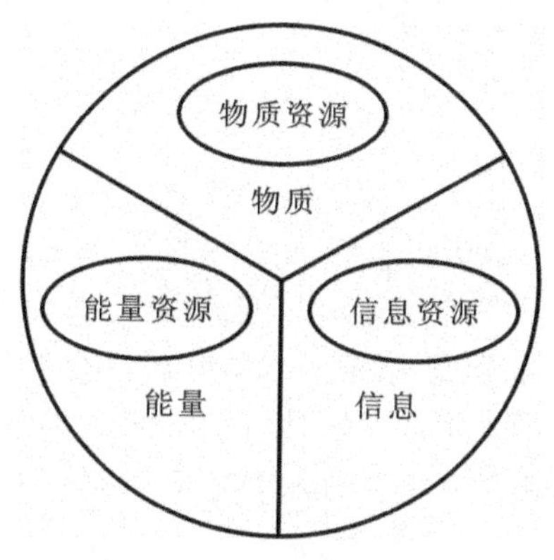

图 3-1　世界资源结构图

不难看出，可以从资源角度将信息资源与物质资源、能量资源等非信息资源相比较，信息资源具有可扩充、可压缩、可分享、可再生、可增值、易传输、无穷尽、依附性、转换性、时效性等特性，这是第一层次。这一层次的区分，并未将信息资源与信息区分开来。为了进一步探讨信息资源的本质，还必须从第二层次，即从信息的角度，将资源化的信息与非资源化的信息相比较，研究信息资源所具备的属性，这应是研究该问题的重点。

从这个意义上说，信息资源具有如下几个属性。

（1）有限性。一方面，信息是普遍的、无限的，有物质的地方就一定有信息存在：只要物质不灭，信息就会像物质一样永恒地存在。物质取之不尽，信息就用之不竭；信息资源仅是信息中的一部分，是经过人类选择的有用的那部分信息，是有限的。信息犹如无边无际、无始无终的宇宙，是无限的，信息资源好似太阳或地球，是有限的，这是就其存在来说的。另一方面，人类对信息资源的需求是无限的，与这种无限的需求相比，人类所拥有的信息资源则是有限的。

（2）人工性。信息作为物质或事物运行的状态与方式，无论人类是否感知它，它都是客观存在的。信息资源化离不开人类的参与，信息资源的生产、形成乃至组织、建设、开发、利用，无不打上人类加工的烙印。信息资源的人工性特点正是人们建设、开发、利用信息资源的理论依据。

(3)有序性。信息浩如烟海，且杂乱无章，处于一种混沌无序状态，面对浩瀚无边的信息海洋，人们常常发出无可奈何的感叹和“信息爆炸”“信息污染”“信息垃圾”的惊呼；大量无序的信息，常常造成信息通道的“拥塞”，使信息的传递发生迟滞性干扰，人类也无法利用。而信息资源则是人类按照一定次序组织起来的信息，具有有序性。

(4)积累性。信息资源是有用信息的总和或集合。一条信息不能构成信息资源，只有经过一定时间积累使信息达到一定的凝聚度，才能成为信息资源。正是这种积累性，才使流散的信息能够成为信息资源，打破时空限制，从不同角度、不同方向满足人们特定的信息需求。

三、信息资源的类型

对事物进行分类，是人们认识事物的一种基本方法。人们要开发利用信息资源，就必须首先了解信息资源的类型。信息资源类型划分得是否得当，直接关系到整个信息资源管理工作的质量好坏。信息资源的生产、采集、加工、整理、传递、交流、开发、利用等各项工作，都离不开对信息资源类型的正确认识与区分。从这个意义上说，信息资源类型划分的恰当程度也可以看作是信息资源管理科学程度的一个标志。

信息资源按其存在的状态可分为潜在的信息资源和现实的信息资源两大类。潜在的信息资源是指个人在学习、认知和实践过程中储存在大脑中的信息资源；现实的信息资源是指以一定形式表述或记录于外的信息资源。显然，现实的信息资源是当前研究、开发和利用的重点。

现实的信息资源依据其载体又可分为体载信息资源、文献信息资源、网络信息资源、实物信息资源 4 种类型，如图 3-2 所示。

1. 体载信息资源

体载信息资源指以人体为载体并能为他人识别的信息资源，按其表述方式又可分为口语信息资源和体语信息资源。口语信息资源是人类以口头语言表述出来但未被记录下来的信息资源，如谈话、授课、演讲、讨论、唱歌等；体语信息资源是以人的体态表述出来的信息资源，如表情、手势、姿态、舞蹈等。

2. 文献信息资源

文献信息资源是指以文献为载体的信息资源。文献信息依据其记录方式和载体材料又可分为刻写型、印刷型、缩微型、机读型、视听型等五大类。这五类又可进一步细分，如刻写型文献信息资源可分为手稿、日记、信件、碑刻等；印刷型文

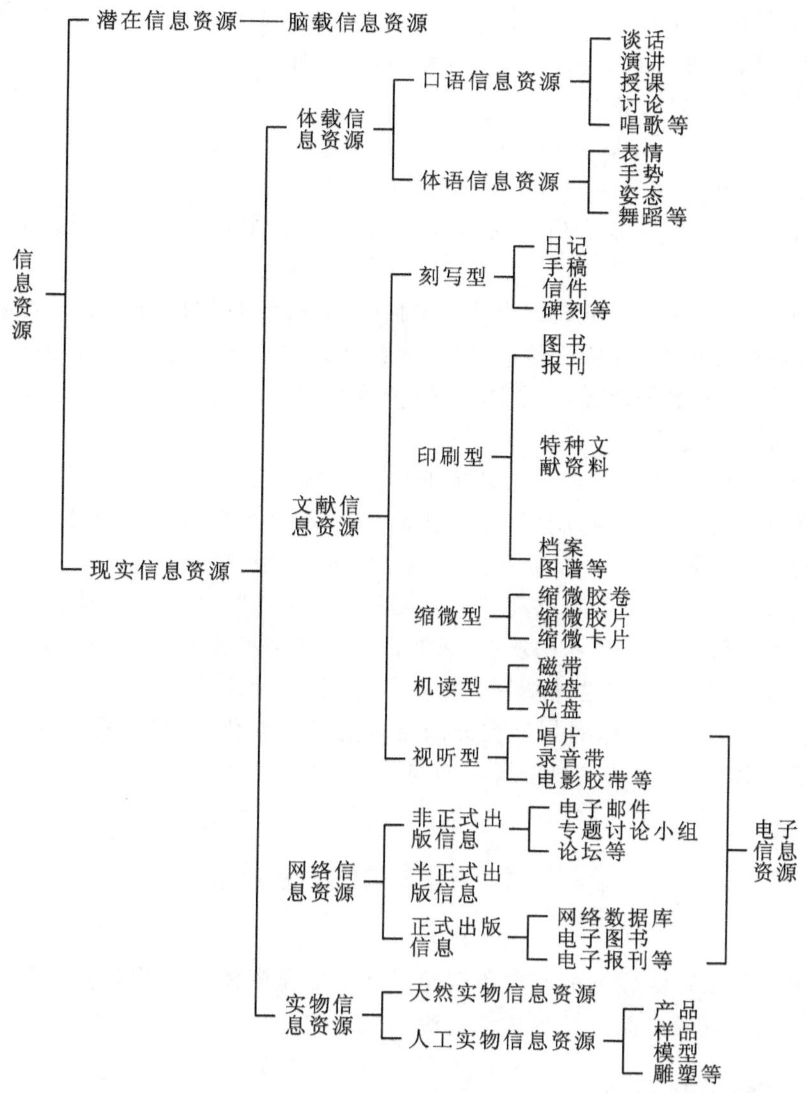

图 3-2　信息资源的分类

献信息资源可分为图书、报刊、特种文献资料、档案、图谱、地图、乐谱等；缩微型文献信息资源可分为缩微胶片、缩微胶卷、缩微卡片等；机读型文献信息资源可分为磁带、磁盘、光盘等；视听型文献信息资源可分为唱片、录音带、电影胶带、胶片、幻灯片等。

3. 网络信息资源

网络信息资源是从计算机技术、通信技术、多媒体技术相互融合而形成的网络上可查找到的资源。按人类信息交流的方式，网络信息资源可分以下 3 类。

(1)非正式出版信息。非正式出版信息指流动性、随意性较强的，信息量大、信息质量难以保证和控制的动态性信息，如电子邮件、专题讨论小组、论坛、电子会议、电子公告牌新闻等工具上的信息。

(2)半正式出版信息。半正式出版信息又称灰色信息，是指受到一定产权保护但没有纳入正式出版信息系统中的信息，如各种学术团体和教育机构、企业和商业部门、国际组织和政府机构、行业协会等单位介绍宣传自己或其产品的描述性信息。

(3)正式出版信息。正式出版信息是指受到一定的产权保护，信息质量可靠，利用率较高的知识性、分析性信息，用户一般可通过万维网查询到，如各种网络数据库、联机杂志和电子杂志、电子图书、电子报刊等。

4. 实物信息资源

实物信息资源是指以实物为载体的信息资源。依据实物的人工与天然特性又可将实物信息资源分为以自然物质为载体的天然实物信息资源和以人工实物为载体的人工实物信息资源(如产品、样品、样机、模型、雕塑等)。

信息资源是一个发展着的有机体，信息资源的类型也不是一成不变的，而是动态发展的。随着科学技术的发展，新的信息资源类型将不断涌现。信息资源类型体系应及时吸纳、涵盖这些新兴类型。另外，随着信息资源内涵与外延的深化、拓展，信息资源的分类标准与分类方法也可能发生变化，信息资源类型体系亦应及时地予以调整，以保持信息资源类型与其定义的一致性。

第二节　图书馆信息资源

图书馆信息资源收藏的对象主要包括文献信息资源和网络信息资源这两种，其中文献信息资源是图书馆的传统资源形式。

一、文献信息资源

文献是指用文字、图形、符号、声频和视频方式记录人类知识，储存、传播、交流、利用知识的一种物质载体。文献有两个要素：其一，知识内容，没有记录知识的空白纸张、空白磁带、磁盘、光盘等不能算是文献；其二，物质载体，存在于人脑中或人们口头传播的知识也不能算是文献。

图书馆收藏的文献信息资源根据载体及制作方式的不同，主要包括刻写型、印刷型、缩微型、机读型、视听型 5 大类文献信息资源。

文献的种类繁多，按照不同的标准可划分出许多类型。如按文献的编辑方法和出版特点可划分为图书、连续出版物等；按文献载体可划分为纸质文献、胶卷、电子出版物等；按文献内容可划分为社会科学文献和自然科学文献等；按文献的加工层次可划分为一次文献、二次文献和三次文献等；按语种可划分为汉语文献、英语文献、日语文献、俄语文献……如果这样划分，就显得过于烦琐。我国图书情报界习惯以文献的出版形式为主要标志，结合文献内容、载体形态、信息符号等因素的综合标志来划分文献的类型。按照这种划分方法，现代文献主要有图书、连续出版物、特种文献、缩微文献、视听文献和电子出版物 6 种类型。

1. 图书

图书是一种传统的比较定型成熟的出版物。它的历史悠久、流传广泛、数量庞大、影响深远，现在仍是馆藏文献资源的一种主要类型。其形式特征是：装帧完整定型，有封面、书名页、版权页、目次、正文及封底，并装订成册，依页数的多寡和内容联系上的不同而装订成单行本、多卷本等。根据联合国教科文组织《关于印刷品统计》文件的规定，49 页以上装订成册的印刷品称为图书，5～48 页的称为小册子，4 页以下的称为零散资料。图书的内容特征是主题突出、内容系统、论述全面、知识成熟、多为编著者长期经验和学识的积累，且具有较强的知识价值和学术价值。但由于其编著和出版的周期较长，因而其内容一般缺乏最新的研究成果，但对于了解和掌握某一学科的系统知识，还是有重要参考价值的。

按照不同的使用目的，图书又可分为供一般阅读的阅读书和供查阅的参考工具书。如再细分，阅读书包括单行本、多卷本等，参考工具书包括书目、索引文献、百科全书、字词典、手册、指南等。

2. 连续出版物

随着现代文献的不断发展，出现了一种新的文献类型——连续出版物，它比期刊的概念要广义得多。国际标准化组织在《国际标准书目著录(连续出版物)》中给连续出版物下的定义为："一种逐次分册发行，通常都编有序号或年代标号，并且打算无限期地连续出版下去的印刷形式的出版物，包括杂志、报纸、年刊、各种机构的报告丛刊和会志、会议录丛刊及单行本的丛书。"可见，连续出版物的范围很广。在众多的连续出版物中，最具代表意义的是杂志、报纸和年鉴。

1)杂志

杂志又称期刊。其形式特征是：定期或不定期连续出版，有统一的名称，固定的版式、开本，有连续的序号，汇集多位作者分别撰写的多篇文章，由专门的机构编辑出版。其内容特征是：由于它出版的周期短，能及时反映新理论、新技术和新方法的研究方向，知识新颖，能起到迅速传播最新研究成果的作用。另外，期刊设有众多的栏目，能连续发表有关专题的研究成果，因而含有较大的情报信息量，据统计，各类期刊所含情报信息量占总量的 60%以上。

按内容的不同，期刊可分为学术性期刊、报道性期刊、政论性期刊、资料性期刊、检索性期刊、行业性期刊、文艺性期刊等。不同的期刊有着不同的功用。如学术性期刊，主要发表学术论文、会议论文、实验报告和研究报告等具有很强学术性、理论性的文章，可使科学研究的最新成果得到推广，并为不同学术观点的争论提供了园地。再如，资料性期刊可向科研人员提供大量的实验数据、产品参数、技术规范、条例法令和统计资料等。

2)报纸

报纸的形式特征是：它有一个统一的名称，定期连续出版，每期汇集许多篇文章、报道、消息等，多为对开或四开，以单张散页形式出版。其内容特征是：时间性强，能以最快的速度报道国内外发生的最新事件和科学技术的最新研究成果，内容更加广泛。因此，报纸拥有更多的读者，是各种情报信息的主要传播渠道之一。

按出版周期划分，报纸可分为日报、双日报、周报、旬报等；按范围划分，报纸可分为全国性报纸、地方性报纸、系统性报纸等；按内容划分，报纸可分为综合性报纸、专业性报纸等。有的大型报纸出版社为了便于图书情报机构保存，还按月出版大开本、小开本合订本，有的还出版报纸缩微本。

3)年鉴

年鉴是年刊的一种。年鉴的形式特征是：逐年连续出版，有统一的名称，多为精装本。年鉴的内容特征是：由于年鉴的资料数据大都来自国家统计部门和政府公报等，具有很强的权威性。年鉴提供的资料数据，既有横向性又有纵向性，可为人们提供横向借鉴、纵向对比的信息资料。人们利用年鉴可以查找到国内外的时事大事、重要法规、统计数据、企事业单位名录及其他对决策、管理、研究等有重大作用的信息资料。

年鉴一般划分为综合性年鉴(如《中国年鉴》《中国百科年鉴》等)、地方性年鉴(如《广东年鉴》《山东年鉴》等)、专科性年鉴(如《中国经济年鉴》《中国文艺年鉴》等)、统计性年鉴(如《中国统计年鉴》《上海统计年鉴》等)。

3. 特种文献

特种文献是指出版形式比较特殊的科技文献。它介于图书与连续出版物之间，似书非书，似刊非刊。它的类型多样、内容广泛、情报信息含量大，对生产和科研都有重要的使用价值。但由于其出版周期不固定，并且多不公开发行，所以就难以采选。特种文献主要有以下类型。

1)科技报告

科技报告也称研究报告或技术报告。它是科研人员进行项目研究的实际记录，包括阶段报告、成果报告和总结报告等。其形式特征是：多以其编辑出版机构的名称作为总的固定名称，并标有连续编号，每一次报告为一项专题资料，自成一篇(册)，篇幅长短不一，出版也不定期。其内容特征是：多为前沿学科的重大研究课题，涉及基础理论和应用技术研究的各个重要领域，往往代表某一国家或某一学科领域的最高研究水平，因而很受广大科研人员和生产单位的重视。科研报告具有较强的保密性，在保密期间，一般不在社会上交流。

世界上著名的科技报告有美国军事系统的 STINET(Scientific and Technical Information Network)报告(原 AD 报告)、美国国家宇航局的 NASA 报告、美国政府的 PB(Publication Board)报告、美国能源部的 DOE(Department of Energy)报告，此外还有英国航空委员会的 ARC 报告、法国原子能委员会的 CEA 报告等。

2)政府出版物

政府出版物是各国政府及其所属部门公开发表、出版的各类文献的总称。它又分为行政性文件和科技性文献。前者包括法令、条约、政府报告和调查统计资料等，后者包括政府所属科技部门的研究报告、调查报告和技术政策等。由此可见，政府出版物所包含的内容是十分广泛的，是了解各国政治、经济、教育、文化和科技发展等各方面情况的重要文献。

3)会议文献

会议文献是指在各种国内外学术会议上宣读、交流的论文、报告及其他有关文献。由于学术会议论文的主题集中，撰写论文者多为有关学科的专家、学者和有成就的研究人员，论文在会前还要经过会议的主办单位筛选，且许多论文反映的是新理论、新观点、新成果，因而会议文献能反映某一学科的研究现状和发展趋势，已经越来越受到科研人员的重视。

4)专利文献

专利文献是记载有关发明创造信息的文献。它包括专利说明书、专利申请书、专利公报、专利文摘、专利索引、专利分类表等。其中，专利说明书和专利公报是主要的专利文献。这是因为专利说明书是专利申请人向政府专利机构递送的发明创造的书面材料，包括了发明创造的具体内容、研究目的、工艺过程和结论，并附有图表等各种数据，通过专利说明书就可了解某项发明创造的概况。而专利公报则是政府专利机构定期公布出版的专利审批结果，具有保护专利权人独占权益的法律效力，且是主要的专利情报源。

专利文献具有内容广泛、情报容量大、实用性强、查检方便、易于收集等特点，是图书情报机构不可缺少的一种文献。

5)技术标准

技术标准是标准化组织或有关机构对工农业产品和零部件的质量、规格、生产过程和检验方法等所做的技术规定。它反映了一个国家的经济技术政策、生产水平、工艺水平和标准化程度。技术标准一旦审批公布，便成为法规性技术文件，是产品设计、生产和管理人员及生产单位必须共同遵循的依据。

按审批机构和应用范围的不同，技术标准可分为国际标准、区域标准、国家标准、部颁标准和企业标准；按内容的不同，技术标准可分为各种基础标准、产品标准和方法标准等。技术标准审批公布后，并不是一成不变的，随着社会经济及科学技术的迅速发展,技术标准的更新速度已越来越快,这就要求图书情报机构要不断采选新的技术标准,以保持技术标准的及时性和新颖性。

6)学位论文

学位论文是高等学校和科研单位中的本科生、研究生为获取学士、硕士和博士学位而撰写提交的学术论文。由于经过了导师的指导和作者的刻苦钻研及专家的认真评审、答辩,因而学位论文多具有较高的水平。尤其是硕士论文和博士论文,对某一专题往往有着独到的见解和全面系统的论述,对科研和生产具有一定的参考价值。

学位论文属于非卖品,除少数能在期刊上摘要发表或全文发表外,多数则保存在作者原单位,因而全面收集困难。但高等学校图书馆和科研单位图书馆可系统收集本单位的学位论文。各国一般都有博士论文检索工具,可供用户查询。

7)产品文献

产品文献是企业为宣传自己的产品而编印的有关资料,包括产品样本、产品说明书、产品目录和产品广告等。其特点是:内容详细,数据可靠,具有外形照片、内容结构图或线路图等。通过产品文献可以了解产品的性能、结构、原理和操作方法等。此外,产品文献对企业进行产品设计、改造,对使用单位的产品的引进等,都有较大的参考价值。

4. 缩微文献

缩微文献又称缩微复制品。它是用摄影的方法,将原来文献缩小复制在感光材料上,然后借助阅读设备进行阅读的一种文献。和印刷型文献相比,它具有明显的优点:体积小,质量轻,存储密度大,便于收藏,提取、传递方便;制作迅速,成本低廉;在适宜的条件下,可永久保存。但其阅读必须借助专门设备,这就给用户带来许多不便,阅读效果也不如印刷型文献好。另外,因其对保存条件要求较高,就增加了保存的成本。

按载体形式划分,缩微文献有缩微胶卷、缩微胶片、缩微卡片3种类型。

5. 视听文献

视听文献又称声像文献或直观文献。它是以电磁材料为载体,以电磁波为信息符号,将声音、图像和文字记录下来的一种动态型文献。视听文献必须通过视听设备才能“阅读”。其优点是真实记录自然界和人类社会中的各种现象,使人们能够见其形、闻其声,直观性强,便于理解。视听文献还可与广播、电视相结合,进行远距离传送,是扩大社会教育和传播科学文化知识的得力工具。随着视听技术和电子技术的发展,以及视听设备的迅速普及,视听文献已越来越受到人们的重视,其数量也越来越大。

按人们感官接受方式的不同,视听文献可分为视觉文献、听觉文献和音像文献。视觉文献包括照相底片、摄影胶卷、无声录像带、无声影片等各种形象记录文献;听觉文献包括唱片、录音带等各种声音记录文献;音像文献包括有声影片、配音录像带等各种显声显影的文献。

6. 电子出版物

电子出版物是一种全新的文献类型,是现代信息技术在出版业应用的结果。它是一种将文字、声音、图形、图像等信息以数字代码方式存储在磁、光、电等介质上,通过计算机或类似功能的设备阅读使用,并公开出版发行的出版物。其特点非常突出:能小体积、大容量存储信息;能高效率、多功能地加工和转换信息;能高速度、远距离传送信息;能快速、简便地检索和查询信息;能集文字、声音、图形、图像于一体,阅读吸引力增强;能反复多次使用,条件适宜可长期保存。

二、网络信息资源

网络资源是当代图书馆馆藏的重要组成部分,是以网络信息资源为主体的虚拟馆藏资源。同电子出版物相比,两者均是以数字化方式为特征的信息资源,不同之处在于电子出版物以图书馆馆内的资源利用为主体,网络资源以图书馆馆外的资源利用为主体。

随着通信及存储技术的飞速发展,网络信息资源的发展也十分迅速,特别是互联网的发展,使得网络信息资源数量庞大、内容纷繁复杂、形式多种多样。依据不同的标准,网络信息资源可分为电子图书、电子期刊、电子报纸、网络数据库等类型。

1. 电子图书

电子图书又称为 e-book,是指以二进制的数字化形式记录文字、图像、声音等信息,通过磁盘、光盘、网络等电子载体出版发行,借助于一定的工具阅读利用的"数字化书籍"。它是继印刷型图书之后出现的一种全新的图书类型。常见的电子图书有以下几类。

1)图像格式类

图像格式类电子图书把原有的传统印刷型图书扫描到计算机中,以图像格式存储。这种电子图书内容比较准确,但检索手段不强,显示速度比较慢,阅读效果不太理想。国内的中文电子图书多以图像格式制作和存储,如超星图书、书生之家图书等。

2)超文本格式类

超文本格式类电子图书通常将书的内容作为文本,并配有相应的应用程序。应用程序会提供华丽的页面,基于内容或主题的检索方式、方位的跳转、书签功能、语音信息、在线词典等。

3)便携文档格式(portable document format,简称 PDF)类

便携文档格式类电子图书无论在何种机器、何种操作系统上都能以制作者所

希望的形式显示和打印出来，表现出平台的一致性。PDF 格式中可包含文字、图形等信息，还可建立主题间的跳转、注释等。PDF 中所包含的信息是“内含”的，甚至可以是把字体“嵌入”文件中，成为一种完全“自足”的电子文档。PDF 格式是目前最常见的电子读物格式之一，被各方面广泛使用，其阅读也几乎同 IE 等浏览器软件、Word 等自动化办公软件一样成为通用软件。

2. 电子期刊

电子期刊是指以数字形式存储在电子媒介并通过电子媒体发行和阅读使用的连续出版物，包括缩微、光盘、联机数据库、网络电子期刊等各种形式。电子期刊按不同的标准可划分为多种不同的类型。

1)按出版发行方式划分

(1)印刷型期刊的网络电子版期刊。这类期刊的编辑、出版、发行仍然按照传统方式进行，出版机构在发行印刷本的同时将电子版期刊采用联机形式安装在网络服务器上，提供网上服务。其电子版又包含完全的网络电子版期刊和部分的网络电子版期刊两种方式。完全的网络电子版期刊保留了印刷型期刊的排版格式和页面设计，正文部分与原印刷型期刊完全相同，同时提供印刷型期刊所不具备的检索和内外文链接服务；部分的网络电子版期刊是有选择地提供原印刷型期刊的部分内容，有些仅有目次和文摘，原文仍以印刷方式发行，有些则仅提供原文的文字部分，不包括图表等。

(2)纯网络电子期刊。纯网络电子期刊是指从投稿、编辑、出版、发行、订购、阅读乃至读者意见反馈的全过程都是在网络环境中进行的电子期刊，实现了期刊的无纸化。它具有出版速度快，信息报道及时，发表论文不受篇幅限制，编辑、作者、读者交流方便等特点。

2)按出版来源划分

(1)由原始出版机构发行的电子期刊。这类期刊由出版机构直接将其出版的电子期刊通过互联网发行，包括与印刷型期刊并行出版的电子期刊以及直接发行于网络上的纯网络期刊。

(2)由非原始出版机构发行的电子期刊。这类电子期刊由电子期刊集成服务商向原始期刊出版机构付款取得经销权，将不同出版机构的电子期刊整合于统一的检索平台而成。集成服务的服务器可以存储实际的电子期刊，也可以只为电子期刊提供一个链接，实际的期刊仍在原始出版机构的服务器上。通过集成服务而提供的是电子期刊全文、书目及文摘的整合体。提供这类电子期刊的集成服务有 EBSCO、ProQuest、OCLC ECO 等。

3. 电子报纸

电子报纸是指在多媒体技术、网络技术和通信技术的基础上，将电子技术应用到报纸出版、发行、利用的全过程而形成的一种新的数字化新闻媒体。电子报纸的内容呈现文字、表格、彩色图像甚至可以带有声音、动画等多媒体信息。在发行过程中,电子报纸通过计算机网络进行信息传递、发行、订购和反馈,人们可利用计算机和其他设备通过网络进行阅读。现在许多重要的报纸都在网络上发行了电子版,供读者在网络上进行阅读。

电子报纸有以下三种形式。

(1)脱胎于传统传媒机构的网站。如以《人民日报》为依托的人民网、中央电视台网站等。这种类型的电子报纸又有两种形式:一种完全是纸质报纸的电子版;另一种也是现在网络报纸常用的方式,即纸质报纸出版机构在网上设立独立的网站,以此为平台向互联网用户提供远比印刷版报纸内容更为丰富的信息。《人民日报》的人民网便是后者,它每天用中、英、日、法、西、俄、阿 7 种语言对外发布几千条新闻,整点刷新,内容涵盖经济、体育、教育、娱乐、科技等诸多方面,容量远远大于印刷版的《人民日报》,同时还为用户提供网络资料库查询、短信服务、电子商务等多种服务内容。

(2)数据库形式的电子报纸。如中国重要报纸全文数据库是目前国内少有的以重要报纸刊载的学术性、资料性文献为收录对象的连续动态更新的数据库,收录了国内公开发行的几百种重要报纸,内容涵盖了文化、艺术、体育、政治、军事与法律、经济、社会与教育、科学技术等各个方面。

(3)便携式电子报纸。它是一种全新的电子报纸概念,融合了报纸、计算机和网络的特点,以便携式的电子阅读器为报纸载体,可随身携带,轻松便捷,支持网卡式离线阅读,可存储多份报纸和相关数据,容量大,阅读方便。

目前电子报纸的表现形式主要是网上报纸。

4. 网络数据库

数据库泛指一切信息的集合。通常意义上的数据库指电子数据库(网络数据库),即按照一定的数据模型在计算机系统中组织、存储和使用的互相联系的数据组合。数据库的规模有大有小,专业内容无所不包,提供的信息类型多种多样,因而数据库的类型也是各种各样、丰富多彩。

1)按记录的方式划分

数据库按记录的方式划分,可分为书目型数据库、文摘型数据库、事实型数据库、数值型数据库和全文型数据库。

(1)书目型数据库。书目型数据库是图书馆或情报部门根据需要建立的馆藏书目数据库或联合目录数据库。在互联网中,图书馆将传统馆藏目录发展成联机公共目录检索系统(oline public access catalog,OPAC),人们通过图书馆目录的链接就可以在自己的网络终端查询世界各地的大学图书馆、公共图书馆、专业图书馆馆藏,包括各文种的图书、连续出版物、特种文献、缩微品、视听资料、电子出版物等。目前,世界上有几千个著名的大学图书馆、公共图书馆、专业图书馆及数千个学术研究机构的馆藏机读书目型数据库通过网络对外开放，提供了数以亿计的馆藏书目数据及各类型馆藏资源。如美国国会图书馆、中国国家图书馆、中国科学院文献情报中心的联机公共目录检索系统等。

(2)文摘型数据库。文摘是将文献的内容加以浓缩，以最简明、最概括的文字报道文献主题、方法和结论的文字，又称为摘要。著录文献的外部特征加上文摘，并按一定顺序排列出来，即形成文摘型检索刊物，常简称为文摘。把印刷型文献检索工具电子化或印刷型原始文献进行再开发、完全电子化便成为文摘型数据库，如工程索引(engineering index，EI)、中国专利数据库等。

(3)事实型数据库。系统存储已有的供人们检索并利用的基本事实，包括事实、概念、思想、知识等非数值信息，即为事实型数据库。

(4)数值型数据库。系统存储大量的可供人们检索的数据，如物质的各种参数、观测数据、统计数据等数值数据和图表、图谱、市场行情、化学分子式、物质的各种特性等非数值数据，即为数值型数据库，如科学数据库、工程数据库等。

(5)全文型数据库。全文型数据库是存储文献全文的数据库，用户可以通过检索此类数据库方便地得到所需要资料的全文。从数据检索意义上来看：一种是可进行全文检查的电子图像全文型数据库，如《中网大百科全书》光盘版；另一种是文献库型全文型数据库，如期刊全文型数据库、学位论文全文型数据库等。

2)按收录的文献类型划分

数据库按收录的文献类型划分，可分为电子图书数据库、期刊论文数据库、报纸数据库、会议论文数据库、学位论文数据库、专利数据库、产品数据库等。如中国专利数据库、中国标准数据库、中国企事业单位数据库、中国科技成果数据库、中国科技论文与引文数据库等。

数据存储技术的发展，推动着数据库不断向前发展：由单机版光盘数据库、网络版光盘数据库向网络数据库发展，由单一文献类型向多文献类型数据库发展，由单一学科向多学科型数据库发展。目前的数据库除了支持全文检索外，还向多学科、多元化、综合化方向发展。许多数据库生产商将其数据库联入互联网为用户提供联机信息检索和存储服务，用户在办公室、家中就能够获取数据库的信息，从根本上改变了传统的检索与利用信息的方式。例如：20 世纪六七十年代，世界发达国家和地区相继建立了计算机联机信息服务系统，并发展成为国际联机检索系统，如美国的 DIALOG 系统、欧共体的 ESA 系统和德国的 STN 系统，它们都有大量的数据及丰富的数字信息资源，为全世界的终端提供信息资源服务。互联网建立发展以来，这些大型的联机检索系统都提供了与互联网的接口，用户可以通过远程登录进行付费检索。此外，行业数据库也在互联网上设置了网页，并提供一定范围内的免费检索。

第三节　文献资源的分类与组织

人类对自然和社会的不断认识，构成了一个系统的科学体系，而且，随着学科间的交叉、综合和进一步分化，整个科学体系还在不断地扩充发展。已经形成的数千种独立的学科和正在探索中的知识，无不以这样或那样的方式被记录下来。由于历史的积累，文献数量之庞大，已在图书馆藏书中反映出来。现代图书馆，其藏书量少则数万册，多则数十万，甚至上百万，国家级图书馆和某些历史悠久的图书馆甚至拥有千万册的图书。这些藏书如果不按照一定的逻辑次第进行科学的分类，别说读者，就是图书馆工作人员也无法在这浩如烟海的藏书中很快地找到需要的文献，至于提供利用，更是无从说起。正是基于此，才产生了对文献进行分类的必要。

当然，文献分类并非始自今日，早在公元前 26 年刘向、刘歆父子校订皇室藏书时，就编成了世界上最早的一部图书分类目录——《七略》。《七略》将当时藏书分为辑略、六艺略、诸子略、诗赋略、兵书略、数术略和方技略。其中辑略是写在六略之前的一篇概括性的学术简史，相当于全书的概要，实际为六大类共 38 种，成为开图书分类先河之作。其后各代，图书分类法又不断发展，直至清乾隆时编成《四库全书》，确定了《四库全书总目》的分类体系，即把所有图书分为经、史、子、集四部，计 44 类 66 属，集我国封建社会图书分类法之大成。

1910 年，美国《杜威十进分类法》被介绍到中国，又产生了许多仿照《杜威十进分类法》而编制的分类法。这些分类法吸收了国外先进的图书分类理论和技术方法，为其后编制具有我国特色的现代分类法提供了理论和实践准备。

新中国成立后，为适应新时代要求，一些图书馆开始修改或新编图书分类法，如新中国成立后出版的第一部分类法《东北图书馆图书分类法》。这是一部具有一定影响的新分类法，出版后，被不少图书馆采用，如四川音乐学院图书馆在 1975 年以前就一直使用这部分类法。目前，我国主要使用的是《中国图书馆图书分类法》(1999 年出版的第四版改名《中国图书馆分类法》，简称《中图法》)。由于《中图法》已发展成为拥有从图书分类法、资料分类法到期刊分类表，从供大型或综合性图书馆分类图书所采用的分类法“详本”到供中小型图书馆分类图书所采用的“简本”，从《中国图书馆分类法》到《中国分类主题词表》的分类法系列，所以《中图法》已为我国绝大部分图书馆所采用。

总之，文献分类在我国具有悠久的历史，文献分类是现代图书馆的一项非常重要的基础性工作。

一、文献分类的含义

什么是分类？类是指具有某种共同属性的个别事物的集合。我们知道，在客观世界中，每一个别事物都有这样或那样的属性，而任何属性也都是某种事物的属性。事实上，这一事物与另一事物的相同或相异，就是这一事物的属性与另一事物的属性的相同或相异。由于事物属性的相同或相异，客观世界中也就形成了各种不同的类。具有相同属性的事物形成一类，具有不同属性的事物又分别地形成不同的类。

类在文献分类体系中又称为类目，类目是构成文献分类体系的基本单元，一个类目就表示具有某种共同属性的一组文献。表示类目概念的名称称为类名，类名不仅体现类目概念的名称，使其区别于其他类，而且还规定类目的性质与内容范围。例如，《中国图书馆分类法》中“TN95 雷达”类下的“TN959.1 侦测雷达”这一类名，既区别于“脉冲调幅雷达”“相控阵雷达”等，又规定了该类目是以雷达的用途作为分类根据的，其范围包括各种侦测雷达，如警戒雷达、目标识别雷达等。

分类是指以事物的本质属性或其他显著特征作为根据，把各种事物集合成类的过程。它是人们认识事物、区分事物、组织事物的一种逻辑方法。事物的属性分为本质属性与非本质属性。本质属性是事物本身具有的、较稳定的、起决定性作用的属性，而且通过这种属性可以与其他事物区别开来。非本质属性是指除了本质属性以外的其他属性。对事物进行分类一般要求以事物的本质属性作为分类根据，这是因为事物的本质属性能揭示事物之间的内在联系，有助于人们深入地认识事物。当然，对事物的分类并非一律都要以事物的本质属性作为分类根据，按照人们认识事物的需要，以事物的其他显著特征作为分类根据，也是具有实际作用的。

明确了类与分类的含义，就容易理解文献分类的概念。什么是文献分类呢？文献分类就是以文献分类法为工具，根据文献所反映的学科知识内容与其他显著属性特征，分门别类地、系统地组织与揭示文献的一种方法。

上述文献分类概念的含义体现了四个方面的意思。

其一，文献分类的对象是图书馆与各种文献信息机构所收集与使用的古今中外各种文献。文献是指“记录有知识的一切载体”，文献分类的对象不仅包括印刷型出版物中的图书、期刊、科技报告、会议文献、学位论文、专利说明书、技术标准、产品样本等，而且还包括缩微型、音像型、计算机阅读型（电子出版物）等知识载体，这些知识载体为图书情报档案部门所广泛收集与使用。

其二，文献分类的根据是文献的学科内容属性与其他显著特征。如同对其他事物的分类一样，对文献的分类也是以其本质属性与其他显著特征作为根据的。由于文献是作为人类各种知识的记录与传播载体而存在的，读者阅读文献的目的，无非是利用其所记载的知识，他们也往往习惯于从学科、专业的角度来查阅文献。因此，从文献本身所具有的社会价值以及从读者查阅文献的目的来考察，文献所体现的学科知识内容是文献的本质属性。

文献的学科知识内容主要包括：①学科门类及分支；②学科的研究对象与诸问题；③学科的基本理论、原理、数据；④学说、学派、观点；⑤事物的种类、成因、性质与相互联系；⑥自然现象、社会现象与历史事件；⑦实验、技法、生产工艺；⑧研究对象、事物、事件等所涉及的地域、时代与环境等。文献的其他显著特征是指除了学科知识内容以外的具有检索意义的一些属性特征，主要包括：①出版物的种类，如图书、期刊、科技报告、专利说明书、学位论文、技术标准、产品样本等；②参考工具书的类型，如字典、词典、手册、百科全书、书目、索引等；③信息符号特征，如各种语言文字、图形、编码等；④体裁、形式，如小说、诗歌、多幕剧等；⑤载体特征，如缩微胶卷、录音磁带、电子出版物等；⑥编著者及写作或出版日期、版本等；⑦使用对象，如盲人用书、儿童用书、注释读物等。上述文献的学科知识内容与其他显著特征，都可以用来作为文献分类的依据。

其三，文献分类的工具是文献分类法。对文献进行分类，必须依据一定的文献分类法。使用文献分类法分类文献，一方面能够将学科内容性质相同的或具有某种属性特征的文献聚集在一起，便于人们检索利用；另一方面使分类人员在选择分类根据时有一个可靠的、统一的标准，保证文献分类的准确性与一致性。

其四，文献分类的主要目的是按学科知识的系统性分门别类地组织与揭示文献。如前所述，文献的知识内容是文献的本质属性，揭示文献的知识内容是图书馆、文献信息机构满足读者检索利用文献的前提。

二、文献分类的作用

前面提到，文献分类的主要目的有两个：一是按学科知识的系统性组织文献；二是按学科知识的系统性揭示文献。文献分类的这两个目的，具体表现在组织分类排架与建立分类检索系统两个方面。这两个方面也就是文献分类的两个主要作用。

1. 组织分类排架

我们知道，图书馆、文献信息机构收集的图书资料少则几万册，多则几千万册。任何一个图书情报机构必然要将收集的图书资料按一定的方法进行分类，使每一本书都有一个明确的排列位置。图书资料的排列方法有多种，每种排列方法各有利弊，但比较起来，以学科知识的系统性来排列图书资料，即分类排架，效果比较理想。分类排架有四个方面的优点。

(1)采用分类排架，能够使藏书体现学科的系统性，使学科属性相同的书集中在一起，内容相近的书联系在一起，内容不同的书区别开来，便于人们按学科系统来利用藏书。

(2)采用分类排架,图书情报人员能够按类来熟悉藏书、研究藏书,便于向读者宣传、推荐与提供有关的图书资料。

(3)采用分类排架,有利于提高开架借阅的质量。

(4)采用分类排架,图书情报人员就可以按类来统计图书借阅情况,了解与分析读者的借阅要求与阅读倾向,并能为藏书建设提供一定的可靠数据。

由此看来,分类排架是一种比较合理的图书排架方式。但是,图书资料采用分类排架的前提,必须是要对图书资料进行分类。图书资料经过分类,便有了一个表示它的学科内容或其他显著特征的分类号,从而能按照一定的分类体系将图书资料组成一个系统。

2. 建立分类检索系统

文献分类按学科知识的系统性揭示文献,这主要体现在建立分类检索系统(手工分类目录与计算机分类检索系统)上。分类检索系统是我国图书馆、文献信息部门中使用频率比较高的一种检索工具,它是按照文献分类法的类目体系组织起来的。这是因为类目体系一方面体现着每一门学科的系统性,另一方面在一定程度上揭示了各门学科之间的关系。

三、文献分类法

文献分类法有体系分类法与分面分类法两种基本类型。

1. 体系分类法

体系分类法是以科学分类为基础,依据概念的划分与概括原理,把概括文献内容与事物的各种类目组成一个层层隶属、详细列举的等级结构体系的一种文献分类法,亦称列举式分类法、枚举式分类法。

《中国图书馆分类法》、《中国科学院图书馆图书分类法》(简称《科图法》)、《中国人民大学图书馆图书分类法》(简称《人大法》)、《杜威十进分类法》、《美国国会图书馆分类法》等都是体系分类法。体系分类法由主表、标记符号、复分表、说明和类目注释、索引 5 个部分组成。

体系分类法的基本部类是文献分类表中为便于各种类目的展开而对人类全部知识与客观事物所做的最基本、最概括的划分。基本部类的排列次序称为基本序列。由于人们认识客观世界的角度与方法不同,各种文献分类法的基本部类及其序列也不尽一致。如《杜威十进分类法》虽未明确显示基本部类,但实际上该分类法根据 17 世纪英国哲学家培根的知识分类思想,以理性知识、想象知识、记忆知识三个部类来展开大类及类目体系。新中国成立后,我国综合性文献分类法的基本部类基本上采用五分法,其基本序列为:①马克思主义、列宁主义、毛泽东思想、邓小平理论;②哲学;③社会科学;④自然科学;⑤综合性图书。

2. 分面分类法

分面分类法是依据概念的分析与综合原理，将概括文献内容与事物的主题概念组成“分面—亚面—类目”的结构体系，通过各分面内类目之间的组配来表达文献主题的一种文献分类法，也称组配分类法、分析-综合分类法。

《冒号分类法》、布利斯的《书目分类法》(BL2)等就是分面分类法。另外，有一种体系-组配式分类法，也称半分面分类法。这是一种在详细列类的基础上，广泛采用各种组配方式编制的分类法，如《国际十进分类法》。分面分类法就其组成部分而言，与体系分类法基本一样，一般包括分类表、标记符号、说明与类目注释、复分表、索引 5 个部分，但其分类表与标记符号不同于体系分类法。

分面分类法的分类表虽然也同体系分类法那样需要设置若干个基本大类，但其基本大类的展开不像体系分类法那样采用简表、详表对类目进行层层划分、详细列举来形成等级列举式结构，而是在各基本大类下列出若干分面、亚面，各面内类目相互组配，从而形成分面组配式结构。分面分类法的结构主要体现在分面分析法、分面引用次序与分面排列次序等方面。

在我国现行的综合性文献分类法中，被广泛使用的是《中国图书馆分类法》，除此之外，还有四部文献分类法被一些图书情报档案部门所采用，它们是《中国人民大学图书馆图书分类法》、《中国科学院图书馆图书分类法》、《中国图书资料分类法》与《中国档案分类法》。

四、《中图法》

《中图法》是《中国图书馆分类法》的简称，是我国新中国成立后编制出版的一部具有代表性的大型综合性分类法，也是当今国内图书馆使用最广泛的分类法体系。《中图法》初版于 1975 年，目前已修订出版了第五版。

1. 编制原则

《中图法》是以科学分类为基础，结合图书的内容特点，分门别类组成的分类表。其编制原则包括如下几点。

第一，以马列主义、毛泽东思想、邓小平理论为指导思想，以辩证唯物主义和历史唯物主义为编制依据。

第二，分类体系要符合科学性的原则，以科学分类为基础，采取从总到分、从一般到具体的逻辑系统。同时要考虑图书分类的特点，既要能容纳古代的和外国的图书资料，又要充分反映新学科和新事物。

第三，在类目安排和标记符号的设置上，要力求简明、易懂、易记，以适应图书分类实践的需要。

第四，照顾中小型图书馆类分图书资料的需要，为全国图书资料统一分类编目创造条件。

2. 分类体系

《中图法》分为五个部类，在各部类下展开设置大类，共二十二个大类。部类及大类设置如下：

马克思主义、列宁主义、毛泽东思想、邓小平理论……

A 马克思主义、列宁主义、毛泽东思想、邓小平理论

哲学……

B 哲学、宗教

社会科学……

C 社会科学总论

D 政治、法律

E 军事

F 经济

G 文化、科学、教育、体育

H 语言、文字

I 文学

J 艺术

K 历史、地理

自然科学……

N 自然科学总论

O 数理科学和化学

P 天文学、地球科学

Q 生物科学

R 医药、卫生

S 农业科学

T 工业技术

U 交通运输

V 航空、航天

X 环境科学、安全科学

综合性图书……

Z 综合性图书

在二十二个大类下，又分为若干小类，层层隶属，逐级细分。在各大类下，一般伸展到三级、四级；各类细分的深度，主要是根据各类的性质和中小型图书馆藏书的情况来确定的。书多则类多，书少则类少，不求类目平衡。

以“H 语言、文字”为例，各级类目展开如下：

H 语言、文字

H0 语言学
H1 汉语
H2 中国少数民族语言
H3 常用外国语
　H31 英语
　　H311 语音
　　H312 文字
　　H313 语义、语用、词汇、词义
　　H314 语法
　　　H314.1 词法
　　　H314.2 词类
　　　H314.3 句法
　　H315 写作、修辞
　　……
　H32 法语
　H33 德语
……

上例中，“H 语言、文字”为一级类目，“H0 语言学”“H1 汉语”“H2 中国少数民族语言”“H3 常用外国语”等为二级类目，“H31 英语”“H32 法语”等为三级类目，“H311 语音”“H312 文字”等为四级类目，“H314.1 词法”“H314.2 词类”“H314.3 句法”为五级类目。

在《中图法》的分类表中，被区分的类称为上位类。相对地说，区分出来的类就是下位类。处于同一上位类下的同一层次的下位类称为同位类。如上例中“H314.1 词法”“H314.2 词类”“H314.3 句法”这三个类目是“H314 语法”的下位类，“H314 语法”是这三个类目的上位类，而这三个类目之间是同位类关系。

3. 分类号码

《中图法》采用字母与数字相结合的混合号码，字母用来表示二十二个大类，以字母的顺序，反映大类的顺序。在字母后用数字表示大类下类目的划分，为适应工业技术分类的需要，T 工业技术的二级类，也采用了字母，即在“T 工业技术”类采用了双字母。

数字的编号方法，采用小数制，就是说首先顺写字母后的第一位数字，然后顺写第二位，以下类推。号码顺序必须遵守小数制的排列方法。

数字符号超过三位时，规定在第三位数字后加上一个下圆点“.”，这主要是为了醒目和易读，可作为分隔符号标志。

五、书次号的意义和类型

书次号是为使同类书籍个别化而编制的号码，它是分类索书号的组成部分之一，用以确定同一类中各种不同图书的排列次序。

从传统意义上说，书次号的作用有两个：一是在组织分类目录时，使相同分类号的款目有序化，从而提供更为精确的检索途径；二是在排架时使同类图书排列有序，便于查找图书、归架和管理。随着图书馆自动化的逐步实现，书次号的作用也随着机读目录的出现而发生了新的变化：它从原先用作排列与检索同类图书的顺序号，逐渐转化为只作为排列同类图书的顺序号。

书次号种类繁多，如登录号、种次号、年代号、页码号、著者号等。目前，在我国使用最普遍的有两种：著者号和种次号。

编制著者号是依著作人（个人或团体）的姓氏或名称取简短、易认的号码，作为对同类图书区分的书次号。编制著者号的依据是著者号码表。著者号码表是一种著者名称用字的编码表，是编制著者号码的辅助工具。目前，国际上通用的著者号码表是卡特的《著者号码表》，国内常用《通用汉语著者号码表》。

种次号是以图书的“种”为单位，依据同类图书分编的先后次序，对每种图书所取的顺序号。按同类中每种书的分编先后次序依次给予1、2、3……顺序号，它简短易取，编号容易，排架简便。其缺点主要是不能将同一类中同著者的图书集中在一起。

分类号和书次号（有时还要加辅助区分号）共同组成分类索书号。

第四章　高校图书馆的职能及服务内容

第一节　图书馆的性质与职能

一、图书馆的性质

在人类历史发展的进程中，人们为了有效地保障和促进知识信息交流，逐步形成了一系列的社会机构，从事这种交流的组织、协调和控制。图书馆就是其中的一个重要机构，它是人类社会生活发展到一定阶段的产物。

1. 何谓图书馆

"图书馆"一词，源于拉丁文"libraria"，含义为"藏书之所"。《英国大百科全书》这样解释：图书馆的意思是很多书收藏在一起，这些书是为了阅读、研究或参考用的。我国的《辞海》则解释为：图书馆是搜集、整理、收藏和流通图书资料，以供读者进行学习和参考研究的文化机构。

以上解释尽管不尽相同，但基本一致的意思是：图书馆是收藏书刊资料的地方；图书馆收藏的书刊资料是供人们借阅使用的。

世界上的文明古国，如中国、埃及、巴比伦、希腊都是图书馆的发源地。据报道，伊拉克考古学家 1986 年发现一座公元前 10 世纪的巴比伦王国图书馆，保存有大量苏美尔和阿卡德文字的泥版文稿。据文献记载和考古发现，在公元前 7 世纪中叶，亚述帝国就建有尼尼微王宫图书馆，其中保存有大量的泥版文书，内容包括宗教铭文、文学作品、天文、医学等，大都是模拟巴比伦的原作。公元前 6 世纪，希腊在雅典城建立了第一个图书馆。公元前 4 世纪，埃及建立了亚历山大里亚图书馆，是当时埃及的学术中心，共有藏书 70 万卷，几乎包括了所有古埃及的著作和一部分东方的典籍。

我国的藏书事业要追溯到更远的时代。早在公元前 13 世纪的殷代，皇室就有了保存甲骨文的地方和管理人员，这是我国图书馆的雏形。到周代已有藏书的机构——藏室，而老子就是守藏室之史。秦代的阿房宫曾设立藏书机构，并设有固定的官员——柱下史，负责管理。到了汉代，由于大规模地收集、整理图书，皇室藏书空前丰富，修建了藏书的馆舍——天禄阁，并编成我国最早的藏书目录——《七略》，此时我国国家图书馆已经初具规模。

综上所述，最初形式的图书馆就是一个文献的集合体。文献是图书馆产生的前提条件，而文献交流的发展，又推动了人类文明的进步，加速了知识的不断积累和增殖，促使出版、发行、收藏、保管、传播、利用文献的社会机构相应产生。图书馆就是这样一种机构，它随着文献的产生而出现，又随着文献信息交流方式的变化而不断发展。图书馆保存和积累了人类古往今来极其丰富的文献典籍，成为人类的知识宝库和智力资源中心，是广大读者的良师益友和终身学习的场所。它以文献交流和传递科学情报的功能，深刻地影响着人们的经济生活、文化生活和科学研究活动，对人类的精神文明以及物质文明建设起到了巨大的推动作用。从本质上来说，图书馆实际上就是通过收集、整理、加工、传递和利用文献信息，为一定社会的政治、经济服务，属于上层建筑的范畴。

2. 图书馆的基本性质

1)教育性

教育性是图书馆最基本的性质。大学图书馆是为学校教学服务的。一切以教学为中心开展工作，是大学图书馆全部工作的出发点，并贯穿于全部工作过程和各个工作环节。它的一切工作都体现在为学校教学服务之中。学生学习、教师备课和科研都离不开图书馆。图书馆是学校教学活动的重要场所。教师利用图书馆丰富的书刊文献资料充实、更新自己的知识。学生们除了在课堂上获取知识外，还需要利用图书馆丰富自己的知识，排疑解难，巩固和加深课堂所学知识。

大学图书馆是对学生进行思想教育的阵地。利用图书资料向学生传播先进的科学文化知识及马列主义、毛泽东思想、邓小平理论和“三个代表”重要思想，使学生不断地接受新思想、新知识，从而使其树立远大的理想和高尚的情操。这是对大学生进行思想教育的重要手段之一，是其他教学方式所不能替代的。

2)科学性

就图书馆的工作而言，无论是文献资料的收集整理，还是服务工作的组织管理，以及现代化技术的应用等，都具有很强的科学性。大学图书馆直接担负着为学校的科学研究服务的任务，更是具有明显的科学性。它不仅为科学研究提供文献信息，属于科学研究的前期劳动，而且科学研究的全过程都离不开文献信息工作。在图书馆书刊采编、流通、阅览、信息咨询服务等各个环节，也都制订了科学的工作规范，否则，就不能充分发挥图书馆应有的作用。这也是其科学性的重要体现。

3)服务性

图书馆一切工作的出发点和归宿都是读者。其中心工作就是为读者提供优质、高效的服务，图书馆通过对文献信息资源的收集、整理、加工，然后利用各种方式、各种手段，将精挑细选的文献信息呈现在广大读者面前。而大学图书馆的服务性则通过满足教学、科研人员和学生的文献信息需求得以体现。

图书馆工作直接影响着读者对文献信息的利用，进而影响学习和工作。因此，图书馆工作人员基本职业道德的核心，就是以全心全意为读者服务的精神和兢兢业业、踏踏实实、埋头苦干的工作作风，心系读者，想读者之所想，急读者之所急。因此，不断提高服务质量，提高服务技能，熟悉业务知识，了解读者需要，为学校教学、科研提供优质服务，成为读者的良师益友，是图书馆工作人员矢志追求的重要目标。

二、图书馆的职能

图书馆以丰富的文献信息资源服务于社会，促进社会的发展和进步。尤其是在瞬息万变的信息社会，人们对信息、知识的需求越来越迫切，图书馆作为人类智力资源中心和文献信息交流的重要枢纽，其强大的社会职能益发引起人们的广泛关注。

1. 文献流整序职能

文献的产生，具有连续性和无序性两种特征。文献流是源源不断涌现的，这是指文献产生的连续性。文献的流向，从个体上看是自觉的、有目的的，但从整体上看则是不自觉的、无目的的、分散的、多头的，有时甚至是失控的，这就导致了文献的无序状态。其主要表现为：社会文献的数量越来越大，增长速度越来越快；社会文献的类型复杂，形式多样；现代社会文献的时效性加强；文献的传播速度加快；文献的内容复杂多变交叉重复；文献所用语种扩大。这些因素都直接影响着文献无序状态的加重，使文献的流向更加分散。分散的一种图书、一种善本、一种期刊或一篇论文虽然有着一定的能量，但只有当它成为一个文献集合体的一部分时，才能充分发挥其潜在的能量。因此，文献经过图书馆整序而形成的作用是不可低估的。

图书馆的整序职能，通常是由对馆藏文献的分类、编目、典藏等手段来实现的。整序的实质就是组织和控制。如果没有整序职能，图书馆的作用就无法体现，图书馆也就失去了存在的价值。

2. 信息传递职能

1）传递馆藏文献信息

图书馆通过编制的各种目录、题录等检索工具，向读者及时揭示、报道最新馆藏文献信息，以最快的速度将采集到的图书、期刊、光盘、数据库等文献信息传递到读者手中，使读者能够在第一时间内直接获取相关馆藏文献信息。

2）传递导向性文献信息

图书馆通过文摘、索引、综述、述评、书评等形式，向读者推荐内容健康向上，知识性、科学性、趣味性兼具的各种好书刊、好文章，开展导读活动，形成正确的舆论导向。既满足读者的各种信息需求，又符合时代潮流和科学精神，符合社会发展的总体趋势。

3)社会教育职能

教育是一种以传授文化知识为核心的社会活动。狭义的教育，专指学校教育；广义的教育，则指包括家庭教育在内的各种社会教育。图书馆历来就是一种重要的教育机构，古代的皇家图书馆和有名的图书馆，不仅是藏书万卷的场所，也是培养封建吏材的地方。在现代社会的教育活动中，图书馆教育有着更为广泛的意义。

图书馆作为一种基本的教育机构，还具有更广泛的社会意义。图书馆向社会所有成员敞开大门，是社会教育和学习的中心，是无墙的学校，是人们进行终身教育的重要基地。在高等学校里，图书馆是基本的教育设施，它被誉为“大学的心脏”“学校的第二课堂”，直接承担着培养人才的重任。

图书馆这种社会教育的职能，主要是通过为广大读者提供丰富的馆藏资源，开展各种活动来实现的。图书是老师，书中所记录的系统知识是教育的内容，人们通过自学阅读受到教育。而图书馆丰富的文献馆藏，又为组织社会大众学习开辟了广阔的天地。开展各种文化活动、咨询活动，可强化图书馆的教育职能。

开发智力资源也是图书馆社会教育职能的重要体现。智力资源的开发有两层含义。一是开发馆藏文献资源，馆藏文献在同一时间里并不能被读者全部利用，有许多文献长期放置在书架上无人问津，造成智力资源的浪费。激活馆藏文献资源，提高文献信息利用率，就是开发了智力资源。二是开发读者的智力资源，图书馆通过各种创造性的劳动，开展丰富多彩的培训、讲座等活动，开发读者的智力，培养读者利用信息的能力和科学思维的能力。

4)丰富文化生活职能

健康的文化娱乐活动是人类社会生活不可缺少的组成部分。人们除工作和睡眠以外，业余生活占三分之一时间。如何支配和利用这三分之一的时间，对一个人的道德修养、文化素质、精神状态及身体健康等都有极大的影响。利用图书馆是人们文化生活的重要组成部分，而且其方式灵活多样，因而更能引起人们的兴趣，更能全面地满足读者的精神文化需要。

图书馆是一所社会大学校，拥有丰富的文献信息资源，既有各学科的专著，也有众多的科普读物、文艺名著、报纸杂志等。人们既可以从图书馆借阅自己感兴趣的书刊，也可以到图书馆翻翻报刊，看看图书，享受读书之乐。尤其是现代的图书馆，不仅收藏传统的印刷品和开展一般的图书流通借阅，还配备有唱片、录音、录像等声像资料，举办各种活动，使人们扩大眼界，增长见闻，获取美的享受，丰富精神生活。

5)搜集和保存人类文化遗产职能

图书馆作为保存民族文化财富的机构,担负着保存人类文化典籍的任务。世界上一些历史悠久的大型图书馆,都是保存人类文化遗产的宝库。很多国家专门制定了保护文化遗产的政策法令和图书出版物的呈缴本制度。因此,搜集和保存人类的图书、文化遗产,是图书馆不可推卸的社会责任。当今社会,图书馆要搜集、保存各种文化传播载体和人类创造的一切知识形态。随着人类社会的发展,图书馆搜集人类文化遗产的范围必将进一步扩大。

搜集和保存人类文化遗产的职能,是图书馆其他职能的基础。现代图书馆的保存职能,更多地体现在对文献的利用上,因为保存是为了更好地利用。

第二节　高校图书馆与大学生成才

一、高校图书馆的产生和发展

1.西方高校图书馆的产生和发展

西方国家早期的大学没有图书馆,教师一般都有自己的藏书,学生不是向老师借书,就是向书商买书。随着大学规模的不断扩大,同一院系的学生组织起来共同使用一批书,有时还能得到毕业生或赞助人的赠书。这样,大学图书馆就慢慢建立起来了。

大学图书馆初期的藏书大部分来自捐赠,如巴黎大学的索邦学院图书馆(1257 年),就是在教父索邦捐献自己藏书的基础上建立起来的。随后,德国、意大利、英国、西班牙的许多学者也陆续捐款、赠书,还有许多作家把自己著作的原稿交给该学院的图书馆保存(这种做法以后成为惯例),于是索邦学院图书馆成为巴黎大学最重要的图书馆。同样,牛津大学图书馆早期也是由捐书建立起来的。英国著名私人藏书家理查德·伯里(1287—1345 年),将自己丰富的私人藏书委托给牛津大学图书馆保存和使用,为此人们把他视为“大学图书馆的先驱”。又如当代规模最大的大学图书馆——美国哈佛大学图书馆(建于 1638 年),是在一位年轻的英国牧师约翰·哈佛捐献了 400 册书的基础上建立起来的,人们为了纪念约翰·哈佛的慷慨捐赠,以哈佛的名字为学校命名。除了捐赠外,大学图书馆还靠个人捐款、国家或学术团体的资助来增加藏书。所以,初期的大学图书馆规模都不大。直到 15 世纪末 16 世纪初,印刷书籍大量出现后,西方国家的大学图书馆才开始较快地成长起来。

第二次世界大战以后,由于科学技术的迅猛发展,文献复制技术和计算机技术的广泛应用,西方大学图书馆发生了巨大变化,出现了许多世界一流的大学图书馆，如美国的哈佛、耶鲁、哥伦比亚、斯坦福、芝加哥等大学图书馆，英国的牛津、剑桥大学图书馆等。

2. 我国高校图书馆的产生和发展

我国学校最早使用“图书馆”这一名称的是通艺学堂，它于 1897 年初设立图书馆并制订了章程。辛亥革命前后，西方科学文化开始传入我国，对当时文化教育的发展起到了很大的推动作用。这一时期，比较有名的大学图书馆有：1902 年建立的京师大学堂藏书楼（北京大学图书馆的前身），1908 年建立的上海沪江大学图书馆，1909 年建立的北方交通大学（北京交通大学的前身）图书馆，1910 年建立的华西协和大学（华西医科大学的前身）图书馆和武昌文华大学文华公书林，1912 年建立的清华学堂图书馆和北京医科专门学校图书馆，1914 年建立的上海圣约翰大学罗氏图书馆，1915 年建立的南京高等师范学校图书馆和金陵女子文理学院图书馆，1916 年建立的私立福建协和大学图书馆，1917 年建立的北京高等师范学校图书馆和武昌高等师范学校图书馆，1919 年建立的上海交通大学图书馆和上海海洋大学图书馆等。

新中国成立后，我国的大学图书馆事业虽然经历了曲折坎坷的道路，但在党和政府的重视与支持下，仍然得到了迅速的发展。1987 年，国家教育委员会（现为教育部）颁发了《普通高等学校图书馆规程》，对大学图书馆的性质、任务、业务工作、领导体制和组织机构、人员组成以及经费、馆舍和设备等做出了明确规定，对大学图书馆的发展起到了极大的推动和规范作用。特别是进入 20 世纪 90 年代以来，随着科学技术的发展，以电子计算机为核心的包括缩微、声像、信息、数字、网络、光盘、多媒体等技术在内的用以搜集、加工、存储和传递知识信息的先进技术手段在大学图书馆得到广泛应用，使大学图书馆现代化建设水平有了很大提高。中国教育和科研计算机网络的建成，为大学图书馆的全面自动化提供了机遇。大学图书馆正成为一个开放的知识信息系统。

截至 2006 年，我国高校图书馆在图书馆数量、发展规模、文献信息资源建设、科学管理、现代信息技术应用、服务能力等方面，均处于历史最好时期。

二、高校图书馆在高等教育中的地位

现代化的大学图书馆、高水平的教学队伍和先进的实验设备被公认为是现代化大学的三大支柱。大学图书馆在一流大学的建设和发展进程中具有无法替代的重要地位和作用。

1. 高校文献信息中心

教育部在 2002 年 2 月 21 日颁发的《普通高等学校图书馆规程（修订）》中规定高等学校图书馆是“学校的文献信息中心”。

文献信息资源是大学办学的基础性条件。学生学习、教师进行教学与科学研究，不可能做无米之炊，必须广泛利用各种书刊数据库等形式的文献信息，以获取知识，掌握前沿信息，并在此基础上进行创新。高校图书馆在学校的大力支持下，经济投入不断加大，通过长期的文献信息资源建设，文献信息资源规模日益扩大，文献信息载体日益丰富，文献信息服务功能日益强大，整个学校文献信息中心的主体地位非图书馆莫属。

这种地位不仅在以纸质文献为馆藏主体的传统高校图书馆是如此，即使在信息技术高度发达的现代高校图书馆也是如此。其原因如下：一方面，网络化、虚拟化、数字化信息资源不可能完全代替纸质印刷型文献资源，数字图书馆也不可能完全代替传统的实体图书馆；另一方面，就现代信息技术在图书馆的应用而言，高校图书馆在整个高校中仍将是建设的重点，网络化、虚拟化、数字化文献信息资源以及数字图书馆的建设和发展，将进一步充实、强化高校图书馆文献信息中心的内涵和外延。

2. 学校信息化和社会信息化的重要基地

教育部《普通高等学校图书馆规程（修订）》中规定高校图书馆是“学校信息化和社会信息化的重要基地”。教育信息化是整个社会信息化发展水平的一个重要标志。教育信息化在很大程度上就是教育资源、教育信息的网络化和数字化。作为高校文献信息资源建设的中心，图书馆网络建设和数字图书馆建设，牵涉到学校的方方面面，毫无疑问，它是学校信息化建设的重要组成部分。而图书馆网络建设工程对于社会信息化工程也能够起到一定的辐射和带动作用。数字图书馆通过与社会用户的连通可以使文献信息资源的效应最大化，对地方的社会进步、科技创新和经济发展产生积极的推动作用。

3. 为教学和科研服务的学术性机构

教育部《普通高等学校图书馆规程（修订）》中规定高校图书馆是“为教学和科学研究服务的学术性机构……高等学校图书馆的工作是学校教学和科学研究工作的重要组成部分”。

高校图书馆存在的价值就是为学校的教学和科研提供文献信息服务和保障。因此，服务性是它生存和发展的根基。忽视和削弱服务性，就意味着图书馆失去了存在和发展的生机和活力。但是，高校图书馆的服务不是一般意义上的后勤服务，是一种专业性、学术性很强的服务。从服务内容、服务手段到服务方法，都有图书馆学、情报学等学科理论作为坚实的基础，具有学术性质。因此，高校图书馆既不是一个独立的教学机构或学术研究机构，也不是一个行政机构或单纯事务性的服务机构；既不是一个以收藏为主的藏书楼，也不是以普及为主的文化馆。它的工作是学校整体教学和科研工作的重要组成部分。

三、高校图书馆在大学生成才中的地位

1. 开展专业教育

高等院校教学工作的一个中心环节，就是对学生进行专业教育，其教育的方式主要是教师课堂讲授。但根据现代教育对学生培养目标的要求，仅有课堂教育是远远不够的，还需要图书馆这个“第二课堂”作为课堂教学的延伸。这样，可以使学生以自学的方式来完善和补充无法或无须在课堂教学中教授的专业知识。图书馆的教学不像课堂教学那样有严格的规定，学生自主选择和安排的余地很大。所以图书馆教学在发挥读者主观能动性方面的作用是十分重要的。课堂的讲授是向学生注入式地灌输知识，图书馆则是通过学术性服务活动，在读者与知识之间搭建联系。高校图书馆主要采取书刊外借、推荐参考书目、目录索引、咨询解答、专题信息服务等形式，满足读者自学、独立钻研的需要，进而达到补充知识、更新信息的目的。因此，图书馆的教学功能，是学校整体教育功能的有机一环。

2. 开展素质教育

我国社会主义市场经济的建立和发展，以及社会主义小康社会建设事业的深入，对高等教育的人才培养提出了新的要求。过去那种仅仅注重书本知识和应试教育的人才培养模式，已经明显落伍。社会需要知识面广、一专多能，既有基础理论知识，又有专业能力和较强的动手能力的复合型人才。这就要求必须在单一课堂教育的基础上，加强课外教育，加强素质教育，培养学生的自学能力，扩大学生的知识视野。高校图书馆在这方面可起着重要的作用。

高校图书馆要从学校素质教育总体需要出发，合理考虑书刊、数据库文献的购置结构和重点。要引导学生有效地利用图书馆资源，向学生宣传、介绍馆藏的有关书籍，引导学生多读书，读好书，形成良好的校园文化氛围，充分发挥图书馆在大学生素质教育中的作用。

高校图书馆利用自身在文献信息资源、信息服务等方面的优势，不断创新服务模式、服务方法和服务手段，将有助于大学生成长、成才的知识信息及时传递给他们，为其将来走向社会、适应社会奠定良好的基础。图书馆馆员除了做好日常借阅工作以外，还可通过推荐优秀读物，举办图书展览、读书活动等形式，满足广大学生对知识信息的渴求，促进其综合素质的提高。

3. 开展信息教育

提高文献信息利用率，不仅是图书馆工作中的一个重要课题，也是广大学生读者所期盼的。为此，高校图书馆对读者进行文献信息利用的教育是十分必要的。

文献信息利用的条件，就是要充分进行文献信息检索。文献信息检索就是利用一定的检索工具和参考工具书，利用科学的方法和一定的技巧，从浩瀚的文献

中找出符合特定需要的文献。因此，高校图书馆对读者进行文献检索知识的教育，目的是使读者充分利用高校图书馆的文献。文献检索是高校图书馆工作中一门独立的、实践性极强的学问。高校图书馆要重点教育读者合理利用检索方法和检索技巧，并使其终身受益。

高校图书馆对读者进行利用文献信息的教育有很多途径，如进行目录使用的辅导、工具书介绍，开设利用图书馆业务讲座以及文献信息检索课等，都可以有效提高读者的文献信息检索和利用能力。

4. 开展思想教育

高校图书馆作为学校教育的有机组成部分，不仅是传播知识的场所，同时也是配合学校思想政治工作，对学生进行思想品德教育的重要阵地，在培养大批中国特色社会主义建设事业需要的优秀人才方面有着义不容辞的责任。

高校图书馆对学生进行思想教育，就是不断坚持对学生进行马列主义、毛泽东思想、邓小平理论和"三个代表"重要思想的教育，爱国主义、革命传统的教育，以及理想道德和人生观、价值观的教育。教育的方法不是说教，而是通过收集、加工有关文献信息，并有意识地进行传播、推介，开展形式多样的宣传教育活动，形成人性化的舆论氛围，引导大学生在储备知识、掌握本领的同时，提高思想品德修养，努力成为受社会欢迎的德才兼备的合格人才。

第三节　高校图书馆的信息服务

一、外借服务

外借服务是高校图书馆最基本、最普遍的读者服务方式。凡是大学里正式注册的学生，正式的教职员工以及短期访问的研究人员，都可以在所属大学的图书馆办证处办理借书证，然后便可在图书馆提供外借的文献里选取所需的文献借出馆外，以便随时利用。外借服务能为读者利用文献提供极大的方便，所以深受读者欢迎。

与其他图书馆的外借服务相比，高校图书馆的外借服务有一些自己的独特之处。一是读者的身份不同，外借的情况也不同。对于学生，无论是借书的数量、借期，还是可借的文献类型、预约书的数量都与教师不同。二是学生一旦毕业离校，其借书证自然失效。三是馆藏的各类图书都可对读者提供外借的服务。各类图书是指图书馆流通部(书库)所藏的科技和社科类中外文图书，凡要外借图书者都须到流通部去办理外借手续。

为了保证外借服务正常有序地进行，高校图书馆都会制订相应的外借规则。

外借规则对于馆藏文献的出借范围、读者外借图书的数量、续借手续和借期、催还、过期罚款、遗失与损坏图书的赔偿办法等方面都做了十分详细的规定。

通常，可外借的文献主要是普通图书，有些高校图书馆还外借期刊合订本、教学用录音带、录像带和光盘等。借书数量和借期的长短根据文献类型和读者个人状态的不同而不同。大多数外借文献在没有其他读者预约的情况下，可以办理延长借期手续，即续借。如果有其他读者预约，图书馆则会提醒持有被预约文献的读者，在规定的时间内归还，即催还。未能按期归还文献的读者，图书馆会有相应的处罚措施，或一段时间内停止其借书，或进行经济处罚。造成文献丢失或损坏的，必须进行赔偿。所有图书馆都严禁使用他人借书证借阅文献。

在校园网络环境比较好的大学里，读者办理预约和续借手续，可以不必亲自到图书馆里去，在办公室、实验室、宿舍或家里，通过网络就可以自行办理。图书馆也可以通过网络对读者进行催还和发送取书通知。

并非图书馆收藏的所有文献都能外借，比如古籍珍本或善本书、工具书、学位论文、现期期刊都是不外借的，这些文献在图书馆的外借规则和馆藏目录中都会有所说明。

读者办理外借手续时必然要通过出纳台和书库。出纳台是读者办理文献外借和归还手续的地方，通常设在书库的出入口，也有的设在图书馆的出口附近。被预约的文献归还后，通常不直接送还书库，而是放在出纳台附近，等待预约该书的读者前来办理外借手续，但等待时间是有限的。

国外许多高校图书馆并不在馆内设置出纳台，而是在图书馆门口和校园里放置一些还书箱，读者只需把要还的文献放进还书箱里即可。图书馆每天有专人负责将这些文献收集在一起，运回图书馆。

书库是图书馆保存馆藏文献的地方。书库是通称，并非仅保存图书。有些图书馆将图书和期刊以及其他文献分别保存于不同的书库，形成普通书库、期刊库和各种专门书库；也有图书馆将图书与期刊合订本统一按索书号排列，形成总书库。书库可分为开架书库和闭架书库两种。开架书库多保存读者经常借阅的文献，读者可以进库自行选择所需的文献，有时尽管没有找到自己最初想借的文献，但可以广泛接触其他相关的文献，激发自己的阅读兴趣。有些图书馆还在开架书库里放置一些桌椅供读者阅览时使用，书库兼作阅览室。闭架书库一般不允许读者自由进入，读者想要借书或阅览，须填写索书单，由图书馆馆员根据索书单进库提书。闭架书库多保存的是贵重文献或读者不常用的文献。

图书馆外借服务的类型是多种多样的。根据外借服务对象、文献来源、外借方式等的差别，图书馆外借服务的类型主要有个人外借、集体外借、预约外借、馆际互借、通借通还和其他外借服务等。

1. 个人外借

个人外借是图书馆为读者服务的最基本的方式，是外借服务的主要形式，也是图书馆文献流通量最大的服务工作。它是一种专为个人持证者提供的外借服务方式。读者以个人的名义，提供有效证件，从图书馆领取借书证，凭证向图书馆外借处借出自己需要的图书文献。

个人外借的程序大致如下所述。首先，读者应查找图书馆的读者目录。现代化图书馆一般都有联网的机读目录，读者可通过任何一台联网的计算机登录到图书馆的联机公共检索目录系统，即OPAC(online public access catalogue)系统，查找所需文献的目录信息。目录信息含有所需文献的索书号及其馆藏地(即所在书库)等信息。然后，读者可到该文献的馆藏地凭借索书号到书架上查找该文献。最后，读者将找到的文献拿到出纳台，凭证办理借阅手续。

2. 集体外借

集体外借是图书馆向集体读者提供的外借服务。按照图书馆的规定，办理集体借书手续一般由专人负责。他代表小组成员或单位读者向图书馆借书处办理批量图书文献的外借手续。例如，低年级学生以班级为单位，由班长负责从图书馆外借任课教师指定的基础课教学参考书，课程结束以后，再统一将书归还给图书馆。又如，高年级学生在进行课程设计和毕业设计时，可根据需要以班级为单位从图书馆外借参考书、设计手册及工具书等，设计结束以后，再统一将书归还给图书馆。

3. 预约外借

预约外借是图书馆因暂时不能满足读者的外借要求而采取的一种在约定的时间内给予满足的服务方式。

当读者通过图书馆的OPAC系统查找自己需要的图书时，若发现该书的复本全部都已借出，这时可以选定该书并预约。OPAC系统会自动为想借该书的读者办理预约登记。一旦被预约的文献归还到馆，图书馆会以电话或e-mail形式通知读者，或者会在其网站上发布预约到书信息，读者应密切留意该信息，并应在指定的时间内办理外借手续。过期不予保留其预约的图书，责任由预约者自负。预约外借服务方式对于降低读者拒借率、满足读者的特定阅读需求较为有效。与此相对应，图书馆还要对被预约的文献进行催还。1999年9月26日，国家图书馆首次开通了中文图书网上预约外借服务。读者足不出户，只需利用手边任何一台联网计算机或手机，就可通过网络通道随意查询其馆藏书目，并可进一步预约外借中文第一外借库的图书。

4. 馆际互借

馆际互借服务是图书馆之间或图书馆与其他文献情报部门之间利用对方的文献来满足读者需求的一种服务方式。这种服务方式有助于实现跨馆跨地域的藏书资源共享。

信息爆炸时代的来临,使任何图书馆都不可能完全满足读者对图书资料的需求。但如果借助于图书馆之间的资源共享馆际互借系统,很多问题就可以得到圆满解决。它不仅适用于本地区图书馆之间、图书馆与文献情报部门之间,同时还适用于国内甚至国际图书馆之间、图书馆与文献情报部门之间。开展馆际互借的图书馆或文献情报部门,一般要签订互惠协议和互借规则,并保证严格遵守。

5. 通借通还

通借通还包括通借和通还两个方面。通借是指读者可以在本校区借阅其他校区的文献资源,通还是指读者可以在本校区归还其他校区的文献资源。通借通还使读者不出校区就可方便地借阅到其他校区的文献资源,有利于各校区间实现文献资源共享。

一般情况下,读者应尽量借阅本校区的馆藏资源,只有在本校区图书馆没有收藏该书或虽有收藏但是已经全部借出,且其他校区图书馆尚显示“在馆”“可借”的状态下,方可采用通借通还的方式。室内阅览的书刊不在通借通还的范围之内。

通借通还的操作程序一般是:读者通过本馆的 OPAC 系统查到所要的图书,凭本人借书证到各借阅处按要求填写通借通还登记表,将欲借书的书名、索书号、馆藏地等填写清楚。该校区图书馆将在一定的工作日内(一般 7 日以内),确保图书到达读者手中。

6. 其他外借服务

除了以上几种外借服务方式外,图书馆文献外借服务还有以下几类。

1)邮寄借书

邮寄借书是指通过邮政通信手段将读者所需文献邮寄给读者的外借服务方式,主要解决边远地区读者借阅难题。

2)流动借书

流动借书是一种通过馆外流动站、流动服务车等手段,将馆藏文献送到读者手中而开展借阅活动的一种服务方式。

3)在线借阅

在线借阅是随着电子计算机和网络的发展而出现的一种崭新的服务方式。读者向图书馆提出申请并获得一定的权限之后,即可足不出户地在线阅读或外借、下载图书馆数据库中的电子图书。

4)网上续借

现代化的图书馆一般在其网站上均有续借书刊服务。如果读者想续借某书刊,只要在续借页面选中该书刊,然后单击“续借”按钮即可办理网上续借手续。

二、内阅服务

阅览服务是图书馆尤其是高校图书馆的一项最基本、最受欢迎的读者服务。在高校，教师和学生一般都居住在校园里或离校园不太远的地方，到图书馆很方便，而且阅览室里浓厚的学习气氛更能激发个人的求知欲望。

高校图书馆的普通阅览服务，包括中外文图书、报刊、工具书、特种文献的阅览，音像文献、缩微型文献及数字文献阅览等。

图书馆根据文献的类型、语种设立不同的阅览室或阅览区。除古籍外，大多数印刷型图书、报刊和工具书实行开架阅览，读者可以自行从书架上取书刊。阅览室收藏的文献一般不外借，个别情况下可短期外借。阅览室的开放时间通常比较长，读者可在其中细细品味。音像文献、缩微型文献一般实行闭架管理，读者向馆员提出借阅申请，在索取到所需文献后自行利用图书馆提供的专门设备进行阅览。

1. 图书阅览

图书阅览一般有两种形式：一是藏阅一体化，即在书库中设置阅览座位供读者入库浏览图书；二是设置图书阅览室供读者内阅图书，亦称为新书阅览室或样本库。有些热门书在外借书库借不到，但在阅览室能查阅到，而且可以短期外借。这两种图书阅览形式极大地提高了图书的利用率。

在内阅图书的过程中，读者如果发现某种书需要借回去细读，即可抄好该书的索书号到外借书库借阅，从而避免借书的盲目性，节省选择图书的时间。图书内阅与开架外借相比，图书破损率要低得多。

2. 报刊阅览

报刊阅览分为期刊阅览和报纸阅览。

1）期刊阅览

期刊阅览分为开架阅览、半开架阅览和闭架阅览 3 种形式。开架阅览是指图书馆把新到期刊（即现刊）放在阅览室开架陈列，读者可随意阅览，阅览后将期刊放回原处，该处期刊一般不外借。半开架阅览是指将那些比较热门的紧俏期刊或具有重要参考价值的期刊陈列在有玻璃屏风的书架内，读者能够看到但不能自取，若需借阅，要用自己的借阅证作抵押并请图书馆馆员提取，阅读后归还期刊并取回自己的借阅证。闭架阅览通常是针对已装订成合订本的期刊，即称“过刊”，在期刊库内借阅。

2）报纸阅览

报纸的种类繁多，常见的有日报、早报、晚报、周报等。报纸一般刊载时事新闻、评论、特写、商业广告等内容，它因具有出版快、内容新的鲜明特征而深受人们喜爱。

将隔年的旧报装订成册，读者需要借阅时，首先使用相应的报纸索引或《全国报刊索引》查出所需资料的出处，即报纸名称、日期和刊载的版面等信息，读者提交资料出处记录后，由图书馆馆员入库提取。读者可抵押借阅证在室内阅览或复印。

3. 特种文献阅览

全世界每年都有数以千万计由非正式出版单位印制的文献资料，国外将这些文献资料称作"灰色文献"或"特种文献"。特种文献的类型很多，既有内部发行和内部交流的科技图书、期刊、学术会议文献，又有专供某一系统内部参考使用的科技简报、科技成果报告及汇编、生产技术资料、产品样本、技术鉴定书、技术标准，还有大量的学位论文、科技档案、内部刊物和内部交换资料等。图书馆设有特种文献阅览室供读者查阅特种文献。

4. 数字文献阅览

根据2007年《高等学校图书馆数字资源计量指南》的规定，数字资源划分为4种类型：电子图书（包括学位论文及其他类似书的出版物）、电子期刊（包括其他类似刊的出版物）、二次文献数据库（包括题录、文摘、索引等）、其他数据库。图书馆提供的数字文献阅览服务主要有以下类型。

1）自制多媒体文献和数字化文献

电子阅览室在完善数字化平台建设后，可以利用其设备优势把各种文献载体数字化，开展多媒体文献和数字化文献的制作工作。例如，可以对馆藏善本、孤本、图谱、特种文献进行数字化制作；可以对博士、硕士学位论文进行数字化制作、建库，使之成为可供读者共享的资源；可以协助重点研究单位建立他们自己的数字化专题文献库。

2）原始网络信息

互联网为用户提供了利用资源的多种工具和方法。电子阅览室只要纳入这个网络，其馆藏信息资源即可从有限扩大到无限，所有网上信息都可以看作是本馆的资源，而无须顾及实际收藏这些资源的图书馆或信息机构有多远。

3）加工整合的网络信息

互联网的信息量巨大，范围广，类型杂，网上的动态信息均未经过编辑加工，一般用户要想快捷地在网上获取自己所需的信息，具有较大的困难。这就要求电子阅览室担负起对网络信息进行搜集、加工、整合的重担。电子阅览室应能做到对网上不断增长且采用不同存储格式的各种文本、图像、音频信息、视频信息等无序资源进行合理搜集，对其内涵、外延进行描述和标引，分类建库提供给读者。

4）各种数据库文献查询

图书馆建立了各类数据库，这些数据库中文献资源丰富，检索系统相对完善。电子阅览室可以让读者自行上机检索，也可以接受委托为课题申报人员或进行查新检索，或进行课题跟踪服务，或为各级部门提供各种统计资料。

5）VOD视频点播系统和数字化文献推送

将馆藏VCD、DVD等光盘资料镜像到光盘服务器中，将网上和其他来源的流媒体文献经过科学组织和技术处理，建立起流媒体数据库，就可以开展VOD视频点播服务了。读者可以在阅览室的任意终端上或局域网任何科室的终端上点播他们所需的文献。电子阅览室还可以开展数字化文献推送服务，通过网络定期向科研课题组推送他们所需要的数字化文献。

图书馆数字文献资源的类型主要有：中外文电子图书、电子期刊、报纸、学位论文、会议文献、科技报告、专利文献、标准文献和其他数字资源等。其中，常见的中文数字资源有：中国知网、万方数据知识服务平台、维普期刊资源整合服务平台、中华人民共和国国家知识产权局、超星网等；常见的外文数字资源有：SCI（Science Citation Index，科学引文索引）、ISTP（Index to Scientific & Technical Proceedings，科技会议录索引）、ISSHP（Index to Social Science & Humanities Proceedings，社会科学与人文会议录索引）、EBSCO公司全文数据库、Science Direct数据库、Springer Link、欧洲专利局数据库等。

用户对图书馆数字文献资源的访问主要是通过图书馆主页进行的。图书馆主页的内容主要由图书馆的数字文献资源及与图书馆有关的信息构成。友好的图书馆主页是用户方便、快捷地利用图书馆资源的保证。

5. 特色阅览服务

除了以上介绍的几种阅览服务外，高校图书馆还可提供以下几种较有特色的阅览服务。

1）教学参考资料阅览

教学参考资料阅览室是高校图书馆的一个特色阅览室，主要收藏与学校课程有关的参考资料。这些资料主要包括图书、期刊、教学讲义、教学录像带等。这些参考资料有些是图书馆收藏的或专门采集的，有些是任课教授捐赠或暂时提供给学生使用的。参考资料的摆放，或按课程名称集中，或按教师姓名集中。教学参考资料阅览室保存的资料是流动的。每学期开学前，图书馆馆员根据学校的课程目录和教师提供的参考资料目录，将有关资料集中在教学参考资料阅览室。课程结束后，图书馆馆员再将参考资料放回书库或归还教师。多数参考资料只能在图书馆内阅览，少数参考资料可以短期外借。在网络环境下，教师可以将教材制成电子化讲义，学生可以通过校园网阅读浏览。

2）学位论文阅览

高校图书馆全面收藏本校学生的学位论文，特别是硕士学位论文和博士学位论文，并且进行整理，提供查检和阅览。条件较好的高校图书馆还收藏国内外著名大学的学位论文，供本校师生参考。

3)教授专著、教材阅览

高校图书馆专门收藏本校教授撰写、编写、翻译的著作或教材,有时还收藏其他大学的教材。

4)其他特藏阅览

其他特藏阅览包括学校的课程目录、招生目录、研究生入校考试试题、学校年鉴、校园报刊等的阅览。

三、信息咨询服务

信息咨询服务是图书馆读者服务工作的重要组成部分。图书馆的信息咨询工作首先是在美国开展起来的。19 世纪末,美国社会由农业经济向工业经济迅速转型,图书馆作为一种社会公共教育机构得到社会的承认和重视。但当时许多读者缺乏必要的使用图书馆的知识,在查找藏书时往往遇到很多困难。有一些图书馆工作人员出于礼貌和热情,对个别读者进行帮助和辅导,渐渐地这种服务方式就演变成一种日常的工作,受到广泛好评,也使整个社会对图书馆的作用有了一种更为积极的认识。

清华大学图书馆可以说是我国图书馆信息咨询工作的先驱。1919 年秋天,图书馆馆长(当时称为图书馆主任)戴志骞先生从美国学成归来,便着手对图书馆的体制进行改革,仿效美国图书馆的咨询部成立了中国图书馆的第一个参考部,开展参考咨询工作。当时该部主要负责采购图书馆的参考工具书供读者阅读。图书馆馆员要对读者提供查阅方法的指导,答复有关咨询,并且编制参考工具书书目。

咨询服务的实质是直接或间接地帮助读者解决对所需文献或某一方面知识了解不足、掌握不够的困难。读者需要解答的疑难问题很多,咨询服务就是要帮助读者解决这些问题。其程序主要是:首先,向读者揭示文献收藏情况,扩大读者的知识视野;其次,帮助读者及时了解和掌握最新的学术、科研成果及发展动态;最后,帮助读者熟悉参考工具书和数据库使用的知识,掌握治学利器。

高校图书馆的信息咨询服务是高校各类研究人员、教师和学生利用文献资料的得力助手,是图书馆读者服务的重要手段。它直接面对个别读者,以解答个别问题的方式回答读者的特定问题,因而针对性很强,其独特作用是别的服务方式所不能代替的。

按读者所提问题的性质可将咨询服务分为事实性咨询、方法性咨询和专题性咨询 3 种类型。

事实性咨询主要针对读者关于某项具体知识的提问。读者在研究、教学和学习过程中遇到疑难问题,需要通过文献查明某一事物的实质性内容,如人物、事件、产品、数据、历史年代等。其特点有:范围广,涉及的知识面宽,很难找到内容方面的规律性；有比较成熟稳定的知识内容，表现为特指性强，要求明确，答案的选择性小；不能只提供文献检索，要给读者具体答案，并有一定的可靠性。因此，参考馆员在解答事实性咨询的基本过程中要首先了解读者提问的意图，以及是否已掌握了有关知识的来源，然后分析问题的性质，判断查找的途径，并确定使用何种工具书或数据库。参考馆员通过查阅获取答案后，便可以口头或书面形式回答读者，同时提供参考资料并指明答案出处，以供读者选择使用。

方法性咨询针对读者在查询资料过程中遇到的检索困难。此类咨询的特点有：主动性强，参考馆员可以发挥本身指导读者阅读与普及检索方法的作用；读者提问的重点不在具体文献或文献内容上，而在检索方法上。读者在得到事实性咨询答案或专题书目后，会进一步向参考馆员提出学习检索方法的要求，这时参考馆员应进一步了解读者的专业背景与工作性质，并主动将有关专业的主要检索工具书和数据库及其使用方法介绍给读者。

专题性咨询是围绕某一专题的一次性咨询，参考馆员应提供该专题的有关文献、文献检索及动态进展情报。专题性咨询是向书目服务过渡的一种形式，但又区别于书目服务。专题性咨询的特点是：它的提问不是针对某个简单的事实，而是科研、教学和工作中的专门知识；答案应是一个知识系列，即提供关于所提问题的系统知识；学术性较强，比较复杂，要做好这项工作，需要付出比较艰苦的劳动。

目前我国高校图书馆的参考咨询服务主要从以下几个层面开展工作。

1. 口头咨询

口头咨询的特点是时间紧迫，要求在较短时间里迅速给出正确的回答。图书馆一般设有参考咨询服务台来回答读者的口头咨询。咨询台通常设在读者流量比较大的地方，并且有比较明显的标志。在咨询台值班的图书馆馆员通常称为参考馆员。国外参考馆员是图书馆中一个很高的职位，通常都由一些资深的专业人员担任。

参考馆员要解答读者在咨询台前通过电话或电子邮件(e-mail)提出的与检索文献信息、利用图书馆有关的各种各样的问题。例如，如何使用 OPAC 系统，在何处可以找到中国外贸的最新统计数据，怎样使用某个全文数据库等。此外，参考馆员还应提供一些指引性的帮助。

咨询台是参考馆员与读者或用户联系的桥梁。图书馆的参考工作很大一部分是围绕咨询台开展的，它收藏的参考工具书：一方面供参考馆员解答问题时使用；另一方面供读者在参考馆员的指导下使用。结合读者或用户经常提出的问题，参考馆员会编写一些服务项目介绍、数据库使用说明、专题资料指南等材料，分发给有类似问题的读者或用户。参考馆员还要把涉及图书馆各项工作的意见和建议转达给馆内有关部门。

学科馆员是图书馆中负责某一学科资源建设、读者培训并同相关的院系进行联系的馆员。学科馆员的工作包括:进行相关学科资源的评价、维护与更新,负责相关学科网络资源的搜集、整理、宣传通告,定期征求相关院系对图书馆资源建设及其服务工作的意见和要求,负责向相关院系宣传图书馆的新资源和服务项目,负责接受相关院系教师在利用图书馆方面的各种口头咨询。

2. 电话咨询

图书馆设置电话咨询岗位,提供电话咨询服务,由资深的参考馆员通过传统的电话解答读者的咨询。电话咨询能够缩短信息源与读者之间的空间距离,有利于读者方便快捷地获取信息。

3. 网上咨询

1)实时参考咨询服务

网络电话技术为图书馆开展实时咨询提供了有利的条件,已成为图书馆参考咨询服务的新模式。在线实时交互式参考咨询服务(简称实时咨询)是一种只需用户安装相应的网络电话软件并加入图书馆参考馆员的号码即可利用的服务。通过这种服务,用户可实时与在线的参考馆员进行交流并实现瞬时请求和回答的参考咨询帮助,可以获得更为方便、即时、快捷的咨询服务。利用网络电话开展实时咨询服务的方式有以下 8 种。

(1)文字交谈服务。这种服务方式不受音响和视频设备的限制。在不希望被听到语音或看到视频的情况下,可保持读者个人空间的相对隐秘性。

(2)语音电话服务。它是一种可实现参考馆员与一个或多个读者直接通话交流的服务方式,其最大优势是如同普通电话一样可相互语音交流。

(3)视频电话服务。这是一种在进行语音通话的同时,可与对方进行视频的网络电话,即可视网络电话。

(4)文件传递服务。它通过网络电话将彼此需要的文件进行即时传递,如读者需要文字图片资料、音视频文件、软件或其他形式的资料,都可使用文件传递功能完成服务。

(5)屏幕打印服务。为了让参考馆员即时解答读者咨询的内容,使读者即时获得咨询结果,可采用网络电话的屏幕打印(也称屏幕录像)功能,配合文件传递功能,将己方的计算机画面图像即时传递给对方。

(6)电子邮箱服务。部分网络电话还设有电子邮箱服务项目,可以避免只能在电子邮箱网站方可使用邮箱的局限,其中可包括语音邮件。

(7)远程浏览服务。咨询双方可通过网络电话实现异地远程浏览对方计算机的服务功能,它可使参考馆员更清楚地了解读者的需求,也可使读者更详细地了解咨询的结果。

(8)远程控制服务。参考馆员可通过网络电话的远程控制功能,在读者的计算机上进行检索操作或直接向读者提供其他网页的服务,可更直接地演示解决问题的途径。

2)虚拟咨询台(virtual reference desk)服务

虚拟咨询台服务即实时在线的虚拟服务。这是一种交互式的服务。它通过网络聊天软件、视频会议或基于 Web 的聊天室等方式,由参考馆员在网上虚拟社区直接“面对”用户,即时回答用户的咨询。在这种服务方式中,参考馆员可以非常方便地向用户发送解答其问题的网页;用户也可以就自己的问题和参考馆员讨论或反复提问直至满意为止。虚拟咨询台从根本上改变了参考馆员与读者的交互关系,将咨询服务带入了一个新纪元,使参考咨询工作焕发了生机,成为现代图书馆服务新的生长点。

3)常见问题解答(frequently asked questions,FAQ)服务

FAQ 服务是一种解答式服务。参考馆员根据长期参考工作实践经验和对用户的调查,将用户最可能问到的或实际问到的一些问题及其答案编辑成网页,并在图书馆 Web 站点主页的显要位置建立链接。FAQ 服务具有非常重要的作用,因为在日常工作中,参考馆员往往必须解答不同读者提出的同一问题,在虚拟咨询服务中也是如此。如果读者在寻求参考馆员帮助之前,先在 FAQ 服务中查询自己所要的内容,就可大大节省用户和工作人员的时间。

4)电子邮件(e-mail)、Web 表格服务

e-mail 服务是图书馆最早开展的一项虚拟服务,未设立虚拟咨询台的图书馆一直都在开展这项服务。单向交流的 e-mail 服务是一种简单的解答式服务,但有些实时在线的交互服务也用 e-mail 来提问和解答。利用电子邮件是目前网上参考服务的主要形式,它包括两种方式的服务:一种方式是简单的 e-mail 问答服务,即用户利用 e-mail 发送提问,参考馆员也利用它将答案返回给用户,大部分图书馆都在开展这项服务;另一种方式就是在虚拟咨询台上设置 Web 表格,用户通过填写 Web 表格来提问。如今越来越多的图书馆使自己的虚拟咨询服务实现了 Web 化。用户可以根据自己的需要有选择地下载表格,利用这些表格可以给图书馆提意见,或发送订购书刊的请求,或就检索问题寻求参考馆员的帮助等,既方便了用户提问也方便了参考馆员解答,大大节省了双方的时间。

5)电子公告板(bulletin board system,BBS)

BBS 也是一种交互式的服务,可以是实时同步解答,也可以在公告板上留言,等待相关参考馆员来回复。确切地说,BBS 并不是严格意义上的虚拟咨询服务,在 BBS 上对用户的言论无法进行有效的控制,经常会出现大量无聊的讨论,有时甚至出现反动言论等,增加了参考馆员的管理负担,且不利于用户的提问得到快速有效的回复。

4. 原文传递

在网络环境下,图书馆传统文献信息的存储和获取方式将彻底改变,分散于

不同地理位置的文献信息资源可以以数字方式相互链接,用户只要将自己的计算机与网络相连,便可不受时空限制,方便快捷地在网上进行检索并获取自己所需要的文献。文献传递服务就成了图书馆一种切实可行的服务方式。

图书馆可利用网络,借助网络存储方式获得本馆以外的信息资源,从关注拥有到更关注存储,从而在不增加图书文献购置经费条件下,使文献信息的获知率和获得率得到最大限度地提高。现在已有许多图书馆能提供更好、更快的存储服务,读者不用考虑所获得的文献信息到底为哪一个图书馆所拥有。这样一来,各个图书馆的馆藏资源无形中扩大了,读者所能获取的信息资源也相应地增多了。

网络化文献传递服务主要是指由国外各种信息服务机构通过因特网提供文献传递的服务。传递途径是读者通过因特网将自己的请求传送给信息服务机构,而后由这些机构通过 e-mail、传真、邮寄、联机下载等方式将原文传送给读者。这种服务的特点是快捷、灵活,24 小时内即可获得原始文献。但这是一种完全商业化的运作方式。

原文传递服务包括本馆文献提供和外馆文献提供两部分。本馆文献提供是指为读者复印、传递本馆收藏的各种文献。外馆文献提供是指为读者复印、传递本馆未收藏的国内外文献。传递的文献类型主要包括期刊论文、会议录文献、学位论文、图书的部分章节和报告等。

目前国外文献传递服务的费用多是要求按篇次用信用卡支付,而大多数国内读者不具有这样的支付能力。高校图书馆可以作为团体单位申请按年度结算,读者只需按其获得的单篇论文与图书馆结算即可。

5. 定题服务

定题服务也称定题信息服务。定题服务是指图书馆情报人员根据承担教学、某一科学研究和生产项目特定课题研究人员的实际需要,利用馆内外传统文献资源、电子资源等进行文献信息的跟踪检索,并且通常在一定期间内有针对性地、及时地、连续地、主动地向用户提供有关的最新文献资料,搜集情报信息,筛选情报数据,评述发展方向等。提供的文献信息全面准确,形式包括专题文献题录、文摘、原文和专题文献信息述评。所提供的文献会逐渐增加,直到研究课题完成或关键问题得到解决。

定题服务的目的明确、针对性强,密切结合实际,能减轻研究人员获取文献信息的工作强度,大大缩短研究人员的课题研究时间,因而深受研究人员的欢迎。

用户可根据自身需要,选择定题服务文献报道的范围(国内或国外)、频率(每日、每周或每月)、格式(全文、文摘或索引)和方式(电子邮件、传真或打印邮寄)。

这项服务工作的优点是针对性强、传递信息及时。自 1999 年开始,天津大学图书馆利用其馆藏资源优势,为天津大学内燃机研究所定期提供国内外摩托车信息定题跟踪服务。其内容涉及国内外摩托车、内燃机及相关工业的发展动态、最新专利及科研成果，国外主要竞争对手、著名摩托车厂商最新型号摩托车图形、发动机性能、技术指标、尾气排放标准、市场价格，摩托车及零配件求购动向，燃料、代用燃料、燃料电池等。

这项文献检索服务是利用国内、国际联机数据库或其他数据库，帮助本校或校外读者检索与研究课题有关的文献信息。工作过程一般是这样的：首先，根据读者的要求或当前校内科研工作重点确定一些特定的服务对象；其次，把读者要检索的课题，按照作者、主题词和分类号进行区分，编制读者需求提问文件，也就是把读者需求编写成一系列检索式记录，把作者、主题词、分类号都包括在内，存储在计算机内；再次，定期（通常是每个月，但主要还是根据读者要求）由计算机根据这些提问文件对文献数据库里的新增文献、信息进行检索；最后，将检索结果按照读者要求由计算机进行编辑和输出，并传送给读者。

6. 专题服务

专题服务也称专题信息服务，是指高校图书馆工作人员定期到重点学科、重点读者和国家重点实验室调研，深入细致地了解教学科研的需求，对某些专题开展网上免费资源的检索与链接服务。

专题服务是为读者量身定做的一种服务形式。专题服务也可以针对用户所委托的课题进行检索，以书目、索引、文摘、全文汇编等形式提供给用户。

专题服务的内容都是经过专业人员精心筛选、反复推敲及整理加工后按照双方约定的提交专题时间准时送给用户。这些全方位、多角度获取的信息，涵盖了国内外科研教学工作的最新动态、成果及市场现状、发展前景、预测分析等，为用户准确定位研究发展方向、拓宽科研思路提供了重要的文献保障。专题服务已成为智力与技术相结合的知识密集型信息咨询产品。电子版专题服务具有时效快、效率高、传送和使用方便等特点。

电子版专题服务的编辑排版设计包括设计子专题、制作专题目录、编辑版面和扫描校对等，这些都是非常重要的环节。

专题服务包括手检、机检、定题文献服务、专题回溯检索、研究项目的信息服务及专题文献研究等。具体涉及的内容非常丰富：一是解答与本校图书馆相关的简单事实性提问和文献信息查询、使用过程中遇到的问题，如“图书馆哪里可以查到某期刊”“如何使用图书馆新引进的某数据库”“怎样查到自己需要的资料”等；二是为专题或定题资料查询提供相关资料，如“我要写某方面的论文或做某方面的课题项目，怎样可以查到别人已做的相关研究”等；三是根据教学、科研和学生工作的需要选择专题，如纳米复合材料、中小企业创业创新和企业家精神、期货交易、WTO信息专题、研究生入学考试、就业和再就业、心理健康教育等。

确定专题服务后，利用计算机光盘检索、联机检索和网络资源查出专题文献。根据馆藏期刊、会议文献、专著、科研报告、学位论文、全文数据库等信息源，确定馆藏专题文献，经加工、整理后编制成专题信息索引，最后对馆藏专题文献（目录索引或全文）进行整理、编辑、加工并输入计算机，放在图书馆主页上进行网上服务。

此外，还可以定期举办专题报栏、专题展览、专题讲座等。如某高校图书馆举办油泥制作的概念车展，新颖别致，展示了西方发达国家工业设计方法，参观的读者络绎不绝，对教学科研有一定的促进作用。

7. 科技查新

科技查新，简称查新，是指具有业务资质的机构为委托方在科研立项、新产品开发、申请专利和鉴定科技成果等方面提供鉴证的一种深层次的信息咨询服务。

科技查新服务由查新机构针对某一特定课题，查找出大量与委托方的项目相关的国内外科技文献资料，结合必要的调查研究，对有价值的文献资料进行综合分析，审查其新颖性，并在此基础上写出有根据、有分析、有对比、有建议的科技查新报告。目前，科技查新已经发展成为社会各领域用于判断项目新颖性的鉴证手段。

8. 代查代检

代查代检是图书馆根据各类读者或用户的检索要求，代其进行的文献检索服务。检索请求一般以本馆所拥有的信息资源能满足读者需求为前提，特殊情况下可帮助读者或用户去其他信息机构或图书馆代为查询。

论文的被引用次数和被收录篇次现已成为我国评价科技研究人员、高等院校、科研机构研究水平和能力的重要指标。近年来越来越多的读者请求图书馆专业人员代为检查个人论文被他人引用或被文摘、索引数据库收录的情况，这是代查代检服务的一个重要方面。

被引用文献，也称为参考文献，是指为撰写论文或其他著作而引用或参考的文献，通常需在正文中标注，在文后列出作者、题名和出处。一篇论文被引用次数越多，说明这篇论文的影响力越大。

被文摘、索引数据库收录是指论文发表在某文摘、索引数据库的来源期刊或会议录上。因为这些来源期刊和会议录都是根据严格的选刊标准和程序挑选出来的，所以入选刊物的参考价值、学术价值通常较未入选刊物高。

读者在申请这项服务时，要提供作者姓名、作者单位、期刊或会议录名称、发表日期等。图书馆馆员可利用科学引文索引、工程索引、科技会议录索引、中国科学引文数据库等权威数据库进行检索。

9. 学科导航

学科导航服务，是图书馆针对某些学科专业在网上开展的文献信息搜寻与整合服务，以满足用户查询相关学科领域的各种网络学术资源，节省其搜寻网站的时间。

在图书馆界，文献整合是将分散的文献信息资源包括文献信息服务按一定的知识管理规则和服务目的组织在一起，使图书馆可利用的文献信息资源成为一个有机的整体，使图书馆提供的文献信息服务成为一个体系，从而更加便于读者利用，提高图书馆服务效率的过程。

文献整合是基于电子文献，特别是数据库文献的大量产生和广泛应用而提出的。馆藏文献的多样化给文献查找带来了困难，主要表现在读者查找文献信息时要检索多次，即各个电子文献数据库分别是各自的检索页面，读者常常是退出一个页面进入另一个页面，非常不方便。

文献整合是今后相当长一段时期内文献检索领域的一个重大核心课题，其最终目标是统一检索平台、一次性用户认证、不同系统之间的无缝链接和完整的服务体系，从而使读者一次检索就可以将馆藏各类文献查找完毕，输出全部检索结果，让读者感受到统一的馆藏体系。

四、文献信息报道服务

1. 书刊导读

导读是图书馆根据社会发展的要求，采取各种有力措施主动地吸引和引导读者，使其产生阅读行为，并积极地干预和影响其阅读行为，以提高他们的阅读意识、阅读能力和阅读效益为目的的一种教育活动。导读的方式主要有以下 4 种。

1)交谈

交谈是图书馆普遍采用的一种最直接、最方便、最灵活的传统导读方法。读者在利用图书馆时，经常会遇到一些自己难以解决的问题，图书馆各个部门应当主动地给予帮助，有意识地指导他们的阅读活动。通过和读者交谈，还能及时了解读者的反馈信息，以便及时满足他们的各种需求。

2)讲座

根据既定的导读目的，举办一次性或系列性讲座是导读常用的一种方法，这种方法适于批量读者。讲座一般多围绕某特定的专题来进行，如“怎样读书”“怎样记忆英语单词”“百年巴金——巴金谈人生”“EBSCO 公司全文数据库讲座”“Science Direct 数据库讲座”等。利用讲座进行导读，比交谈影响面大，传授的知识系统更完整。

3)座谈会

配合各种读书活动，召集读者参加座谈会，共同探讨阅读内容，分析阅读的热点问题，交流学习心得。不仅与会者可以自由发言，相互启发，而且导读人员可根据讨论的热点及时进行启发、引导。

4)编制导读材料

配合专业教育，为大学生编制推荐导读书目，做好新书通报工作，培养大学生读书的自觉性，传授科学的治学方法。

2. 馆讯报道

馆讯报道是以单页、多页或小册子形式，定期或不定期出版内部传递性材料。其内容涉及图书馆动态、文献信息检索、数据库的使用、图书馆读者服务工作、新书推荐、馆员与读者交流园地等，目的是促进高校图书馆之间、图书馆与读者之间、馆员与馆员之间的内部信息交流。

3. 宣传橱窗

图书馆宣传橱窗的功能是通过生动丰富的文献资料和图片宣传党的路线、方针、政策，以及改革开放的成就。同时，还是展示科技知识、信息服务、图书馆服务的指引说明及艺术作品的窗口。

为了向读者广泛宣传馆藏信息资源，提高信息资源的利用率，近年来出现了宣传展示板进行专题宣传介绍。展示板的展出机动性好，可以在图书馆的任意一层楼展出，也可以到学院或系部展出，甚至到公共场所展出。展示板的内容可以根据各个时期宣传的需要变换专题内容。

4. 展览布置

书刊展览是一种通过全面系统荟萃某一专题或主题的文献资料及书目工具，集中反映某一地区、某出版发行单位或图书馆、信息部门的文献资料，利用陈列展览的直观形式直接宣传推荐图书文献的服务方式。

展览的内容有新书展览、旧书展览、综合性展览、专题展览、一馆藏书展览、多馆藏书联合展览、定点展览、巡回展览等。

五、其他服务

1. 文献复制服务

图书馆为了向读者提供文献复制服务一般会设复印室，在期刊阅览室和书库都配有静电复印机。读者到办证处交费，在借书证上充值后，就可以自己操作复印机进行文献复制。

静电复印即时、快速、成本低廉、使用方便、质量优良、保存长久，在图书馆很受读者欢迎。静电复印可解决复本少的问题，可利用一本馆藏资料在阅览室供广大读者共享，读者需要保存资料时可通过复印获得。既解决了读者抄写资料费时费力的不便，又加快了读者获取资料的速度。同时，文献信息单位可利用复印技术将有价值的资料制作题录、文摘发行，并可按读者需求重新组编单篇全文文章制作合订本。

2. 视听技术服务

文献资料按其记录形式的不同，分为文字记录和混合记录两大类。声像记录有声音记录、图像记录和混合记录 3 种，这种记录着声音和图像信号的资料称为视听资料,视听资料录制和再现的技术称为视听技术。

视听资料按照形式分,有缩微品、录音带、录像带、VCD 光盘等。

图书馆设置视听阅览室,也称多媒体阅览室,是指集录像机、VCD 机、多媒体计算机和音像资料、光盘、计算机多媒体课件等于一体的供教师备课、学生进行自主性学习的场所。

视听技术服务项目,主要有以下几种。

(1)读者辅导。向新生介绍本校图书馆历史、揭示馆藏、文献信息检索的方法,以及现代设备的使用方法。向各类读者介绍国内外图书馆、信息机构和对读者进行系统的文献信息检索教育。如中国知网期刊全文数据库、万方数据知识服务平台、SCI 等数据库的使用。

(2)外语视听。图书馆备有大量的外语磁带、录像带、光盘等,它们与图书馆藏书相配套,对提高读者的外语水平大有益处。

(3)视听资料检索。可单独制作一个适合本馆的音像资料 Web 查询系统。这套查询系统的字段设置更适合音像资料,增加一些如主演人、主讲人、语种、来源、一套音像资料的盘(盒)数等字段,并对这些字段设置检索点。通过 Web 查询,读者可以不受时间、地点限制,在校园网的任何一个节点都可以方便、快捷地了解到图书馆是否有自己所需的音像资料。

(4)VOD 视频点播服务。VOD 视频点播系统也是图书馆视听服务的一个重要方面。可以选择一些读者在平时学习中利用率较高、专业性较强的视听资料如音乐、美术、体育、外语等制作成 VOD 视频点播资源,读者可以通过这个系统平台,在教研室、教室、学生寝室等校园的每一个角落方便地使用图书馆的视听资源,同时也使图书馆的视听资源得到最大程度的利用。

3. 光盘技术服务

随着计算机技术、信息存储技术、多媒体技术的迅速发展,在书刊中附加光盘的情况越来越多。书刊附带的光盘是图书的附件,主要内容有:计算机类书刊中的程序实例、练习以及其源代码、免费应用软件、系统平台或仿真模拟环境;有外语类、艺术类书刊的图片、声音、视频资料;有工程类书刊附带的辅助教学软件、应用软件插件;还有的是书刊的电子版、教学盘或演示课件等。读者在阅读图书的过程中,可以通过对光盘的使用,加深对书中内容的理解与掌握。

光盘技术服务分为外借服务、内阅服务和网上服务三种。

1)外借服务

(1)光盘随书借阅服务。随书光盘同书刊一起经分类编目加工后,随书刊存入书库或阅览室。读者外借书刊时,光盘随书走。

(2)书与光盘分开借阅服务。为了避免光盘的丢失、损坏,光盘保存在电子阅览室。图书与光盘统一编目,使书与光盘有相同的索书号,读者凭着索书号可去电子阅览室外借。

2)内阅服务

(1)光盘集中存放在电子阅览室,供借有对应配套图书的读者上机使用,一般不单独外借。

(2)有光盘的书刊集中存放在附盘书刊阅览室,同时提供专门的计算机供读者查询、浏览使用。读者在借阅图书的同时,进行上机操作,达到书盘共读、书盘共用的效果,对无计算机条件的读者来说,附盘书刊阅览室为他们提供了条件。

3)网上服务

把光盘内容压缩后放到图书馆的服务器上,书和附盘具有相同的索书号,读者通过校园网的计算机从基于 Web 的馆藏光盘管理系统可以直接获取随书光盘信息并阅读光盘,或单击相应的链接即可下载所需的光盘压缩文件。

网上服务使得同一张光盘可被校园网上不同的读者在任何时间和任何地点同时使用,实现了随书光盘资源的共享,大大提高了利用率。

4. 缩微技术服务

缩微文献与印刷型文献相比,信息存储量大,便于收藏保存。500 万册图书如改用缩微胶片,只需一个书柜便能放下,这对缓解图书馆书库存储空间紧张有很大作用。

缩微品有透明和不透明两大类。透明的缩微品用透明的感光胶片制成,可以用透射式阅读器进行阅读,也可以作为经母片进行复制。透明缩微品有缩微胶卷、缩微胶片、缩微插套、穿孔卡片。不透明缩微品用不透明的感光纸印制而成,用反射阅读器阅读。

近年来出现了计算机输出缩微系统,被用作低成本和高速计算机资料输出系统。另外还出现了计算机辅助检索系统,它只需几秒钟便可以在数万份文件中翻查出所需的文件。这两种系统的出现为读者利用和保存文献提供了有效途径。

第四节　数字图书馆

20 世纪末,随着计算机技术、数字存储技术、现代通信技术、网络技术的飞速发展与有机结合,数字化信息广泛存在于我们身边。像其他格式的信息一样,数字信息在整个生命周期内运动,它们被产生、编辑、描述、标引、传播、使用、注释、修订和再产生。一般情况下,当我们谈论图书馆时,首先想到的是雄伟的建筑、汗牛充栋的书库和宽敞明亮的阅览室。但在数字化信息的冲击下,一种新型图书馆——数字图书馆应运而生,它打破了人们对传统图书馆的认识,在基于计算机网络特别是因特网的多媒体信息管理系统下,数字图书馆的信息不再存放在一栋物理建筑物里，而是分布在世界各地的网络系统中，呈现出一种虚拟状态。

一、数字图书馆的定义与特征

1.数字图书馆的定义

谈到数字图书馆，首先要了解数字化，这就要从二进制数字信号说起。早在发明电报之时，它就被派上了用场。电报滴答声的两种物理状态代表数字0和1，再用0和1的组合编码来代表字母A,B,C,…,Z和十进制数0,1,2,…,9,以及其他符号。在信息传递过程中，发报方把发送内容逐字译成0和1的组合编码，通过脉冲电信号传递出去；接收方通过收到滴答声表达的数字信息，再译出电报内容。由此可见，0和1的二进制数字信号可表达和传递内容复杂的信息。

在信息传递和处理领域，0和1的二进制数字信号是现实世界中最容易被表达的、物理状态最稳定的信号，而且抗干扰性强，传输的信息内容不衰减。正是由于二进制数字信号的这些优越性，各种电子信息传递媒体，如广播、电影、电视、通信等领域，纷纷在信息加工与传递过程中采用数字方式处理信息，形成了一股信息数字化的热潮，这就是我们所说的“数字化”。

计算机的出现是信息数字化时代的开始。冯·诺伊曼式计算机的重要特征之一就是使用二进制，计算机内部处理信息时只识别0、1数字信号。所有要处理的信息，都是先通过输入设备或模/数转换设备把它们自动转换成二进制的电信号，然后以编码方式在计算机内对信息处理完毕后，通过输出设备或数/模转换设备把它转换成人们能够识别的形式输出。数字化实质上是计算机技术在信息领域的全面应用。

多媒体技术的开发，使得数字化应用全面展开。多媒体实际上是一种二进制的数字媒体，它是通过模/数转换技术，把各种模拟信息，如文本、声音、图像等各种媒体转换成二进制数字信号进行存储、传输或加工处理的。

信息技术的进步，促使图书馆自动化从业务管理全面走向文献信息资源的综合管理。在此转化过程中，计算机性能的提高，对图书馆的数字化起了决定性的作用。图书馆的文献资源全部以计算机可读形式，即数字化形式存储，或者是存储在磁盘里，或者是存储在硬盘里，对外服务时或采用联机(在线)调用形式，或采用制品型的外借方式，这样便推动了数字图书馆的产生与发展。

关于数字图书馆的定义有许多说法，广义而言，一个数字图书馆是计算机可处理信息的集合或此类信息的一个存储处，许多学者据此对数字图书馆的定义做出了各自的解释。综观各家之言，结合数字图书馆的特征与结构，我们可以给数字图书馆下这样一个定义：数字图书馆是传统图书馆功能的扩展，它对信息进行搜集、转换、描述，并以计算机可处理的数字化形式存储馆藏信息和网络数字化信息，以智能化的信息检索方式和统一友好的检索页面，利用先进的信息处理技术和互联的计算机网络，提供多种语言兼容的多媒体远程数字信息服务。

数字图书馆建设已经（而且在今后很长时间内）是学习知识和科技发展的一个重要的基础设施评价标准。对于高校而言，数字图书馆建设直接影响到学校的教学和科研水平。

2.数字图书馆的特征

数字图书馆虽然称为图书馆，但已不同于传统意义上的图书馆，它通过利用新技术，以新的方式执行图书馆的功能，具有不同于传统图书馆的特征。

1）信息资源的数字化存储

图书馆的基础是书刊文献信息资源，而数字图书馆的基础是数字信息资源。数字信息资源主要包括原先用纸张形式存储的信息经转换而成的电子计算机中的数字化信息，其中除文字信息外，还有大量图形、图像信息以及声音、视频、动画等。用数字化的方法将信息存储的主要形式从纸质载体变成了磁性介质，对文献起到了保护作用。

随着社会的进步和科技的发展，信息产业亦飞速发展。信息的搜集量、处理量和存储量也相应地增大。图书馆存储信息的单位由 KB、MB 到 GB、TB。多种媒体的不同的文件存储格式和压缩方式有 TXT、DOC、PDF、HTML、SGML、XML、WAV、GIF 等。具有内容丰富、多种媒体、海量信息的数字图书馆使用先进服务手段为读者多、快、准地提供满意的数字化信息的服务。

2）信息组织的网状化

有些媒体信息仅仅对其数字化是远远不够的，还需要图书馆的专业人员对信息内容加以再加工，比如根据各种媒体特性进行标引、数据加工、限制、缩放等。信息的组织形式从原先纸张的顺序、线性方式转变为直接的、网状的组织方式。电子计算机的存储为信息的直接存储提供了可能性，从排列文件、直接存储文件、数据库到超文本技术，使信息可以按本身的逻辑关系组织成相互联系的网状结构。

3）信息检索的智能化

简单地将传统的图书馆中惯用的检索手段如关键词、题名、布尔逻辑等查询方式应用于数字图书馆，远远无法解决数字图书馆中浩如烟海的信息资源的查准和查全的问题。数字图书馆中存储的海量的多媒体信息需要有智能化的搜索引擎、交互式智能化而又简单易用的多媒体检索工具，以便让读者在数字化图书馆系统的各种数据库和知识库中获取有组织的、连续性的、真正所需的信息资源，让读者不必预先了解或学习检索各种类型数据库的技术和方法，这就意味着数字图书馆必须统一检索页面功能，并可根据读者的需求提供个性化的主动服务。数字图书馆在检索方法上的要求是以人工智能为基础的，读者可通过自己熟悉的自然语言，不断地与系统进行交互，逐步缩小搜索目标，并将检索结果予以知识化关联，最终获得确切的信息资源。

4）信息传播的网络化

网络和通信系统是数字图书馆的重要基础，若没有网络系统或网络系统不完善，数字图书馆就失去了它的真正意义。信息的网络传输使数字图书馆超越时空观念，跨越馆藏信息的地域。网络传输，使用户必须到图书馆查阅信息变成了读者可以在世界上的任何地方、任何时间查阅任何一个开放的数字图书馆的信息，大大缩短了信息传递时间以及信息提供者和使用者的距离，从而加快了信息交流与反馈的速度。通过地区、国家和国际网络，数字图书馆可以和各个信息服务中心以及分散的信息数据库系统综合起来，方便地收集其他机构的信息，充实自己的馆藏，提供信息的增值服务。

二、数字图书馆的基本功能

1. 数字化信息的采集

数字化信息资源是数字图书馆的要素之一：只有数字化信息资源发展到一定规模，才有可能产生数字图书馆。信息资源数字化建设是数字图书馆的重要功能，是利用现代化信息技术和网络通信技术，将各类传统介质的文献进行压缩处理并转化为数字化信息。数字化信息资源打破传统的空间概念，在互联网上传输，为远程读者服务，实现信息资源共享。信息资源数字化是前提，信息资源共享是目的。

目前数字图书馆的馆藏来源有三种。一是把大量现已存在的以不同形式和载体存储的信息资料，如纸制品资料、图片、声像资料等转化成数字形式存储起来。直接用于该任务的技术包括文字图像扫描处理、图像和语言的识别以及对数字化初始信息的各种再加工技术。在 IBM 数字化图书馆中，这一功能被称为获取。二是提供直接生成的数字化信息以便计算机直接使用，如：购买电子出版物，从网络上获取信息；图书馆数字化建设中直接形成的 MARC 格式的馆藏目录数据库及一些专题数据库等。三是链接外部信息源。数字图书馆通过数据库系统、联机信息检索系统把外部信息链接起来，而互联网作为数字图书馆的网络环境，其网上资源也是数字图书馆链接外部资源的主体。网络环境下图书馆应利用各种电子出版物和网上信息资源，选择与本馆服务对象有关的品种和网站，重点掌握可免费获得并具有全文的电子期刊，建立便于读者利用网上资源的导航系统。

2. 数字化信息的存储与管理

与传统图书馆不同，数字图书馆的信息资源是存储在计算机、磁盘或光盘中的，信息存储量是以 GB 来计算的。对数字图书馆来说，其存储量应该是几百个 GB，几千个 GB 或者更大，即海量信息。随着信息量的剧增，存储规模也越来越大，已用万亿（或太）字节来表示。存储这些海量信息主要涉及存储设备的容量、硬件随机读取的速度以及信息的组织与管理方式等存储技术。

当前,数字图书馆大多数采用客户机/服务器模式,客户机、图书馆服务器和对象服务器构成信息传递的核心结构。图书馆服务器主要管理数据的目录、索引和查询,而对象服务器用于管理数字化的对象。客户机向图书馆服务器提出要求,图书馆服务器将客户申请转发给对象服务器,最后由对象服务器将检索到的数据发送给客户机。这种模式的好处在于:随着信息量的增加,存储规模的扩大,在需要时可随时随地增加对象服务器和客户机,而整个系统的工作并不受影响。海量信息的存储方法是最为关注的问题,在存储这些数字化信息时,要考虑计算机硬件和软件应具有广泛的接口来保持它们的有效性,因为数字信息是依靠硬件和软件来使用它们的,还要考虑检索信息时的响应速度,应该具有按使用频率调动存储位置的能力。全文存储是目前数字图书馆存储的主要方式,它包括文本信息和图像信息混合的电子全文信息,以建立 SGML 等电子文本格式基础上的全文存储为重点。

3. 数字化信息的访问和查询

有效的文本数据库查询和多媒体资料的查询策略是数字图书馆的重要技术。由于信息的多样性,原有的文本类型的文件检索、传统的基于关键字索引以及通过布尔表达式的查询方式已经无法满足用户的查询要求,转而向全文检索方向发展。新型的全文检索主要有三种实现方法:其一,自由文本查询,即用自己指定的关键字字符串直接与全文文本的数据高速对照进行检索,它的查询结果是一个按序列值排列的文件列表;其二,对全文内容中的每个词进行位置扫描,然后排序,最后建立以每个词(字)的离散码为目的例排文件;其三,采用基于 HTML 语言的超文本模型建立的全文数据库,使用户便捷地查看到查询结果。

为多媒体信息建立索引,便于用户快速和简便地对声音、图像等信息内容进行筛选和确定,这是当前研究的重点问题之一。直接针对图像、声音建立索引,可以根据颜色、形状、纹理等在图像中进行查找,这是访问数字图书馆的关键技术。

4. 数字化信息的传达与发布

数字图书馆的信息资源是通过网络系统传送给用户的,从而实现信息的发布。当前的互联网就是数字图书馆现实的网络环境,它是一大批共同遵守 TCP/IP 协议的计算机网络互联而成的庞大网络。今后的网络和通信环境是各国的国家信息基础和全球的信息基础。数字图书馆的传送主要涉及网络技术的应用,重点关注对图像、声频和视频等多种媒体信息的传输。

5. 数字化信息的权限管理

由于数字图书馆的主要结构原则是对不同类型开放环境的操作能力,为用户共享信息资源、获得信息服务提供极大的方便,因此,对数字图书馆来说,安全性显得非常重要。数字图书馆具有一般计算机网络系统的管理功能,旨在对访问权的控制，该问题在利用原有计算机读取管理技术以及域名管理技术的基础上已得到了较好的解决。数字化信息权限管理更重要的是对知识产权的保护，通过采用技术手段来防止未经授权使用版权人的资源，用来保护信息拥有者和最终用户的利益。

三、数字图书馆的发展前景

图书馆是知识的海洋，是存储知识信息资源的宝库。数字图书馆作为网络环境下知识、信息的提供者，尽管到现在为止发展的历史不算太长，且其产业化和商业化尚未成熟，但是在以知识和信息为主要推动力的知识经济时代有着广阔的应用前景。

(1)高校数字图书馆的自动化、网络化、信息化有利于信息资源的有效整合与管理，更有利于新型知识的引入，这不仅丰富了馆藏，还提供了高质量的教学研究和参考资料，也提高了学生的学习兴趣，拓展了知识范围。

(2)数字图书馆应用范围将会继续扩展。在知识经济时代，获取信息知识已成为每个组织或个人最为迫切的需求。借助于网络的延伸，数字图书馆正在不断地深入到社会生活的每个角落，向更多的用户提供人性化、高效、快捷的服务。这一点是传统的图书馆无法做到的，数字图书馆必然会吸引更多的使用者并得到他们的青睐。

(3)数字图书馆应用领域将会增加。数字图书馆的项目研究和工程建设，最初主要是由图书馆界、情报界和计算机界合作完成的，因此，研究成果的使用也多限于各个科研机构、高校内部少数的大公司，项目收益不明显。随着认识的加深和实践工作的继续展开，越来越多具有不同学科背景的专家和专业机构被吸纳进来，可以提供更专业的信息增值服务，其收益也将有所增加。

总之，数字图书馆利用先进的网络技术、信息技术和数字技术，整合全球资源，让读者通过互联网足不出户即可检索、查阅所需知识、信息等，给人们学习、研究的环境带来了巨大变化，在以信息、知识为资本的知识经济时代中将会有更广阔的应用前景。

1. 数字图书馆的新发展——移动图书馆

数字出版的主要方向应该是以手机等为阅读终端的移动出版。未来世界所处的数字环境将越来越以移动互联网为基础。国外图书馆已经紧跟移动阅读的浪潮，图书馆把音频、视频、电子图书等事先下载到外借的设备中，构成了移动馆藏。2003 年 12 月，北京理工大学图书馆开通了国内最早的手机图书馆短信服务平台，拉开了移动图书馆在国内的应用帷幕。许多公立图书馆开通“掌上图书馆”业务。上海图书馆提供的移动服务包含了其他图书馆没有的阅读器外借、二维码、手机电子书，实现了手机版“M-Library”。北京大学图书馆的 3G 移动图书馆实现了电子资源的统一检索和全文阅读。截至2011年4月3日，国内图书馆（包含学术与公立）开通短信服务的有34家，开通WAP（无线应用协议）的有13家。服务内容多为图书信息提醒、读者信息提醒、公共信息通报。

由于图书界版权现状，公益性图书馆在得到丰富内容资源上应该说有先天优势，这应该成为公益性图书馆的核心竞争力。基于资源基础，再对内容加以整合，提供更加友好的操作页面，引入更便宜的移动上网服务，大幅降低用户使用费用，将是未来移动图书馆服务的发展目标。

2.“云”环境下数字图书馆的未来

云计算是一种超大规模的虚拟运算能力。它将计算机集群的超级计算模式运用在各种需求上，然后集中起来作为一种服务提供给用户。云计算的基本原理是使计算处理分布在大量的异地计算机上，而非本地计算机或服务器中，企业数据中心的运行紧紧围绕互联网，使得用户能够将资源任意切换到所需要的应用上，根据需求安排响应系统，而用户的所有数据及其应用存放在网络的“云”上面。

云计算平台将给予各大、中、小图书馆在网络上一个展示和服务的空间，节约行业投入资本，集中力量办大事，同时各馆免费获得网络空间来发展自身的数字图书馆，提高自身的核心竞争力。

ZHONGPIAN

中篇

信息检索技能

第五章　计算机信息检索

第一节　Internet 基础

一、Internet 的相关概念

1. TCP/IP 协议

TCP 是 transmission control protocol(传输控制协议)的缩写，其作用在于确保网络传送信息时不会丢失数据，不会受到意外或人为的修改。

IP 是 internet protocol(网际协议)的缩写，它的作用是解决计算机网络通信地址的编排与寻址问题。

TCP/IP 即传输控制与网际协议，是支持 Internet 的基础通信协议。

2. IP 地址和域名

1)IP 地址

IP 地址即 internet protocol 地址，是人们在互联网上的通信地址，每台正式入网的计算机都必须有一个唯一的网络地址，每个 IP 地址由 4 节数字组成。每节数字的取值从 0 到 255，每节数字之间用“.”隔开，例如 10.203.1.13(某图书馆主页服务器 IP 地址)。

2)域名

域名，英文为 domain name，缩写为 DN，由 2 到 5 段字符构成，中间用“.”隔开，中文结构为“主机.机构名.网络名.最高层域名”，英文结构为“host.inst.fid.stat”。其中，“stat”代表最高层域名，包括国别域名和国际域名两种。国别域名代码一般为两个字母，例如 au 代表澳大利亚，cn 代表中国。国际域名现在只有“int”一个，代表国际组织。“fid”是网络分类代码，现有的类别包括 ac(学术网)、com(商用网)、edu(教育网)、gov(政府网)、mil(军事网)、net(公共网)、org(社团网)、arts(文艺机构)、firm(公司企业)、info(信息服务机构)、nom(个人专用)、rec(娱乐专用)、store(商店专用)、web(万维网专用)。“inst”是单位或子网代码，一般为英文缩写。“host”是主机或服务器代码。例如，长江大学的域名为 yangtzeu.edu.cn。

3. URL(统一资源定位器)

URL 是 uniform resource locator 的缩写。URL 实际上是一个用以标识文档类型及其所在网络地址的字符串,它用统一的方式指明因特网上具体信息资源及其位置。URL 包括三部分:所应用的传输协议(如 HTTP、FTP 等)、主机地址(即主机的 IP 地址或域名)、该服务器上定位文档的目录路径和文档名称。

4. WWW(万维网)

WWW 是 world wide web 的缩写,也称 W3 或 Web,是由互联网上用超文本标识语言编写的文件,即网页构成的信息系统,供用户搜索和浏览信息时使用。

5. HTML(超文本标记语言)和链接

HTML 是 hyper text markup language 的缩写,是专门为 WWW 建立超媒体文件的语言。

链接,是指用 HTML 语言编写的,编码中包含 URL 的文字、图片等。通过它可以方便地访问包含的 URL 所指向的资源。链接在网页文件中往往带有下划线或表现为特殊颜色,当鼠标指针指向它时会变色,鼠标指针也会变成小手的形状,单击它就能打开 URL 指向的资源。

6. 浏览器

浏览器,也就是 WWW 页面上的窗口,是基于 HTTP 协议,采用 HTML 语言编写并显示内容,用 URL 作为统一的定位格式的一类专用网络工具。

二、Internet 提供的服务

Internet 发展到今天,几乎渗透到人们生活、学习、工作、交往的各个方面,同时促进了电子文化的形成和发展。

1. Internet 提供的基本服务

Internet 提供的基本服务有远程登录、电子邮件、文件传输、WWW 服务和电子商务等。

1)远程登录(telnet)

远程登录是指在网络通信协议 telnet 的支持下,使用户的计算机暂时成为远程计算机终端的过程。一经登录成功后,在个人计算机与远程主机之间建立在线链接,用户便可以实时使用远程计算机对外开放的全部资源。

2)电子邮件(e-mail)

电子邮件是 Internet 上应用范围最为广泛的服务,它是通过联网计算机与其他用户进行联络的快速、高效、价廉的现代化通信手段。

目前,电子邮件的发送和接收使用两个协议:一个是 SMTP(simple mail transfer protocol,简单邮件传送协议),用于邮件的传送;另一个是 POP(post office protocol,邮局协议)用于邮件的接收。Internet 上的 e-mail 一般采用客户机/服务器模式。在 Internet 上发送电子邮件的基本过程为：①填写收件人 e-mail 地址及标题；②填写信件正文；③客户程序将 e-mail 发给服务提供者邮件服务器；④发送邮件服务器使用 SMTP 协议，选择合适的时间将邮件以分组的形式在 Internet 上传送；⑤邮件到达目的地服务器；⑥目的地服务器将邮件放到接收者的邮箱里；⑦接收者用他的邮件客户程序从自己的邮件服务器的邮箱中取到本地机器，就可以阅读邮件了。e-mail 客户程序有许多种，如 Outlook、方正飞扬等。

3）文件传输

文件传输是指在不同计算机系统间传输文件的过程，FTP（file transfer protocol，文件传输协议）是传输文件使用的协议。Internet 上的用户可以从授权的异地计算机上获取所需文件，这一过程称为下载文件；也可以把本地文件传输到其他计算机上供他人使用，这一过程称为上传文件。对于公用的 FTP 服务器，凡是以匿名账号方式登录的，只能进行文件的下载操作而不能进行文件的上传操作。

4）WWW 服务

WWW 是分布式超媒体系统，是融合信息检索与超文本技术而形成的使用简单、功能强大的全球信息系统，也是基于 Internet 的信息服务系统。它向用户提供一个多媒体的全图形浏览页面，如果想得到关于某一专题的信息，只要用鼠标在信息栏上一层一层地选择，就可以看到通过超文本链接的详细资料。

万维网最早于 1989 年出现于欧洲核子研究组织的粒子物理实验室。它的初衷是为了让科学家们以更方便的方式彼此交流思想和研究成果，但现在它已成为一种最受欢迎的浏览工具。

万维网主要由页组成，页有成千上万个，遍布于 Internet 上。每一页与其他页相连，如此复杂地连起来。例如，我们要查看长江大学图书馆的学术资源，就可以进入如图 5-1 所示的网页浏览的基本页面进行各种操作。

一般来讲，万维网是这样工作的：①先和服务提供者连通，启动 Web 客户程序（即浏览器）；②若客户程序配置了缺省主页链接则自动链接到主页上，否则它只是启动，等待指示；③输入想查看的 Web 页的地址；④客户程序与该地址的服务器连通，并告诉服务器需要哪一页；⑤服务器将该页发送给客户程序；⑥客户程序显示该页内容；⑦客户便可以阅读该页；⑧每页又包含了指向别的页的指针，有时还包含指向本页其他内容的指针，用户只需要单击该指针就可到达相应的地方；⑨跟着这些指针，直到完成 Web 页上的浏览为止。

使用万维网进行浏览，需要知道操作工具及 Web 页的地址，即统一资源定位器 URL，它从左到右由三部分组成：①Web 客户程序用来操作的工具（协议）；②Web页所在的计算机；③其他寻找 Web 页所需的信息。以两个 URL 为例进行说明。

图 5-1　长江大学图书馆网页浏览的基本页面

(1)http://news.yangtzeu.edu.cn/news/tongzhitonggao/。

客户程序首先看到 HTTP,便知道处理的是 HTML 链接。接下来的“news.yangtzeu.edu.cn”是站点地址,最后是目录“news/tongzhitonggao”。

(2)ftp://ftp.yangtzeu.edu.cn/windows_apps/SysinternalsSuite/Pstools.chm。

Web 客户程序需要用 FTP 去进行文件传送,站点是“ftp.yangtzeu.edu.cn”,然后选择目录“windows_apps/SysinternalsSuite”,并显示文件“Pstools.chm”。

万维网在 Internet 上使用得非常广泛,国际上许多大公司、机构都建立了自己的 Web 站点,设置具有自己风格的主页,以利于检索者记住它们。

主页(home page)是指一个 Web 站点的首页。它是进入一个新站点首先看到的页,它包含了链接同一站点其他项的指针,也包含了到别的站点的链接。

万维网不仅能够展现文字,还能够展现图像、声音、动画等超媒体文件。

5)电子商务

电子商务利用计算机技术、网络技术和远程通信技术,实现了整个商务(买卖)过程的电子化、数字化和网络化。电子商务可提供网上交易和管理等全过程的服务,因此它具有广告宣传、咨询洽谈、网上订购、网上支付、电子账户、服务传递、意见征询、交易管理等各项功能。人们不再是面对面地看着实实在在的货物靠纸介质单据(包括现金)进行买卖交易,而是通过网络,通过网上琳琅满目的商品信息、完善的物流配送系统和方便安全的资金结算系统进行交易。

2. Internet 提供的其他服务

除以上提及的一些基本服务外，Internet 还提供网络新闻系统、BBS、即时通信等其他服务。

1）网络新闻系统

网络新闻系统对信息进行归类整理，并分成若干专题讨论组，用户可以根据自己的兴趣、爱好进行选择。在这些网络新闻组里，用户不但可以自由查看感兴趣的话题，还可以发表个人见解或者提出新的相关话题，与其他志同道合的用户相互交流。

2）BBS

BBS 是 Internet 上最趋大众化的一项服务，它和网络新闻系统十分相似，也可以讨论热门话题、发表独到见解、和其他用户聊天。它与网络新闻系统最大的区别在于 BBS 是任何用户都可以进入的公告板，没有网络新闻系统那样较浓厚的学术气氛，而是更具娱乐休闲性。

由于 BBS 的开放性，以及在上面发表意见的用户都可以采用假名、假地址，这样 BBS 上的信息有时并不具有真实性和可读性，有时甚至出现一些违反国家法律、法规的言论，通常由 BBS 主持人对信息进行控制。因此，用户对 BBS 上的信息也应进行有所选择的阅读。

3）即时通信

即时通信(instant messaging，IM)是一种使人们能在网上识别在线用户并与他们实时交换消息的技术，被很多人称为电子邮件发明以来最酷的在线通信方式。典型的 IM 工作方式为：当某用户在任何时候登录上线并试图通过自己的计算机联系好友列表中的好友时，IM 系统会发一个消息提醒用户，然后用户与好友建立一个聊天会话并输入消息文字进行交流。目前常见的即时通信工具有 AOL ICQ、腾讯 QQ、雅虎通、微信、MSN Messenger、朗玛 UC 等。

第二节　网络信息检索的基本技术

信息检索技术经过先组式索引检索、穿孔卡片检索、缩微胶卷检索、脱机批处理检索发展到了今天的联机检索、光盘检索与网络检索等。下面介绍几种网络信息检索的基本技术。

1. 布尔逻辑检索

逻辑检索是一种比较成熟、较为流行的检索技术，现代的情报检索系统多采用这种技术。

逻辑检索的基础是逻辑运算，逻辑运算中最常用的是布尔逻辑运算符，主要的运算符有以下 3 种。

1)逻辑“与”

逻辑“与”用 AND 或“ * ”表示。检索词 A、B 若用逻辑“与”相连,即 A AND B (或 A * B),则表示同时含有这两个检索词才能被命中。

例如,要检索“儿童教育”的文献,检索逻辑式可表示为:child AND education。

2)逻辑“或”

逻辑“或”用 OR 或“+”表示。检索词 A、B 若用逻辑“或”相连,即 A OR B(或 A+B),则表示只要含有其中一个检索词或同时含有这两个检索词的文献都将被命中。

例如,要检索“计算机”或“机器人”方面的文献,检索逻辑式可表示为:computer OR robot。

3)逻辑“非”

逻辑“非”用 NOT 或“-”表示。检索词 A、B 若用逻辑“非”相连,即 A NOT B (或 A-B),则表示被检索文献在含有检索词 A 而不含有检索词 B 时才能被命中。

例如,要检索有关“能源”方面的文献,但涉及“核能”方面的文章不要,检索逻辑式可表示为:energy NOT nuclear。

逻辑“非”可以缩小检索范围,但必须谨慎使用,只有当绝对确信要从检索结果中排除一个术语或短语时才用它,否则,会将有用的资料排除在外。

布尔逻辑运算符的运算次序为:逻辑“非”→逻辑“与”→逻辑“或”,若有括号,则括号优先,这同算术运算中的四则运算相似。

大多数网络搜索引擎都支持布尔逻辑运算,但表现形式不尽相同,有的用 AND、OR、NOT(有的工具要求用大写,有的要求用小写,有的则大、小写均可),有的用符号“+、-、*”代替,还有的直接把布尔逻辑运算符隐含在菜单中,如 Lycos。

2. 邻近检索

邻近检索有时又被称为位置算符检索。文献记录中词语的相对次序或位置不同,所表达的意思可能不同,而同样一个检索表达式中词语的相对次序不同,其表达的检索意图也不一样。布尔逻辑运算符有时难以表达某些检索课题确切的提问要求。字段限制检索虽能使检索结果在一定程度上进一步满足提问要求,但无法对检索词之间的相对位置进行限制。

位置算符检索是用一些特定的算符(位置算符)来表达检索词与检索词之间的关系,并且可以不依赖叙词表而直接使用自由词的检索方法。下面以 DIALOG 系统为例,介绍几种常用的位置算符。

1)(W)——With

(W)表示在此算符两侧的检索词必须按此前后的顺序排列,顺序不许颠倒,而且两个检索词之间不许有其他的词或字母，但允许有空格或标点符号。

例如，information(W)retrieval 可检索出 information retrieval、information-retrieval。

2)(*n*W)——*n*Words

(*n*W)表示在此算符两侧的检索词之间允许插入 *n* 个(最大数量)实词或虚词(非用词)，两个检索词的词序不许颠倒。

例如，electronic(1W)resources，可检索出 electronic resources、electronic information resources。

3)(N)——Near

由(N)表示的检索项在记录中出现的顺序可以调换，即查找两个连在一起的检索词，它们之间最多可以有 10 个词。有的系统用 ADJ(adjacent)表示。

例如，junior(N)high，可检索出 junior high、high junior。

4)(*n*N)——*n*Near

(*n*N)表示两个检索词的位置可以颠倒，两个检索词之间最多可插入 *n* 个词。

例如，information(3N)retrieval，可检索出 information retrieval、retrieval information、retrieval of information、retrieval of law information、retrieval of Chinese law information 等，information 和 retrieval 两个检索词之间最多可插入 3 个词。

5)(F)——Field

(F)表示在此运算符两侧的检索词必须同时出现在文献记录的同一字段内，如出现在篇名字段、文摘字段、叙词字段、自由词字段，但两个检索词的前后顺序不限，夹在两个检索词之间的词的个数也不限。

6)(S)——Subfield

(S)表示在此运算符两侧的检索词只要出现在文献记录的同一个子字段(例如，在文摘中的一个句子就是一个子字段)内，此文献即被命中，两个检索词的词序不限，且两个检索词中间可间隔若干个词。

7)(L)——Link

(L)运算符表示两侧的检索词之间有一定的从属关系。如远程教育与教育之间的关系可表示为：

education (L) distant

主标题　　　副标题

8)NOT

NOT 运算符与邻接运算符(W)、(N)、(S)、(F)、(L)等组合使用，可产生相反的含义。例如：

NOT (W)表示其后的词不能紧跟其前的词；

NOT (N)表示其后的词不应出现在前一个词的右边；

NOT (S)表示其后的词不应出现在同一子字段中；

NOT (F)表示两个词不应出现在同一字段中；

NOT (L)表示其后的词不应出现在同一主题中。

3. 截词检索

对于词干相同而词尾不同的词，如 library、libraries、librarian、librarianship……和一些不同拼法的词，如 defence、defense，如果检索时将这类词全部输进去，会增加检索时间和费用，采用截词检索可解决这一问题。

所谓截词检索，是指在检索标识中保留相同的部分，用相应的截词符代替可变化部分。截词检索时，计算机会将所有含有相同部分标识的记录全部检索出来。截词符用"?"或"*"表示。数据库检索中常用的截词法有左截断、右截断、中间截断和中间屏蔽 4 种形式，而目前用得较多的是以下 3 种截词方式。

1)词尾的有限截词

如"cat? ?"(在 cat 后紧跟"?"，空一格，再加一个"?")，前一个"?"是限定一个字符的变化，后一个"?"是停止符，可检索出 cat、cats 等。

2)词尾的无限截词

如"cat?"，允许 cat 后面有任意一个字符的变化，可检索出 cat、cats、catalog、catalogue、category 等。

3)中间截词

"wom? n"，"?"只代表一个字符，可检索出 woman、women。

中文检索在扩大检索范围时也可采用截词，如在只知作者姓而其名不详时，可在表示其姓的字后加问号做姓氏截词，如"黄?"表示检索所有黄姓作者的文献。

4. 字段限制检索

组成数据库的最小单位是记录，一条完整记录中的每一个著录事项称为字段。文献书目型数据库的记录基本包括下列字段：存储号字段(access number，AN)、篇(题)名字段(title，TI)、文摘字段(abstract，AB)、叙词字段(descriptor，DE)、自由词字段(identified，ID)、著者字段(author，AU)、著者机构字段(corporate source，CS)、刊名字段(journal，JN)、出版年字段(publication year，PY)、文献类型字段(document type，DT)、语种字段(language，LA)、分类号字段(classification，CC)。

一篇记录中主要用来表达文献内容特征的字段称为基本索引字段(basic index fields)，如篇名字段、文摘字段、叙词字段、自由词字段；而表达文献外部特征的字段称为辅助索引字段(additional index fields)，包括著者字段、著者机构字段、文献类型字段、语种字段等。

在许多联机检索系统中，为了提高查全率或查准率，需要将检索过程限制在特定的字段中，即字段限制检索。不同的联机检索系统，有不同的限定检索方法。DIALOG 系统基本索引字段的限定由“/”与一个基本索引字段符组成，又称为后缀限定，辅助索引字段由字段符“=”组成。

如“? S AU：Wang li AND(CS=Wuhan Univ.)”，表示检索出著者是 Wang li，著者单位是 Wuhan University 的记录，即要查找“武汉大学”姓名为“Wang li”的作者的文献。

又如“? S life(N)insurance AND PY=1999”，即要查找“1999 年”出版的关于“人寿保险”的资料。

尽管网上信息实际上不分字段，但大多数网络检索工具都具有类似于字段限制检索的功能，依据此功能，可将查找范围限制在特定的范围中，如标题(title)、图像(image)、文本(text)、主机名(host)、域名(domain)、链接(link)、统一资源定位器(URL)、新闻组(newsgroup)、电子邮件(e-mail)等。

5. 短语检索

短语用“ ”表示，可检索出与“ ”内形式完全相同的短语，以提高检索的精度和准确度，因而也有人称之为“精确检索”。

6. 括号检索

括号检索用于改变运算的先后次序，括号内的运算优先进行。

7. 多语种检索

提供多种语言的检索环境供用户选择，系统按用户选定的语种进行检索并反馈结果。支持多语种检索的系统中文如天网，英文如 altavista、Google 等。

8. 区分大小写的检索

输入时，如果用户的检索式用小写字母表示，搜索工具既匹配大写又匹配小写，如 china，将检索出 china(瓷器)，China(中国)；但如果用大写字母表示，搜索工具认为用户指定了只要大写，就只会查找那些与用户键入的输入形式完全相同的结果，如 China，只检索出 China。altavista 等搜索引擎支持区分大小写的检索。

其他的检索技术还有：BEFORE(指定该运算符左边的词必须出现在右边的词之前)，AFTER(指定该运算符左边的词必须出现在右边的词之后)，只有少数几个搜索引擎支持 BEFORE、AFTER 运算；加权检索(term weighting)，如要检索同时含有“苹果”和“梨”的文献，但“苹果”优先，可用此检索方法；音形一致的检索(phonetic search)；词根检索(root searching)，如输入 fly，可检索出 flies、flying 等同根词。

在以上十余种检索方法中，多语种检索和区分大小写的检索是网络检索所特有的。

在实际检索中，往往将上述多种检索技术混合使用，如要查找标题中含有“网络营销”的资料，可以利用布尔逻辑运算符 AND、OR 和截词检索、区分大小写的检索，并将检索结果限制在题名字段。如 ti：(Web OR Internet OR www) AND market *。

第三节 计算机信息检索的基本原理

随着计算机技术、通信技术和高密度存储技术的迅猛发展，利用计算机进行信息检索已成为人们获取文献信息的重要手段。计算机信息检索能够跨越时空，在短时间内查阅各种数据库，还能快速地对几十年前的文献资料进行回溯检索，而且大多数检索系统数据库中的信息更新速度很快，检索者随时可以检索到所需的最新信息资源。科学研究工作过程中的课题立项论证、技术难题攻关、跟踪前沿技术、成果鉴定和专利申请的科技查新等都离不开查询大量的相关信息，计算机检索是目前最快速、最省力、最经济的信息检索方法。

计算机信息检索是指利用计算机存储和检索信息。具体地说，计算机信息检索就是指人们在计算机或计算机检索网络的终端机上，使用特定的检索指令、检索词和检索策略，从计算机检索系统的数据库中检索出所需的信息，继而再用终端设备显示或打印的过程。为实现计算机信息检索，必须事先将大量的原始信息加工处理，以数据库的形式存储在计算机中，所以计算机信息检索广义上讲包括信息的存储和检索两个方面。

计算机信息存储过程是：首先，用手工或者自动方式将大量的原始信息进行加工，具体做法是将收集到的原始文献进行主题概念分析，根据一定的检索语言抽取出主题词、分类号以及文献的其他特征进行标识或者写出文献的内容摘要；然后，把这些经过前处理的数据按一定格式输入计算机存储起来，计算机在程序指令的控制下对数据进行处理，形成机读数据库，存储在存储介质(如磁带、磁盘或光盘)上，完成信息的加工存储过程。

计算机信息检索过程是：用户对检索课题加以分析，明确检索范围，弄清主题概念，然后用系统检索语言来表示主题概念，形成检索标识及检索策略，输入到计算机进行检索。计算机按照用户的要求将检索策略转换成一系列提问，在专用程序的控制下进行高速逻辑运算，选出符合要求的信息输出。计算机检索的过程实际上是一个比较、匹配的过程，检索提问只要与数据库中信息的特征标识及其逻辑组配关系相一致，则属“命中”，即找到了符合要求的信息。

计算机信息检索的基本原理图，如图 5-2 所示。

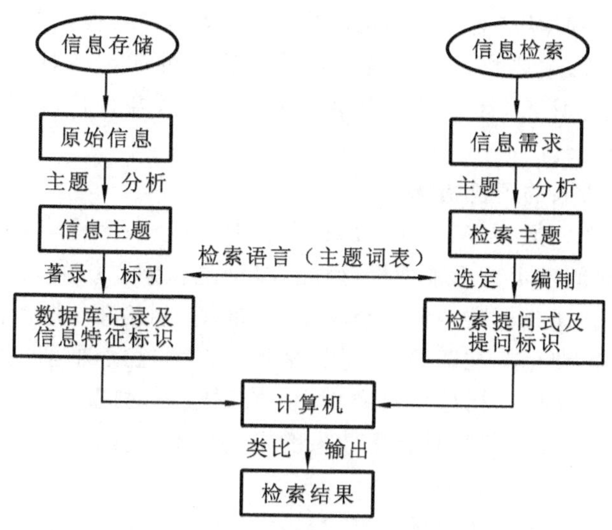

图 5-2　计算机信息检索的原理图

第四节　检索效果的评价指标

在运用检索工具或检索系统进行检索时，我们期望检索出来的文献信息都是自己所需的，并且能够把该检索工具或检索系统中适合自己检索需要的文献信息全部检索出来。然而，利用不同检索系统实现信息的查找，其检索效果是不一样的。即使利用同样的检索系统，但检索能力的差异，也将导致检索效果的不同。对信息检索效果进行评价，能为改善检索系统性能提供明确的参考依据，进而更有效地满足用户的信息需求。掌握有效的信息检索方法与途径，提高对信息资源的鉴别能力，有助于广、快、精、准地查取所需求的信息资料，获得令人满意的检索结果。

一、信息检索效果评价

检索效果是指用户利用检索系统或工具开展检索服务时，对检出文献的满意程度或检索系统检索的有效程度，它反映了检索系统的能力。评价系统的检索效果，目的是准确地掌握检索系统的各种性能和水平，找出影响检索效果的各种因素，以便有的放矢，改进检索系统的性能，提高检索系统的服务质量，保持并加强检索系统在市场上的竞争力。

检索效果包括技术效果和社会经济效果。技术效果是指检索系统在满足用户的信息需要时所达到的程度，主要指检索系统的性能和服务质量；社会经济效果是指检索系统如何经济有效地满足用户需要，使用户或检索系统本身获得一定的社会和经济效益，主要指检索系统完成检索服务的成本及时间。因此，技术效果评价又称为性能评价，社会经济效果评价则属于效益评价，而且要与费用成本联系起来，比较复杂。

1.信息检索效果的评价指标

根据图书馆学大师 F. W. Lancaster 的阐述，判定一个检索系统的优劣，主要从质量、费用和时间三个方面来衡量，因此，对信息检索系统的效果评价也应该从这三个方面进行。质量标准主要有查全率、查准率、漏检率、误检率、检索速度、新颖率和有效率等。费用标准即检索费用，是指用户为检索课题所投入的费用。时间标准是指花费时间，包括检索准备时间、检索过程时间、获取文献时间等。其中，查全率与查准率是衡量信息检索效果的主要技术指标。

1)查全率

查全率是指检出的相关文献量与检索系统中相关文献总量的比率，是衡量信息检索系统检出相关文献能力的尺度，反映该系统文献库中实有的相关文献量在多大程度上被检索出来。可用下式表示：

查全率(R)=[检出的相关文献量/系统内相关文献总量]×100%$=a/(a+c)\times100\%$

式中：a 为检出的相关文献量；c 为未检出的相关文献量。

例如，要利用某个检索系统查某课题，假设在该系统文献库中共有相关文献 40 篇，而只检索出 30 篇，那么查全率就等于 75%。

对于数据库检索系统，查全率为检索出的文献数与数据库中满足用户检索需求的文献数之比；而对因特网信息检索来说，由于网上信息是瞬息万变的，文献总量是很难计算的，要按上述方式计算查全率将很困难。

2)查准率

查准率是指检出的相关文献量与检索系统中检出的文献总量的比率，是衡量信息检索系统检出文献准确度的尺度，反映每次从该系统文献库中实际检出的全部文献中有多少是相关的。可用下式表示：

查准率(P)=[检出的相关文献量/系统内检出的文献总量]×100%

$=a/(a+b)\times100\%$

式中：a 为检出的相关文献量；b 为检出的非相关文献量。

例如，检出的文献总篇数为 50 篇，经审查确定其中与课题相关的只有 40 篇，另外 10 篇与该课题无关，那么此次检索的查准率为 80%。显然，查准率是用来描述系统拒绝不相关文献的能力，有人也称查准率为“相关率”。查准率和查全率结合起来，描述了系统的检索成功率。

同样，对因特网信息检索来说，真实查准率也是很难计算的。因为，对于命中结果数量太大的检索课题来说，相关性判断工作量极大，很难操作。

3)漏检率

漏检率是指未检出的相关文献量与检索系统中的相关文献总量的比率，是衡量信息检索系统漏检文献的尺度。漏检率与查全率是一对互逆的检索指标，查全率高，漏检率必然低。可用下式表示：

漏检率(O)＝[未检出的相关文献量/系统内相关文献总量]×100％＝$c/(a+c)$×100％＝1－查全率(R)

式中：a 为检出的相关文献量；c 为未检出的相关文献量。

实际上，由于现代检索系统的数据更新迅速，并大量采用关键词进行特征标引，用户不可能清楚系统中相关信息的实际数量，因此，查全率和漏检率实际上均为模糊的指标。

4)误检率

误检率是指检出的不相关文献量与检索系统中检出的文献总量的比率，是衡量信息检索系统误检文献的尺度。误检率与查准率是一对互逆的检索指标，查准率高，误检率必然低。可用下式表示：

误检率(F)＝[检出的不相关文献量/系统内检出的文献总量]×100％＝$b/(a+b)$×100％＝1－查准率(P)

对于检索系统来说，漏检是影响检索质量的最主要因素，故必须将其降低到最低限度；误检会降低检索的效率，也会影响检索质量。因此，任何检索工具和检索系统必须力争克服漏检(必要条件)，同时尽量避免误检(充分条件)。

5)检索速度

检索速度是衡量检索效率的一个重要指标。影响检索速度的因素主要是检索系统本身的运行速度、用户的检索技能水平和网络通信传输速度等方面。可用下式表示：

检索速度(T)＝[检出的相关文献量/检索所用的时间]×100％

6)新颖率

新颖率是指获得最近一年或半年或一个月等单位时间内的最新信息量的比重。可用下式表示：

新颖率(N)＝[检出的单位时间内发布的最新相关信息量/单位时间内发布的最新相关信息量]×100％

7)有效率

有效率是指被检中的相关信息中与用户需求密切相关并被利用的信息量的比重。可用下式表示：

有效率(A)＝[用户实际利用的相关信息量/检出的相关信息量]×100％

从以上几个指标可以清楚地看到，我们对所需信息的满足程度是相对的，几个评价指标都同时达到100％是不可能的。最理想的检索效果是漏检率、误检率均为0,即查全率、查准率均为100%,但实际上这是不可能的。实验表明:查全率和查准率之间存在着一种互逆关系,即提高查全率会降低查准率。一般情况下,查全率的计算比较困难,因为检索系统中的相关文献总数是很难估算的。在现代科技信息检索系统中,查全率为60%~70%,查准率为40%~50%。

2.影响查全率与查准率的主要因素

查全率和查准率是评价检索效果的两项重要指标。因此,明确影响查全率与查准率的因素,有利于提高检索效果。

1)影响查全率的因素

从文献存储的角度来看,影响查全率的因素主要有:文献库收录文献不全;索引词汇缺乏控制和专指性;词表结构不完整;词间关系模糊或不正确;标引不详;标引前后不一致;标引人员遗漏了原文的重要概念或用词不当等。

从文献检索的角度来看,影响查全率的因素主要有:检索策略过于简单;选词和逻辑组配不当;检索途径和方法太少;检索人员业务不熟练和缺乏耐心;检索系统不具备截词功能和反馈功能,检索时不能全面地描述检索要求等。

2)影响查准率的因素

影响查准率的因素主要有:检索词不能准确描述文献主题和检索要求;组配规则不严密;选词及词间关系不正确;标引过于详尽;组配错误;检索时所用检索词(或检索式)专指度不够,检索面宽于检索要求;检索系统不具备逻辑"非"功能和反馈功能;检索式中允许容纳的词数量有限;截词部位不当;检索式中使用逻辑"或"不当等。

实际上,影响检索效果的因素是非常复杂的。根据国外有关专家所做的实验表明,查全率与查准率是呈反比关系的。要想做到查全,势必会要对检索范围和限制逐步放宽,则结果是会把很多不相关的文献也检索出来,影响了查准率。用户应当根据具体课题的要求,合理调节查全率和查准率,保证检索效果。

3.网络检索效果的评价

对网络检索工具,特别是网络搜索引擎,其评价有其自身的特点。目前的网络检索工具主要以自动方式在网上搜索信息,经过标引形成索引数据库。索引数据库的构成是网络检索工具检索效果实现的基础。检索工具提供的检索功能直接影响检索效果,所以网络检索工具除了提供传统的检索功能外,还提供了一些高级检索功能,如多媒体检索功能、多语种检索功能、自然语言检索功能和相关反馈等。在检索效果评价方面,除查全率、查准率和响应时间外,还应将重复链接数量和死链接数量作为评价指标。

二、提高检索效率

1. 影响检索效率的因素

在实际操作过程当中，有可能影响检索效率的因素主要有以下几个方面。

1）检索语言的功能

检索语言作为信息存储与检索系统中的一个重要因素，其基本功能包括：对文献的情报内容（及某些外部特征）加以标引；对内容相同及相关的情报加以集中或揭示其相关性；对大量情报加以系统化或组织化；便于将标引用语和检索用语进行相符性比较。检索语言的功能将直接影响信息匹配成功率。

2）检索途径的数量

理论上讲，文献在存入检索系统之后，该系统向利用者提供的检索途径越多，它被查到的概率也就越高。

3）著录标引的质量

文献著录标引是信息存储的最重要的工作之一，是组建信息检索工具的基础，也是进行检索的主要依据，因此，文献著录标引的准确性也是影响查全率、查准率的一个重要因素。

4）检索策略的优劣

检索策略在文献查找过程中起着决定性的作用，它决定着文献著录标引的结果。

5）检索人员的素质

不论是手工检索系统还是机械检索系统，都要由检索人员来参与和控制检索过程，上述因素中除检索语言之外，均与检索人员的素质有关，因此检索人员的素质对于检索效率有直接的影响。

2. 提高计算机检索效果的方法与技巧

计算机检索不同于手工检索，检索策略得当，会取得好的检索效果；检索策略不当，则会造成漏检率、误检率高的情况。

1）检索课题的分析

计算机检索是专业知识与检索知识结合的过程，检索课题的分析是检索的良好开端。检索人员通过对检索课题的分析，可以了解检索意图、检索要求；了解有关的专业背景知识（如常用的方法、研究进展、发展方向等）；了解课题的查新点；了解有关的概念、主题词，包括行业术语等，从而明确检索的范围（如主题范围、时间范围、文献类型等）。

2）检索词的选取

在检索中选取合适的检索词是非常重要的，它直接关系到检索式能否很好地反映课题的要求，进而关系到检索结果是否合适。检索词的选取可以从以下几个方面着手。

(1)核心检索词的选取。首先要分析课题,挑选出能反映课题要求的最重要的概念。对于概念明确的课题,如“高温超导故障限流器”,可提出两个核心概念,即“高温超导”和“故障限流器”。而对概念没有明确提出的课题,要认真分析,发掘出隐含概念。

(2)发掘隐含检索词。隐含概念是指课题中没有明确指出的,但是又与课题密切相关的概念。如“并购”一词的隐含概念有“剥离”“拍卖”等。如“石质文物的保护”,通常以“文物 and 石质 and 保护”作为检索式,若从石质文物保护的专业知识出发,可将“涂层”“薄膜”这样的隐含概念选出。同样,“石质文物”也包含“石楼”“石碑”“纪念碑”“金字塔”等隐含概念。

(3)考虑同义词。一个词语在英文中往往有多个词与之对应。如“保护”一词在英文中有 conservation、preservation、protection 等词与之对应,“引擎”一词有 engine、motor 与之对应。中文词汇同样存在同义词的选择,如西红柿、番茄、番柿,选择合适的同义词,可以扩大检索范围。

(4)使用规范的用语。应当使用行业术语、通用的概念作为检索词,尽量不要使用俗语等不规范的名称。使用词表或者查看已有的参考文献,通常可以帮助检索者找到规范的用语。

(5)排除不必要的概念。有的概念依附于另外的概念而存在,是附加概念,在检索时可以排除。如“利用矿业废渣中的绿泥石、千枚岩烧结制砖的工艺”中的“烧结”就是制砖的工艺,而“工艺”是一个附加概念,可以不必提出。还有,如发展、进展、技术等词,可以在选择概念时予以排除。

(6)使用准确的代码。化学物质登记号、产品代码、德温特专利检索也是非常重要的,使用准确的代码可以提高检索的准确度。如在化学文摘、德温特专利等数据库中,代码可以作为检索词来使用,如 ammonia(氨)的化学物质登记号为 7664-41-7。

3)检索策略的制订与调整

(1)检索式的确定。将提出的检索词用布尔逻辑算符和位置算符组配在一起。这里要注意的是,检索词应当考虑全面,对于词尾有变化的可以用截词来表示。

检索式往往需要在检索的过程中不断修正,以达到较好的检索效果。

(2)检索结果过少的原因及调整方法。

原因之一:检索词的选择不合适。应当进行核对、调整,如气象卫星云图的通用写法是 WE fax,而日本通常使用 LR fax,其检索到的文献十分有限。

原因之二:隐含概念挖掘不够。如检索“基于电话线介质的多媒体现场总线技术”,以“电话线 AND 现场总线 AND 多媒体”作为检索式去查找,检索到的文献很有限；选取“远程监控”“信号采集”作为现场总线同位概念，则可检索到很多相关文献。

原因之三：词与词之间的关系限制太严格。例如，使用了(W)算符的检索式，如果将其改为限制宽一些的位置算符或者使用“AND”逻辑算符，则检索结果会有所增加。

原因之四：要求同时出现的概念过多。可以用适当减少同时出现的概念的办法扩大检索范围。

(3)检索结果过多的原因及调整方法。

原因之一：可能是所选的概念范畴太大。例如，可以利用所检索的某种物质的材质、性能或用途等某方面的特点加以限制，或者使用“NOT”逻辑算符将无关的概念排除，这是提高查准率的好办法。

原因之二：原来的限制较为宽松。可以将原来使用的逻辑算符改为限制严格的位置算符，使检索结果更精确；可以用年代范围来做限制；可以限制在某一个或几个字段(如题目、关键词字段)来进行检索，使检索结果减少。

原因之三：截词使用不当。如检索词“蚂蚁”，用截词形式“ant?”则会将许多不相干的词包含进来，严重影响检索效果。因此使用截词应当斟酌，词根太短的词应避免使用截词。

4)提高检索效果的技巧

(1)准确、全面地选择检索工具。选择合适的检索工具对于提高信息的查全率起着重要的作用。

(2)手检与机检相结合。手检从原文中分析、判断其相关性比机检更深入，还可以克服检索标识选择和检索策略上的一些失误。机检查全后再用手检来核定密切相关的文献，准确性更高。

(3)扩检，提高查全率。

①降低检索词的专指度，从词表或检出文献中选一些上位词或相关词；

②使用关键词检索时，可通过增加同义词、近义词等增加检出的文献数，也可通过截断符减少由于拼法不同或词尾不同而造成的漏检；

③增加待检的检索工具与数据库，多种索引配合使用；

④选全同义词并用“OR”逻辑算符与原词连接后加入到检索式中；

⑤删除不重要的检索词，减少 AND 运算；

⑥采用分类号进行检索；

⑦取消某些过严的限制符，如字段限制符等，调整位置算符。

(4)缩检，提高查准率。

①提高检索词的专指度，增加或换用下位词和专指性较强的自由词；

②增加检索词，用“AND”逻辑算符连接一些需要进一步限定主题概念的相关

检索项；

③用“NOT”逻辑算符排除一些无关的检索项；

④利用文献的外部特征（如文献的类型、语种、出版年代等）限制输出的检索结果；

⑤限制检索词出现的可检字段，如常限定在篇名字段和叙词字段中进行检索；

⑥采用上述调整方法时，要针对所检课题的具体情况和所用检索系统的客观实际综合分析，灵活应用。

(5)扩大检索工具外的检索范围。

①利用有关学科的核心期刊查找最近的文献，不仅可弥补检索工具的不足，且可随时参阅原文，以准确判断所需的相关文献；

②查找近期的会议文献和学术论文集；

③利用相关文献的引文检索。

第六章　常用中文数据库的使用

第一节　中文数据库概述

一、数据库的概念、分类和特点

信息资源的类型，如图 6-1 所示。

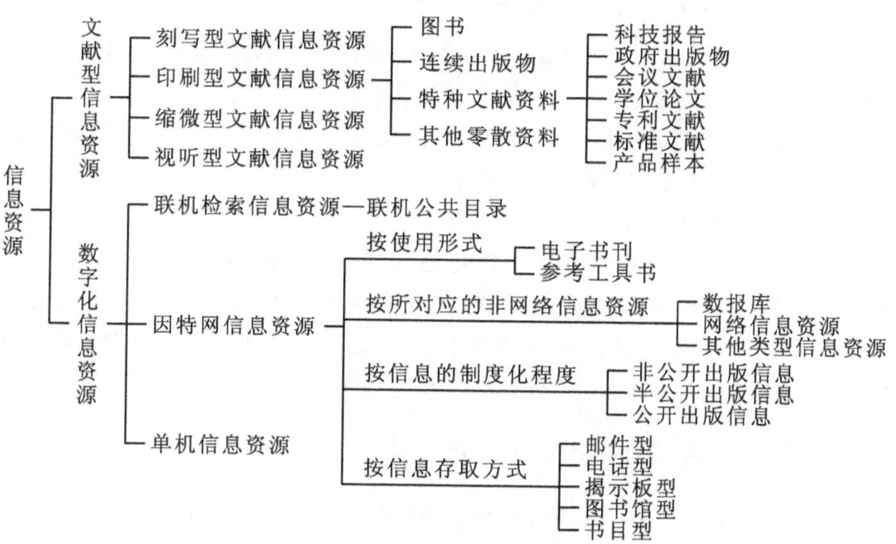

图 6-1　信息资源的类型

1. 什么是数据库

1)数据库的定义

(1)数据库是用于指定目的或指定数据处理系统的相关数据的集合。——《信息与文献　术语》(GB/T 4894—2009)

(2)通俗地说，数据库就是计算机在存储设备上按一定方式存储的相互关联的数据集合。数据库是计算机技术与信息建设技术相结合的产物，是现代重要的信息资源，也是信息检索的重要信息来源。

(3)更通俗地说，数据库是供我们查找的、有质量保证的、经过人工标引和组织的数据检索系统。

2)搜索引擎与数据库的差别

搜索引擎易用易得且免费，而数据库有质量保证，经过人工标引和组织，使用需要培训且价格较高。在使用时需要掌握一个原则：对于查找和生活息息相关的资讯则用网络信息查询，如使用各种搜索引擎；如果进行专题性的学术研究，需要查找高质量的学术资源的文摘、全文，则一定要利用数据库查找获取。

2. 数据库的分类和特点

1)数据库的分类

数据库的分类方法有两种：一种是根据载体的不同，分为联机数据库、光盘数据库和网络数据库三种；另一种是根据内容与功能的不同，分为指南数据库、交易数据库、全文数据库、书目数据库、字(词)典数据库、数值数据库和图像数据库七种类型。

2)中外文数据库检索工具的特点

(1)中文期刊库一般只收录国内的期刊信息；外文检索工具收录世界各国有影响的文献，也包含部分有学术价值的中文文献。

(2)中文期刊库收录信息类型单一，外文检索工具信息类型收录广泛，有的还收录大量专利、科技报告、专著等。

(3)服务方式多样化。

(4)早期各中文期刊库都有自己独特格式的“浏览器”，用于全文下载和浏览。

(5)中文期刊库由于功能有限，一般无法实现一次性复杂检索，允许多次简单条件的“二次检索”；外文数据库检索字段更多，一般均使用位置算符、截词算符，检索准确。与中文期刊库相比，外文期刊库更新周期更短。

二、使用数据库需要注意的几个问题

受校园网络环境及访问权限的制约，同时有不得超量下载、恶意下载等条件的限制，有时需要先下载全文浏览器才能打开全文。注意到这些问题，有利于我们合理合法地利用数据库资源。

1. 长江大学图书馆(以下简称“本馆”)购买的中文数据库简介

1)收录范围、特色、使用特点

(1)考试类。

考试类包括新东方多媒体学习库、起点自主考试学习系统、起点考试网视频库。

(2)多媒体视频教育网。

多媒体视频教育网包括爱迪科森网上报告厅(具有社会性、娱乐性)、超星名师讲堂(属大师级)和万方视频库(具有学术性)。

(3)学术搜索引擎。

学术搜索引擎包括读秀。

(4)电子书。

电子书包括超星、Apabi。

超星收录的文献最全最大,且可下载全文,可文献传递;Apabi 收录的文献达 4 万多种,主要为教学参考书,可以在线阅读。

(5)期刊。

期刊包括 CNKI——最全面最权威,期刊数量最大;维普——使用方便,科技期刊数量多,质量逊色;万方——7 200 多种,在标准库和旧的学位论文方面有优势。

2)数据库中的各种检索式

分类浏览(category browse)、简单检索(simple search、basic search)、高级检索(advanced search)、专家检索(expert search)。

2. 各种检索方式优缺点比较

各种检索方式优缺点比较,如表 6-1 所示。

表 6-1　各种检索方式优缺点比较

常用的检索方法	优　点	缺　点
简单检索	只有一个检索框,大部分数据库可使用各种运算符	约束条件少,不能准确地表达检索用户的检索意愿,对于有的数据库来说需要掌握一定的检索指令
高级检索(推荐)	提供多个检索框,以及多种约束条件,基本能够表达用户的检索意愿;不需要构造复杂的检索式,一般只需提供检索词即可,简单灵活	有的数据库不允许在检索框中使用运算符
专家检索	只有一个检索框,可随意书写合法的检索表达式,比较灵活	需要掌握一定的指令,指令的书写容易出错

第二节　CNKI 数字图书馆

一、CNKI 介绍

CNKI 工程是中国国家知识基础设施(China National Knowledge

Infrastructure)工程的简称，又称“中国知网”。它是以实现全社会知识信息资源共享与增值利用为目标的国家信息化重点工程，被国家科技部等五部委确定为“国家级重点新产品重中之重”项目。该工程于1995年立项，由中国学术期刊（光盘版）电子杂志社、清华同方股份有限公司主办，在学术界、教育界、出版界、图书情报界等社会各界的密切配合和清华大学的直接领导下，于1999年6月建成的中国知识资源总库是全球最大的中文知识门户网站，具有知识的整合、集散、出版和传播功能。用户遍及中国和欧美等很多国家和地区。收录1994年以后国内8 200多种期刊的题录、摘要以及7 800余种期刊的全文，实现了我国知识信息资源在互联网条件下的社会化共享与国际化传播。

CNKI内容涵盖了我国自然科学、工程技术、人文与社会科学期刊、学位（博硕士）论文、报纸、图书、会议论文等公共知识信息资源，有较高的文献收藏价值和参考使用价值，可以作为学术研究、科学决策的依据。

CNKI出版平台包括资源总库、国际文献总库、行业知识服务平台、个人/机构数字图书馆四大块。其中，资源总库由源数据库、特色资源、国外资源、行业知识库、作品欣赏和指标索引组成。源数据库主要包含期刊、学位论文、报纸、会议。该平台目前提供基础科学、工程科技Ⅰ辑、工程科技Ⅱ辑、农业科技、医药卫生科技、哲学与人文科学、社会科学Ⅰ辑、社会科学Ⅱ辑、信息科学、经济与管理科学十大专题的期刊、博硕论文、会议、报纸、外文、年鉴、专利、标准、统计数据、法律、成果、古籍、工具书、图片等信息类型的查找与获取。

二、CNKI中国知网出版平台的使用

1. 进入CNKI的几种方法

（1）从长江大学图书馆网站（http://www. lib. yangtzeu. edu. cn 或 http://10. 203. 1. 13）进入，如图6-2和图6-3所示。

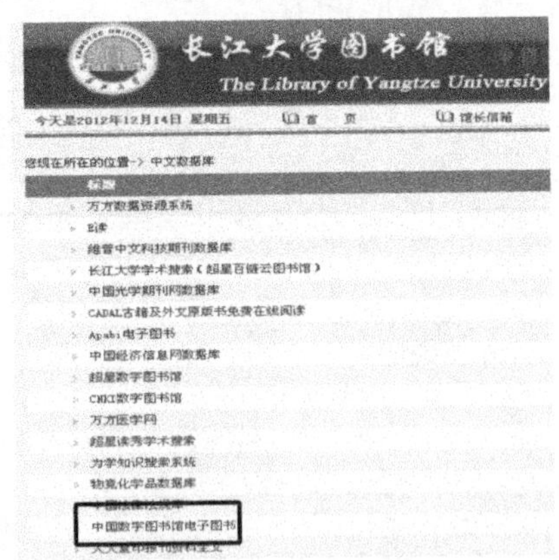

图6-2　长江大学图书馆首页

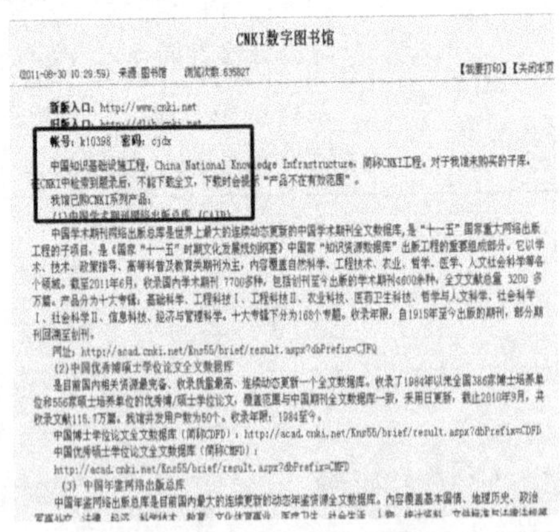

图6-3　CNKI数字图书馆

（2）在长江大学 http://www.yangtzeu.edu.cn 首页上单击“图书馆”进入“电子资源”中的“中文数据库”中的“CNKI 数字图书馆”的新版入口，进入 CNKI 资源总库页面，授权用户单击进入后，页面右上角会自动显示“欢迎，长江大学的朋友”。

（3）从长江大学网页上单击“学术资源”中的“CNKI 中国知网”直接登录进入学术文献总库平台，系统默认的是一框式检索，如图 6-4 和图 6-5 所示。

新平台（KDN）

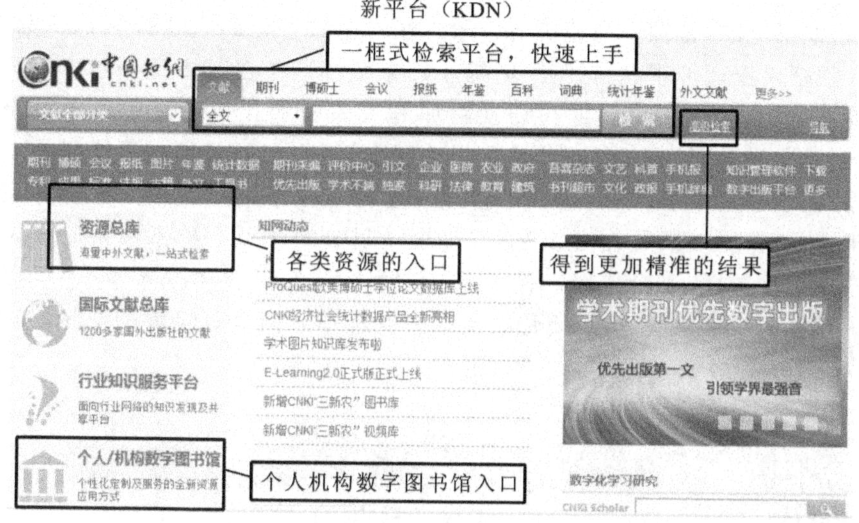

图 6-4　CNKI 中国知网首页

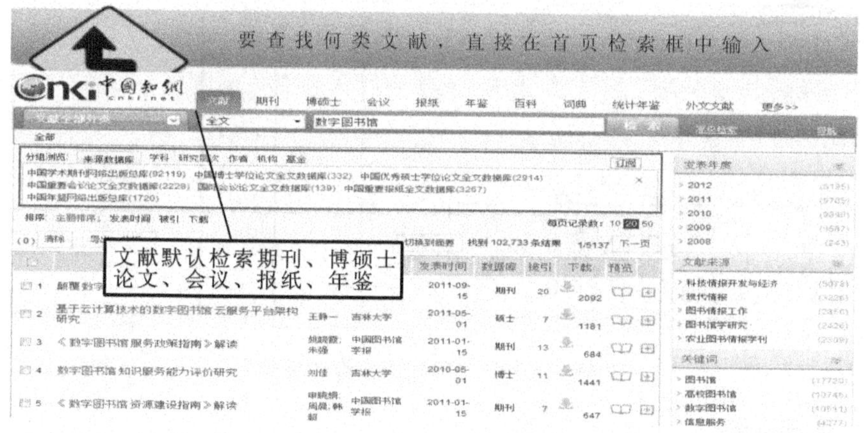

图 6-5　CNKI 中国知网学术文献总库

(4)用户在校园网内直接进 CNKI 新平台地址 http://www.cnki.net 即可访问。老的服务平台 KNS5.0 的网址 http://dlib.cnki.net 已于 2013 年 3 月 1 日终止使用。

2. 框式检索

在该平台下系统默认的是检索 CNKI 平台下的期刊、博硕、会议、报纸、年鉴、标准、专利等文献，又称中国知网跨库平台统一检索。此种检索的特点是方便快捷，效率高，并且可通过二次检索提高查准率。通常采用的是三步检索法(第一步：限定检索范围，包括学科范围等。第二步：选择检索项，输入检索词。第三步：可对检索结果进行分组和排序筛选，缩小结果范围)，单击其中每个单库均可实现单库检索，可以视检索需要随时切换跨库和单库检索。不论是单库还是跨库平台，检索结果默认的都是按检索条件相关度来排序，也可根据需要选择按文献发表时间、主题以及被引、下载次数来排序。还可对检索结果按来源数据库、学科、发表年度、研究层次以及作者及机构、基金项目分组浏览。检索结果完全做到了让用户自主性选择，复合排序。比如选择被引频次高的文献来下载，还可以找出下载次数多的文献来阅读，想要最新文献时就选择当前发表年度的文献，如图 6-6 所示。

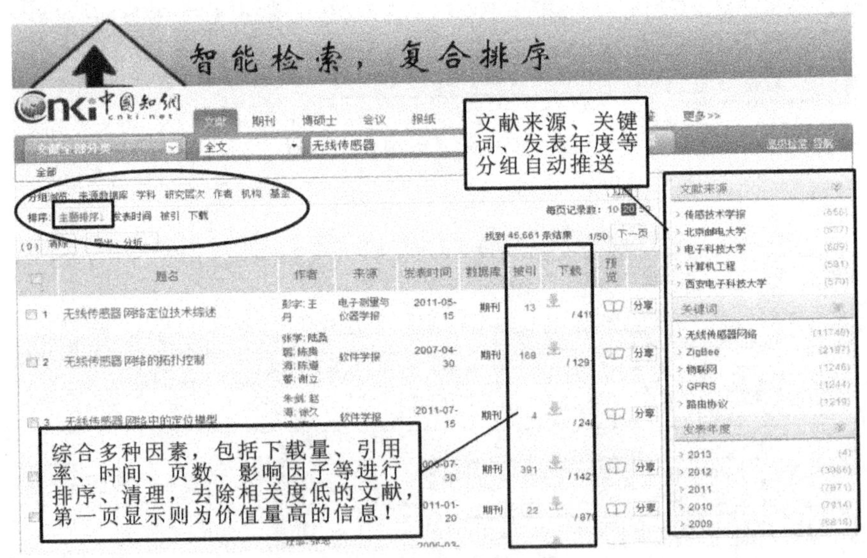

图 6-6　CNKI 中国知网检索结果排序

3. 高级检索

如果一框式检索不能满足文献查找的需求，那就利用高级检索来实现。它可选择更多检索项，检索项名称在下拉列表中显示。单击检索项中的“+”即增加一行检索行，单击“-”会去掉一行检索行。高级检索默认检索CNKI收录文献的全类型的文献，也可自行选定某一类型检索，以达到更加精准的检索目的。设定的检索条件有主题词、篇名、关键词、摘要、参考文献、中图法分类号和全文等途径。不同的检索项提供不同的热点词库，也即输入任何一个检索词，系统都会根据热词词库提供更多的备选项供选择，而且兼容大小写和拼音字母。用户针对某一具体课题进行检索时，可根据不同检索词之间的布尔逻辑组配，检索出需要的信息。还可以选择模糊/精确、词频（指检索词在相应检索项中出现的频次，词频为空表示至少出现1次）来限制检索结果。高级检索页面如图6-7所示。

图6-7　CNKI中国知网高级检索页面

检索控制条件有发表时间、更新时间、文献来源、作者以及作者单位等，支持模糊和精确检索、多次检索，支持中英文扩展检索。

4. 专业检索

专业检索比高级检索功能更强大，它需要用户根据检索系统的语法编制检索式进行检索。此种方式检索结果的查准率较高，适用于熟练掌握检索技术的专业检索人员做查新、信息分析等工作。

专业检索支持以下检索项的检索：SU＝主题，TI＝题名，KY＝关键词，AB＝摘要，FT＝全文，AU＝作者，FI＝第一责任人，AF＝机构，JN＝文献来源，RF＝参考文献，YE＝年，FU＝基金，CLC＝中图分类号，SN＝ISSN，CN＝统一刊号，IB＝ISBN，CF＝被引频次。

注意事项：所有符号和英文字母都必须使用英文半角字符；“AND”“OR”“NOT”三种逻辑运算符的优先级相同；如要改变组合的顺序，须使用英文半角圆括号“()”将条件括起来；逻辑关系符号与(AND)、或(OR)、非(NOT)前后要空一个字节；使用“同句”“同段”“词频”时，需用一组西文单引号将多个检索词及其运算符括起，如“流体 ＃ 力学”。

举例1：查找2006年至2013年在题名中或关键词中含有“数字图书馆”的、发表在《中国图书馆学报》上的、作者为“张”姓的所有文章。

TI或KY＝数字图书馆；YE＝2006—2013；JN＝中国图书馆学报；AU％张

查看检索页面“检索表达式语法”，检索表达式编写为：

(TI＝数字图书馆 or KY＝数字图书馆)and JN＝中国图书馆学报 and AU％张

检索表达式如图6-8所示，发表时间设定为从2006-01-01到2013-01-01，其检索结果如图 6-9 所示。

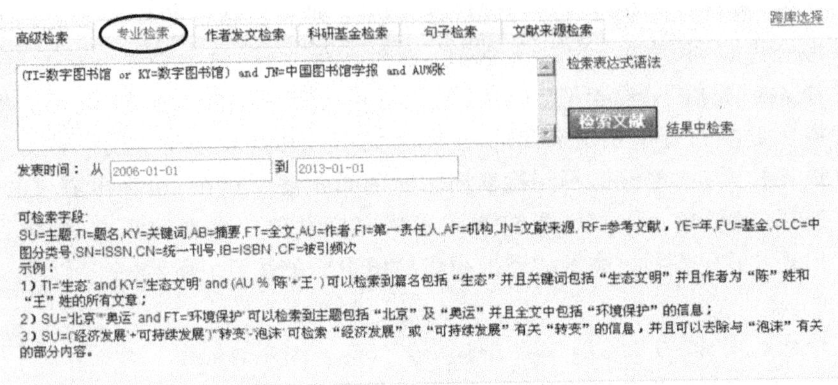

图 6-8 编制检索式

分组浏览：来源数据库 学科 发表年度 研究层次 作者 机构 基金　免费订阅　定制检索式

排序：主题排序 发表时间 被引 下载　每页记录数：10 20 50

(1) 清除　导出、分析…　切换到摘要　找到 12 条结果

	题名	作者	来源	发表时间	数据库	被引	下载	预览	分享
1	基于ECDL的数字图书馆技术结构及其演化研究 优先出版	钱力 张晓林 张智雄	中国图书馆学报	2012-12-13 21:44	期刊		57		
2	颠覆数字图书馆的大趋势	张晓林	中国图书馆学报	2011-09-15	期刊	29	4664		

图 6-9 举例 1 检索结果

5. 作者发文检索

作者发文检索通过作者姓名、第一作者姓名及作者单位等信息查找学者发表的全部文献及被引下载等的情况。通过作者知网节点可以全方位了解作者的主要研究领域、研究成果等情况。

作者发文检索结果页面将通过检索平台检索得到的检索结果以列表形式展示出来。可对检索结果进行分组分析和排序分析，进行反复的精确筛选得到最终的检索结果，同时方便用户进行二次检索。

举例 2：检索长江大学张昌民校长以第一作者身份发文的情况，检索结果如图 6-10 所示。

6. 科研基金检索

科研基金检索通过科研基金名称查找科研基金资助的文献。通过对检索结果的分组浏览，可以全面了解科研基金资助学科范围、发表年度、研究层次、作者等信息。

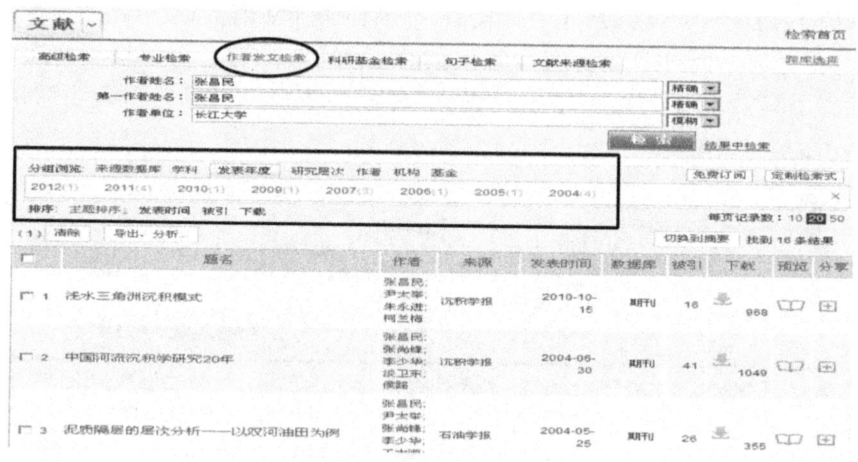

图 6-10　举例 2 检索结果

检索方法：已知基金名称时在检索框中输入待查科研基金名称检索；也可单击检索框右侧的按钮打开新的页面查看所有的科研基金名称，从中选择要查找的某一基金名称下的所有文献；还可以按基金管理单位或管理机构检索需要的基金名称。检索结果可以进行分组和排序筛选：如按学科类别、中文关键词、研究层次、文献作者、作者单位、文献出版来源、研究获得资助、发表年度、来源数据库分组；按相关度、发表时间、被引频次、下载频次排序。

举例 3：查找 CNKI 中“长江学者奖励计划”有哪些文献，结果如图 6-11 所示。

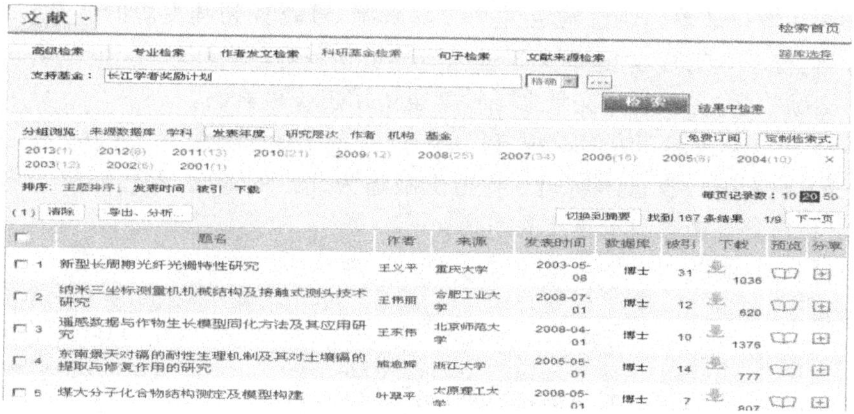

图 6-11　举例 3 检索结果

7. 句子检索

句子检索通过用户输入的两个关键词，查找同时包含这两个词的句子。句子中包含了大量的事实信息，通过检索句子可以为用户提供有关问题的答案。

举例 4:请从 CNKI 数据库中查找出“神经性头痛如何治疗”方面的文献。

分析:这是一个典型的事实问答型的检索案例,可运用句子检索解决问题。可直接使用 CNKI 句子检索,输入关键词“神经性头痛”和“治疗”,检索结果如图 6-12 所示。

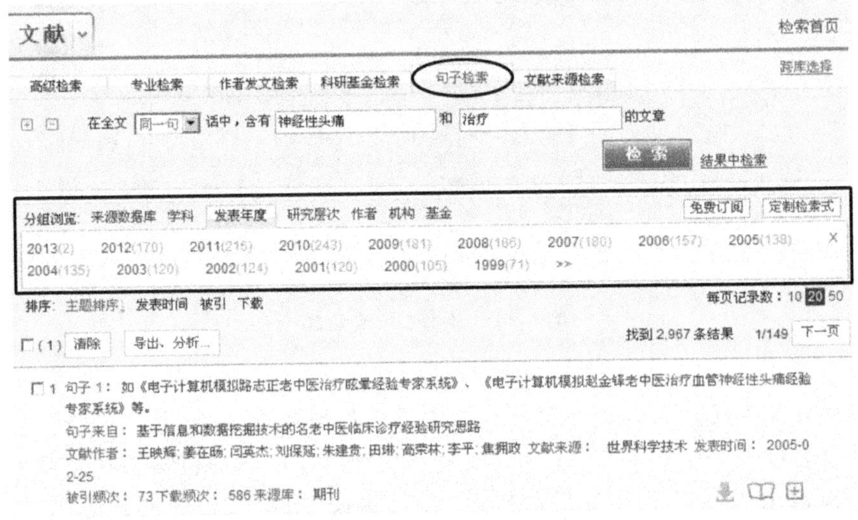

图 6-12 举例 4 句子检索结果

8. 文献来源检索

文献来源检索包括期刊来源、博士学位授予点、硕士学位授予点、报纸来源、年鉴来源和辑刊来源。通过确定这些文献来源,可查找到其出版的所有文献,再利用分组、排序等工具,对这些文献进一步分析和调研。

与文献检索方法相似,文献来源检索也采用三步检索法。

举例 5:以学术期刊为例,检索刊名中包含“图书馆”,且被北大《中文核心期刊要目总览(第六版)》收录的期刊。找出出版地为北京的期刊,并按照复合影响因子排序,找出复合影响因子最高的期刊。

题目分解如下。

检索项:刊名

检索词:图书馆

来源范围:中文核心期刊要目总览(第五版)

分组:出版地

排序:复合影响因子

检索结果:刊名中包含“图书馆”的核心期刊,且出版地在北京,复合影响因子最高的是由中国图书馆学会、国家图书馆主办的《中国图书馆学报》,如图 6-13 所示(说明:此图是在旧版界面下得到的)。

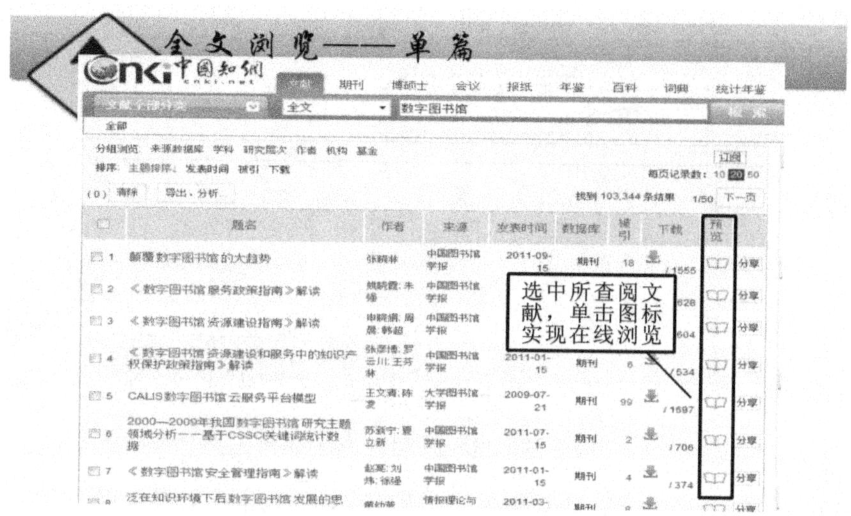

图 6-13　举例 5 检索结果

9. 全文浏览与下载

对于长江大学图书馆购买的全文文献可以在 IP 段内全部下载，对未购买的可以免费查看论文摘要部分，可采取文献传递方式获取电子版全文。最新版拓展了功能，在每条检索结果上都增加了“预览”和“分享”按钮，单击“预览”按钮可以直接在线阅读文献的全文，如图 6-14 和图 6-15 所示。下载全文后需先在计算机上安装全文浏览器，目前 CNKI 所有类型的文献支持的全文浏览器有 CAJ 和 PDF

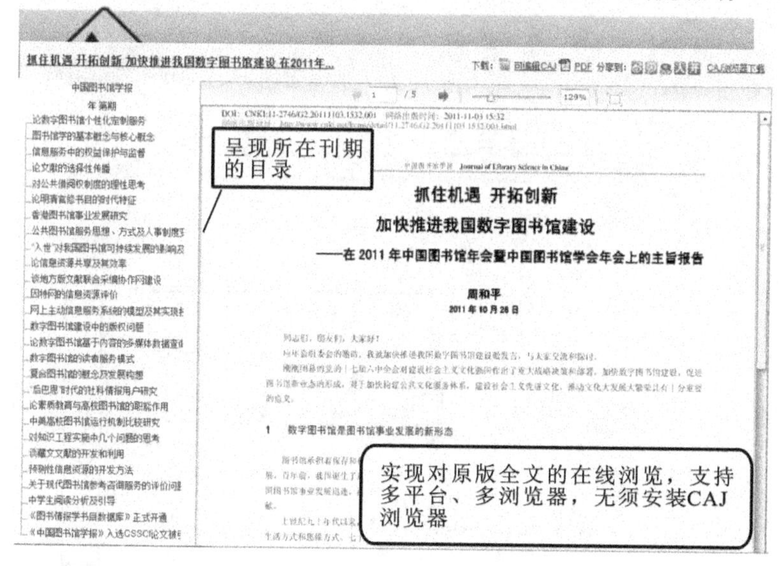

图 6-14　预览所检索文献全文

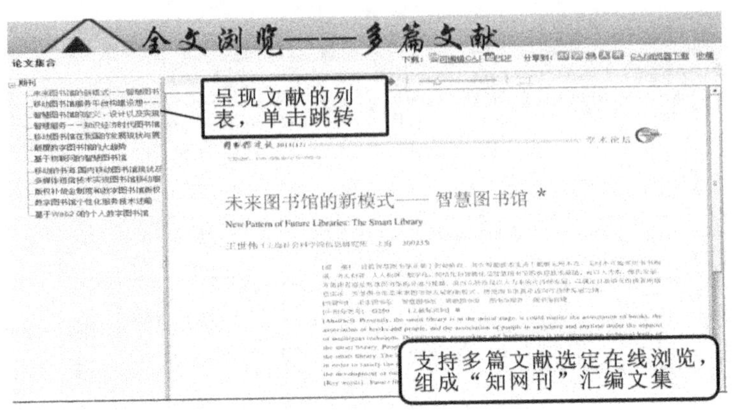

图 6-15　全文浏览——多篇文献

两种格式。CAJ Viewer 全文浏览器是中国知网的专用全文格式阅读器，利用它可阅读编辑 CNKI 系列数据库文献。CAJ Viewer 兼容 CNKI 格式和 PDF 格式文档，是一个智能浏览器，充分吸取了当前市场上各种同类主流产品的优点，可阅读处理不同格式的文献、行文内检索定位、分类管理常用文献(我的书架)、文档标注、相关文献调用、知识元链接、远程信息传递交流讨论等，截至目前，已发布多个版本，经过多次升级，目前最新版本为 CAJ Viewer 7.2。单击"分享"按钮即可将相关文献直接分享到微博、网易、开心网、人人网等，将好文章、新观点传达给他人时刻关注，如图 6-16 和图 6-17 所示。

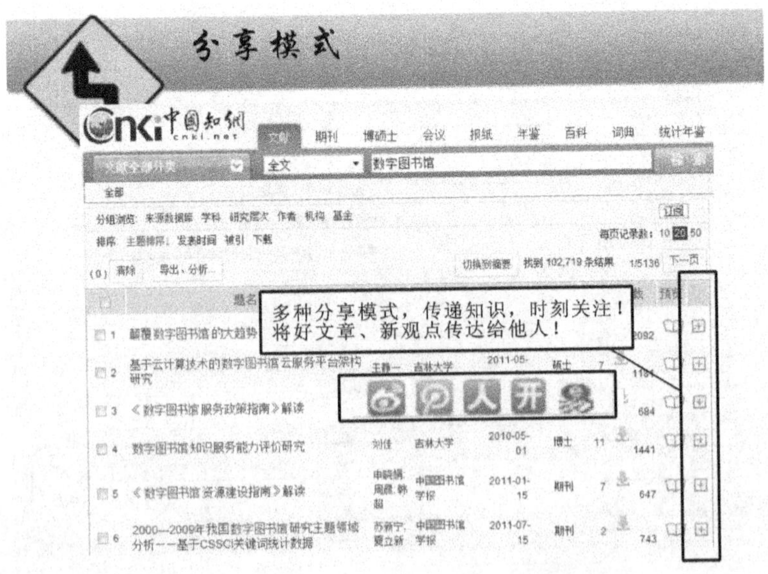

图 6-16　CNKI 中国知网文献多种分享模式

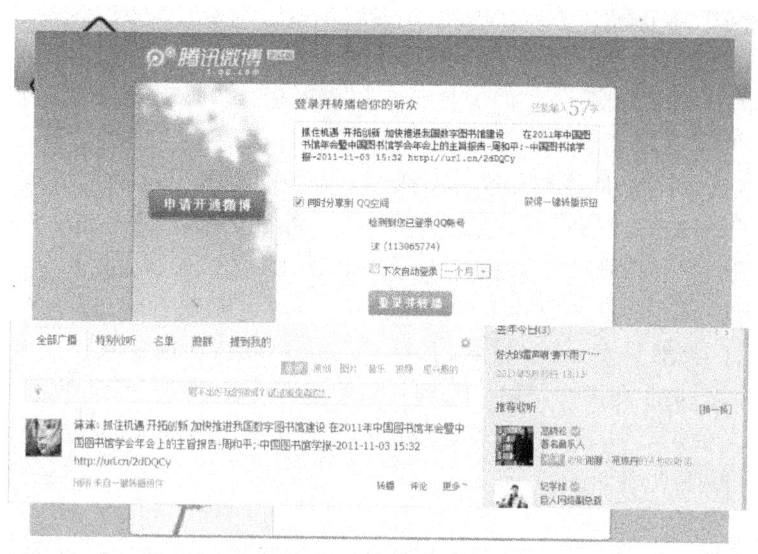

图 6-17　分享至微博

10. 特色功能

CNKI 平台除上述功能外，还有一个特点，就是将每篇文献当作节点文献来进行深度信息挖掘，提供深层直观文献分析功能。和大多数数据库一样，它在每一篇检索结果文献题目下除了给出常规的文献题录摘要信息外，用户还可以根据每篇文献的关键词，以及摘要中提供的主题词取舍自己是否需要本篇文献的全文。对于有些权威的学术价值较高的文献，还可借鉴其数据库标引的中英文关键词和摘要中提供的主题词，为进一步检索提供线索。此外，CNKI 给出了每篇文献在 CNKI 总库平台中各个子库中的相关文献和相似文献、同行关注文献，对于学位论文，还可找出同一导师文献、同一作者文献，等等。对于前沿的、攻关的研究课题来讲，查找的文献量少时，这一特点非常有利于找到相关的参考文献。这是目前其他各类数据库少有的独到之处，如图 6-18 所示。

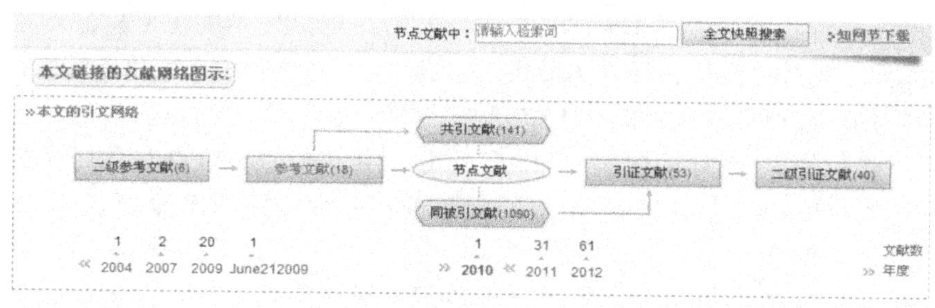

图 6-18　查找相关文献

11. 知网工具书库

CNKI知识出版平台提供了知识元搜索平台的超级链接，如本馆购买的知网工具书库，就是知识元平台中的一种。它集成了近200家知名出版社的3 000余部工具书，类型有汉语词典、双语词典、专科辞典、百科全书、医学图谱、年表、手册、语录等，包括汉语大词典出版社出版的《汉语大词典》和《康熙字典》在线检索系统、商务印书馆的精品工具书数据库、中国大百科全书出版社出版的《中国大百科全书》数据库(第三版)，以及中央编译出版社出版的《中国京剧艺术百科全书》多媒体数据库等。所有条目均由专业人士撰写，内容涵盖哲学、文学艺术、社会科学、文化教育、自然科学、工程技术、医学等各个领域。知网工具书库除实现了库内知识条目之间的关联外，每一个条目后面还链接了相关的学术期刊文献、博硕士学位论文、会议资料、报纸、年鉴、专利等，帮助人们了解最新进展，发现新知，开阔视野。其检索页面如图6-19所示。

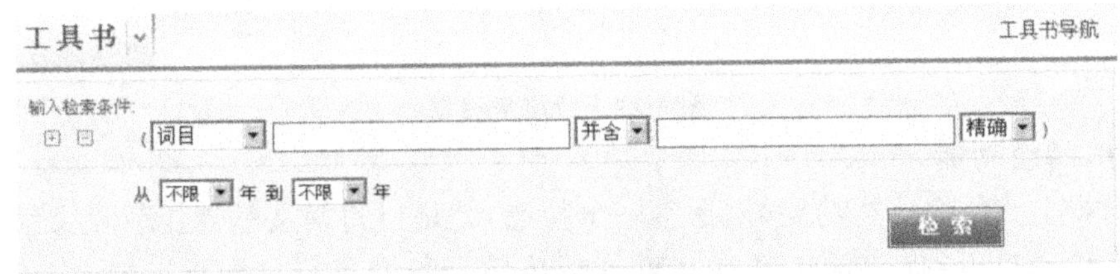

图6-19　知网工具书库检索页面

12. 个性化服务——创建机构或个人数字图书馆

机构数字图书馆采用一站式教科研服务平台理念，为机构提供资源整合服务、学科发展情报服务、科研支持服务和项目管理信息服务等。

个人数字图书馆集数字化文献馆、情报信息系统和学习研究平台于一体，为个人提供个性化、交互式学习研究的平台。个人用户可按需定制资源、检索平台、功能、情报服务。该平台提供了超越一般的资源订阅方式，为用户提供了个性化、交互式学习研究的空间。在资源方面，该平台支持对数据库专辑、学科专业、整刊资源，以及各种类型单篇文献的定制，使个人用户可以按不同需要定制网络出版总库的资源，随时关注课题最新进展，在个人数字图书馆建构个性化资源馆。

如果机构管理员给用户的个人馆开通了漫游服务，那么用户享受的免费下载服务将不受单位IP地址的限制；可以将机构馆中发布的单位自有数据库配置到用户的个人馆中，与“中国知网”出版的资源进行跨库检索或单库检索；个人馆将即时收到来自用户单位发布的消息、通知，并配置与机构馆的链接入口，由此可以直接进入单位的机构馆。个人馆还可连通到上级机构馆，具有“漫游”功能，开通即可在任意地点使用，可免费下载机构定制的资源。

个性化服务页面如图6-20所示。

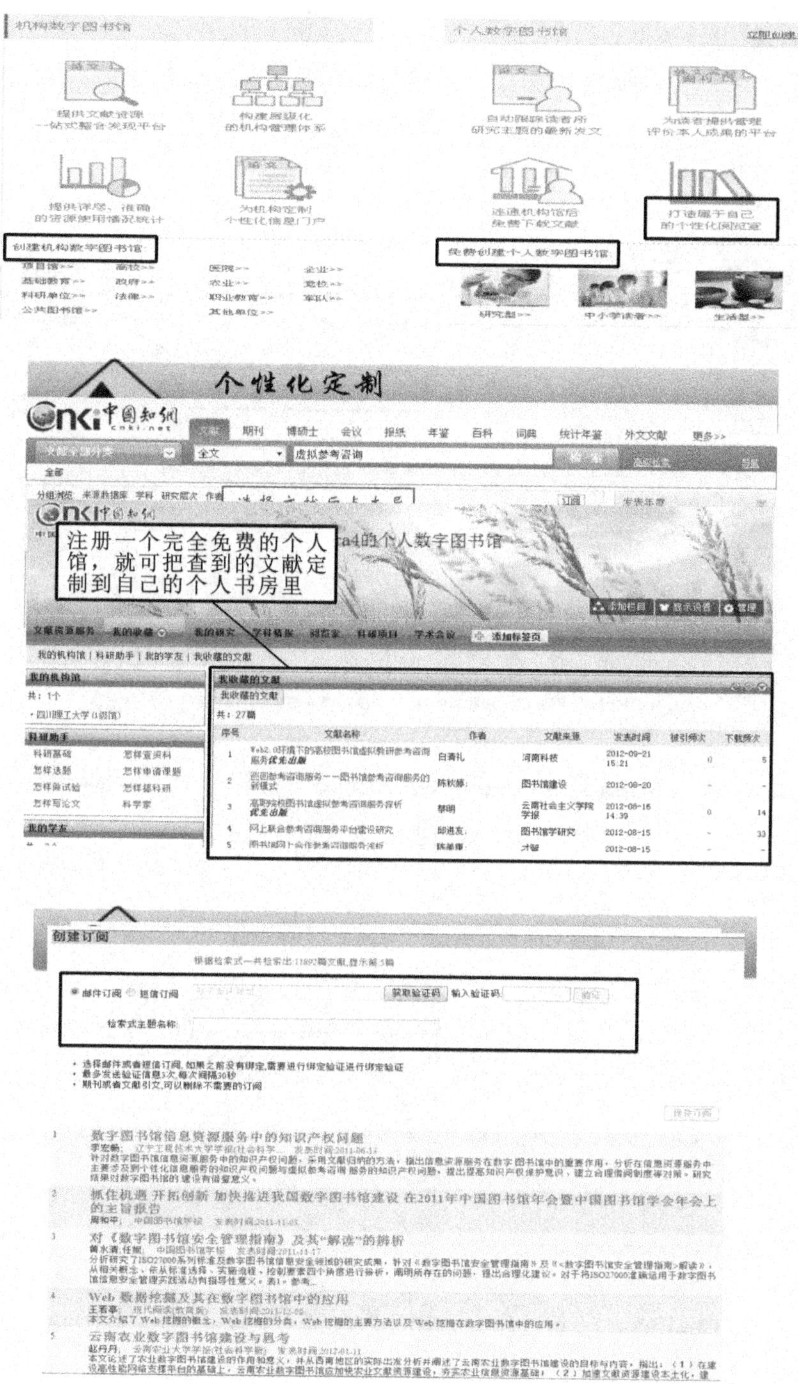

图 6-20　个性化服务页面

13. 举例

利用 CNKI 查找“研究生物柴油制备”方面的文献。步骤如下：①快速查找、获取相关文献，如图 6-21 所示；②查找更准确的文献，选择高级检索，如图 6-22 所示；③文献分析管理，如图 6-23 所示；④阅览文献，如图 6-24 所示；⑤分享文献，如图 6-25 所示。

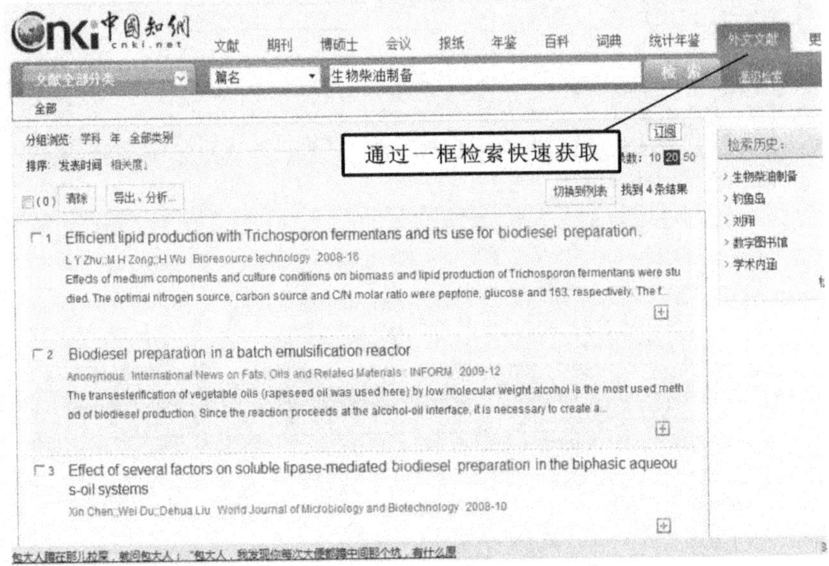

图 6-21　快速查找、获取相关文献

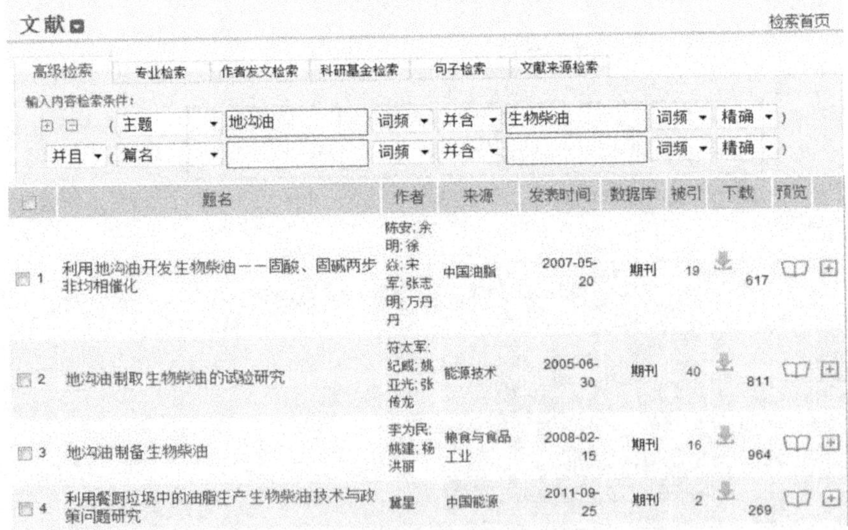

图 6-22　利用高级检索精确查找文献

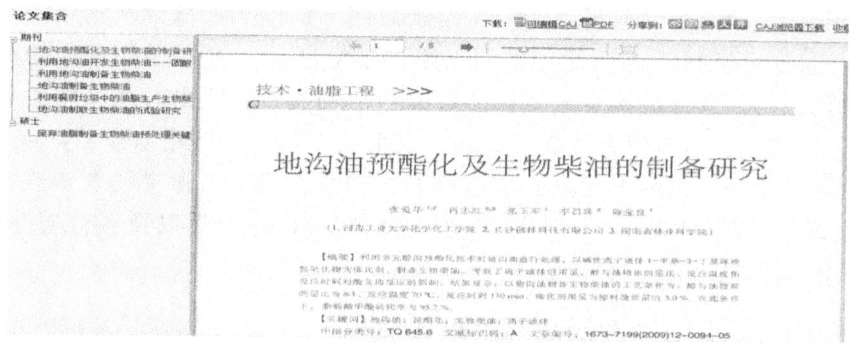

图 6-23　对所查找文献进行分析管理

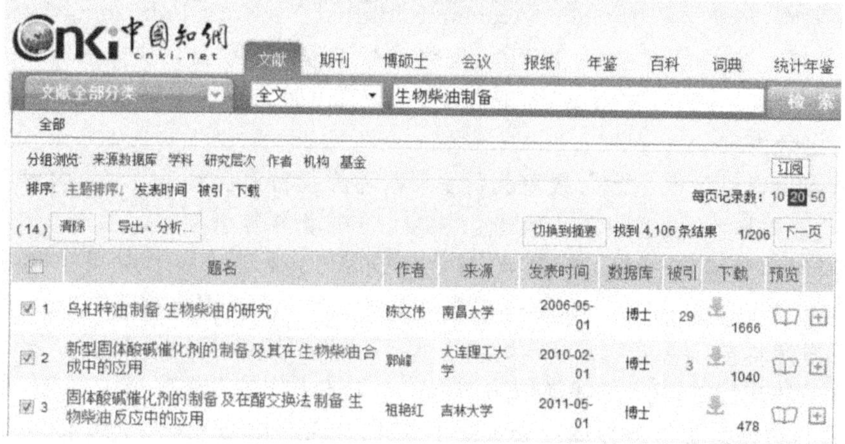

图 6-24　阅览文献

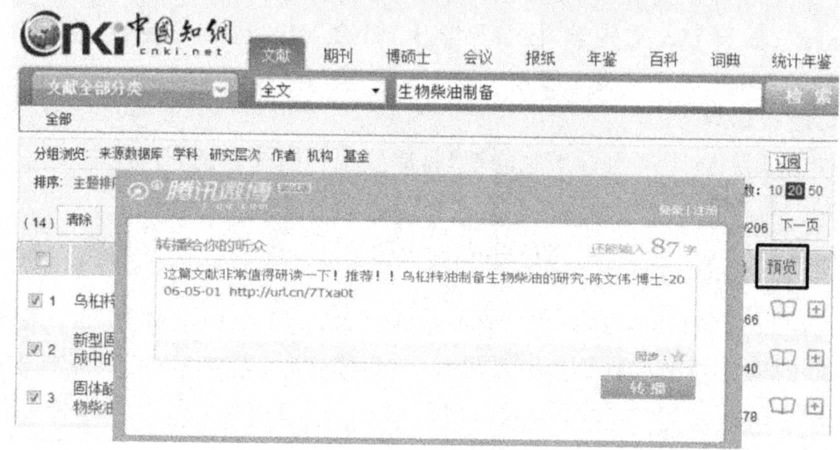

图 6-25　分享所查找的文献

因长江大学图书馆购买了CNKI出版总库下的期刊和博硕士学位论文全文库，故在长江大学校园网IP地址范围内用户可免费下载全文，但下载时受并发用户数量的限制。全部资源及未授权的资源可以利用CNKI出版总库检索平台按设定的检索项查找，免费查看文献的题录及摘要内容。校园网以外用户或CNKI未授权用户须购买知网卡或是到充值中心充值后方可下载所要的资源全文。充值的方式多样，有知网卡、银行卡、移动手机短信、固定电话以及支付宝等，还有CNKI会员卡、机构卡等使用方式。

三、CNKI中国学术期刊网络出版总库

中国学术期刊网络出版总库是世界上最大的连续动态更新的中国学术期刊全文数据库，英文名称为China Academic Journal Network Publishing Database，简称CAJD。它是国家"十一五"重大网络出版工程的子项目，是《国家"十一五"时期文化发展规划纲要》中国家"知识资源数据库"出版工程的重要组成部分。

1. 出版内容

出版内容以学术、技术、政策指导、高等科普及教育类期刊为主，内容覆盖自然科学、工程技术、农业、哲学、医学、人文社会科学等各个领域。截至2012年10月，收录国内学术期刊7 900多种，其中创刊至1993年的学术期刊3 500余种，1994年以来的学术期刊7 700余种，全文文献总量3 500多万篇。

2. 资源特色

资源特色如下：核心期刊收录率为96%；特色期刊（如农业、中医药等）收录率达100%；独家或唯一授权期刊共2 300余种，约占我国学术期刊总量的34%。

3. 专辑专题

产品分为十大专辑，包括基础科学、工程科技Ⅰ、工程科技Ⅱ、农业科技、医药卫生科技、哲学与人文科学、社会科学Ⅰ、社会科学Ⅱ、信息科技、经济与管理科学。十大专辑下分为168个专题。

4. 收录年限

收录了自1915年至今出版的期刊，部分期刊回溯至创刊。

5. 产品形式

产品的形式有Web版（网上包库）、镜像站版、光盘版、流量计费。

6. 出版时间

出版时间分为日出版和月出版两种。日出版：中心网站版、网络镜像版，每个工作日出版，法定节假日除外。月出版：网络镜像版、光盘版，每月10日出版。

说明一点，中国学术期刊网络出版总库收录的期刊均已有印刷版，电子版的速度要晚于印刷版；发行方式有光盘版和网络版两种。光盘版以整库和专题库等几种不同的形式供用户按需选择。网络版分为全文数据库和题录数据库两种，前

者为收费服务，后者免费提供。

7. 检索

选择期刊单库后，进入高级检索页面，根据期刊的著录特点，检索途径比跨库平台增加了刊名、ISSN、CN、期等检索入口，增加了刊源选择复选框，如全部期刊、SCI 来源期刊、EI 来源期刊、核心期刊、CSSCI（中文社会科学引文索引）等，如图 6-26所示。高级检索的优点：为用户提供更灵活、方便的构造检索式的检索方式，可同时控制多个检索项和检索词，最多控制 7 个检索条件行。高级检索还可同时通过“发表时间”缩小检索范围，如图 6-27 所示。

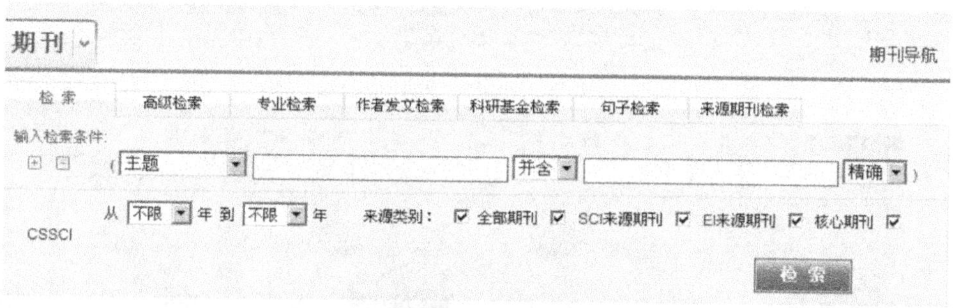

图 6-26　CAJD 刊源选择复选框示例

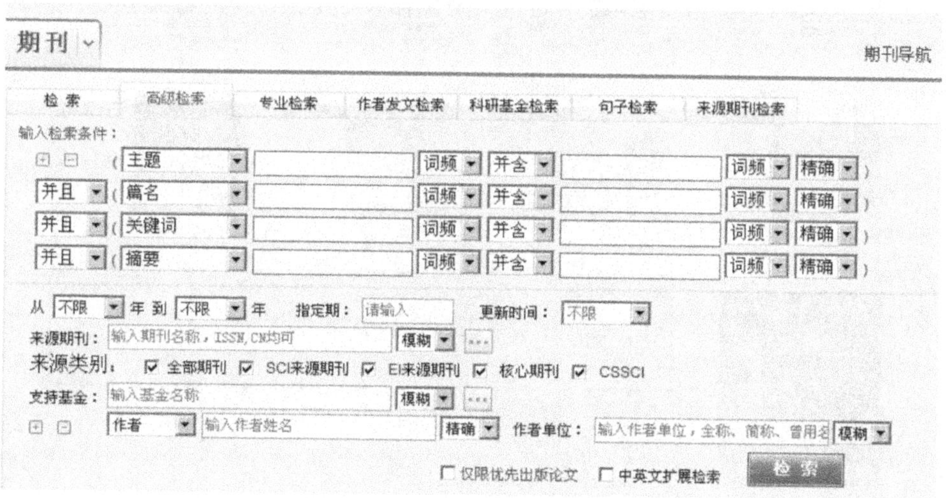

图 6-27　CAJD 高级检索

8. 期刊导航

导航功能可供用户按刊名查找 11 个大类下的每种刊以及核心刊，还可以按刊名查找每种期刊下每一期的每一篇文章，如图 6-28 所示。

图 6-28　CAJD 期刊导航

四、CNKI 中国优秀博硕士论文库

1. 数据库简介

CNKI 中国优秀博硕士论文库是目前国内相关资源较完备、高质量、连续动态更新的中国优秀博硕士学位论文全文数据库，至 2012 年 10 月，累计收录博硕士学位论文全文文献 170 多万篇。

2. 出版内容

出版内容覆盖基础科学、工程技术、农业、医学、哲学、人文、社会科学等各个领域。

3. 文献来源

文献来源为全国 404 家培养单位的博士学位论文和 621 家硕士培养单位的优秀硕士学位论文(数据截至 2012 年 10 月)。

4. 专辑专题

产品分为十大专辑：基础科学、工程科技Ⅰ、工程科技Ⅱ、农业科技、医药卫生科技、哲学与人文科学、社会科学Ⅰ、社会科学Ⅱ、信息科技、经济与管理科学。十大专辑下分为 168 个专题。

5. 收录年限

收录了自 1984 年以来的博硕士学位论文。

6. 产品形式

产品的形式有 Web 版(网上包库)、镜像站版、光盘版、流量计费。

7. 出版时间

出版时间分为日出版和月出版两种。日出版：中心网站版、网络镜像版，每个工作日出版，法定节假日除外。月出版：网络镜像版、光盘版，每月 10 日出版。

8. 检索途径

除主题、题名、关键词、中图分类号、摘要、全文和参考文献外，结合学位论文特点增加了目录、导师、学位授予单位、学科专业名称等 4 个检索点。检索控制条件有学位授予年度、学位授予单位、优秀论文级别等。

本数据库支持普通检索和高级检索，支持词频限制条件检索，可同时选定多种检索途径用布尔逻辑算符限制，一次性达到检索目的，如图 6-29 和图 6-30 所示。

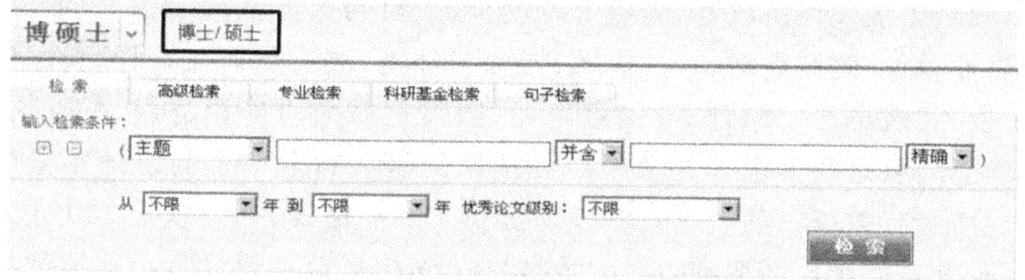

图 6-29　CNKI 中国优秀博硕士论文库普通检索页面

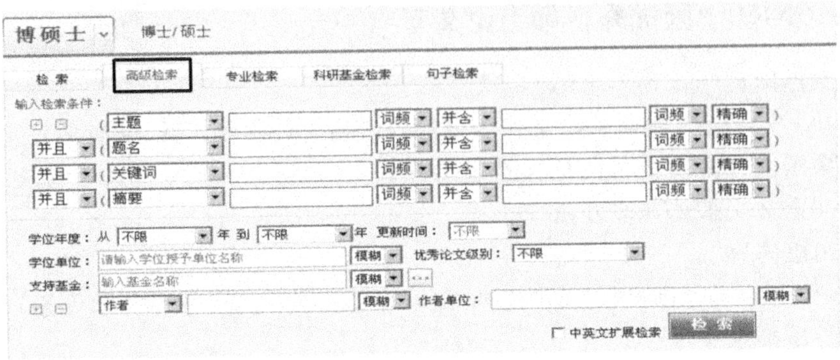

图 6-30 CNKI 中国优秀博硕士论文库高级检索页面

五、CNKI 出版总库中的其他子库

除上述期刊和学位论文库以外，CNKI 出版总库中还有会议资料、报纸、年鉴、统计数据、工具书、专利、标准、成果、法律、图片、古籍、引文、学术辑刊、高等教育、精品科普、精品文化、精品文艺作品、党建期刊、经济信息、政报公报、外文文献库等。各库收录内容如下。

会议文献库：重点收录 1999 年以来中国科协系统及国家二级以上的学会、协会，高校、科研院所，政府机关举办的重要会议以及在国内召开的国际会议上发表的文献。其中，国际会议文献占全部文献的 20%以上，全国性会议文献超过总量的 70%，部分重点会议文献可回溯至 1953 年。

报纸数据库：收录 2000 年以来中国国内重要报纸刊载的学术性、资料性文献的连续动态更新的数据库。

中国年鉴库：目前国内最大的连续更新的动态年鉴资源全文数据库，收录自 1949 年以来的年鉴。内容覆盖基本国情、地理历史、政治军事外交、法律、经济、科学技术、教育、文化体育事业、医疗卫生、社会生活、人物、统计资料、文件标准与法律法规等各个领域。

统计数据库：目前国内最大的连续出版的以统计年鉴（资料）为主体的数值型数据库，收录了国民经济核算、固定资产投资、人口与人力资源、人民生活与物价、各类企事业单位、财政金融、自然资源、能源与环境、政法与公共管理、农民农业和农村、工业、建筑房产、交通邮电信息产业、国内贸易与对外经济、旅游餐饮、教育科技、文化体育、医药卫生等各个领域和国民经济各行业的各类统计年鉴（资料）和最新经济运行数据。各类统计图表均提供 Excel 格式，提供基于 160 余万统计指标、超过 800 万个时间序列数据的数据挖掘分析平台和超过 2.2 亿笔数据的数值搜索平台。收录年限自 1949 年至今。

专利数据库：包含从 1985 年至今的中国专利全文数据库（知网版）和从 1970 年至今的海外专利摘要数据库（知网版）。专利相关的文献、成果等信息来源于 CNKI 各大数据库。可以通过申请号、申请日、公开号、公开日、专利名称、摘要、分类号、申请人、发明人、优先权等检索项进行检索。国内专利一次性下载专利说明书全文，国外专利说明书全文链接到欧洲专利局网站。

标准数据库：国内数据量最大、收录最完整的标准数据库，分为中国标准题录数据库、国外标准题录数据库、国家标准全文数据库和中国行业标准全文数据库。中国标准题录数据库收录了所有的中国国家标准（GB）、国家建设标准（GBJ）、中国行业标准的题录摘要数据，共计标准约 13 万条；国外标准题录数据库收录了世界范围内的重要标准，如国际标准（ISO）、国际电工标准（IEC）、欧洲标准（EN）、德国标准（DIN）、英国标准（BS）、法国标准（NF）、日本工业标准（JIS）、美国标准（ANSI）、美国部分学协会标准等标准的题录摘要数据，共计标准约 31 万条；国家标准全文数据库收录了由中国标准出版社出版的、国家标准化管理委员会发布的所有国家标准，占国家标准总量的 90%以上；中国行业标准全文数据库收录了现行、废止、被代替以及即将实施的行业标准，全部标准均获得权利人的合法授权。标准的内容来源于中国标准化研究院国家标准馆，相关的文献、专利、成果等信息来源于 CNKI 各大数据库。可以通过标准号、中文标题、英文标题、中文关键词、英文关键词、发布单位、摘要、被代替标准、采用关系等检索项进行检索。

中国科技项目创新成果鉴定意见数据库（知网版）：主要收录从 1970 年至今正式登记的中国科技成果，按行业、成果级别、学科领域分类。每条成果信息包含成果概况、立项、评价，知识产权状况及成果应用，成果完成单位、完成人等基本信息，部分成果回溯至 1920 年。

国学宝典数据库：一套面向中文图书馆、中国文化研究机构、专业研究人员和文史爱好者的中华古籍全文资料检索系统。收录上起先秦、下至中华民国两千多年的所有用汉字作为载体的历代典籍，并收录了清代至当代学者对相关古籍研究的重要成果。该数据库中收录典籍均为文史研究人员常用的资料，具有极高的实用价值。

中国引文数据库：收录了 1912 年至今中国学术期刊（光盘版）电子杂志社出版的所有源数据库产品的参考文献，涉及期刊类型、学位论文类型、会议论文类型、图书类型、专利类型、标准类型、报纸类型等超千万次被引文献。该库通过揭示各种类型文献之间的相互引证关系，不仅可以为科学研究提供新的交流模式，同时也可以作为一种有效的科学管理及评价工具。

中国学术辑刊全文数据库：收录 1979 年至今由学术机构定期或不定期出版的成套论文集，是目前国内唯一的学术辑刊全文数据库。

中国高等教育期刊文献总库：简称高教期刊总库，收录 1979 年至今我国正式出版发行的高等教育教学类期刊及其他学术期刊中与高等教育教学有关的文献，是全面集成、整合我国高等教育、职业教育、教学类期刊文献的全文数据库，为高等院校和职业院校的教育、教学研究、学校管理、教师备课、学生学习等提供相关信息资源。

中国精品科普期刊文献库：简称科普期刊库，择优收录 1979 年至今我国精品大众科普期刊文献，面向高校、科研、企业和政府等各类机构及社会大众，以集成网络化出版形式传播科普知识。该数据库内容丰富，大到宇宙的奥秘，小到身边的话题，涉及科普动态、前沿科技、人文社科、自然科学与技术、生命与健康、农业等诸多领域，是开阔读者眼界，提高公众科学素养的一个重要窗口。

中国精品文化期刊文献库：择优收录 1979 年至今我国文化类精品期刊文献；对文献进行规范著录、标引和深度加工，以集成化网络出版形式普及文化知识，通过先进的知识整合技术提供内容链接、个性化服务等增值服务功能，以更好、更广泛地满足人们对精品文化期刊的阅读、欣赏、利用、评论、交流、保存等各方面的需求；全力打造我国第一个专业化的大众文化期刊数字出版传播平台、各类文化知识的学习平台和文化产品出口平台，以满足文化期刊数字化、国际化出版和建设学习型社会的需要。

中国精品文艺作品期刊文献库：简称文艺作品期刊库，择优收录 1979 年至今我国正式出版发行的文艺类期刊，并以篇为单元收录其他期刊发表的同类文献，是面向社会大众和各类机构，以集成化网络出版方式传播文艺作品的全文数据库。它采用了适合于检索各类体裁的文艺作品的元数据框架，经过专门加工，提供适用的检索系统。该库充分满足读者的各种个性化服务需求，成为大众读者的欣赏交流平台，可支持专业人员阅读、鉴赏、学习。此外，它采用全数字化信息加工技术，支持数字资源战略馆藏建设。

中国党建期刊文献总库：简称党建库，收录自 1979 年至今的党建期刊。内容覆盖党建理论、方针政策、动态信息、党史研究、领导科学、管理科学等执政经验和党建工作的其他各个方面。党建库对各类党建文献和有关民主党派类的文献进行分类汇编，并提供与该类期刊文献相适应的先进检索系统，为各类党政机关和关心党建和民主党派工作的人士提供完整的信息查询服务，是我党进行政策理论研究、党员管理、干部队伍建设的重要宣传媒体。

中国经济信息期刊文献总库：简称经济信息库，全面收录 1979 年至今经济信息类期刊，目前共收录财经类期刊 123 种及其他期刊(4 000 余种)中的财经类文献。经济信息库对经济信息类期刊文献进行规范著录、标引和深度加工，通过提供与该类期刊文献相适应的先进检索系统，采用先进的知识整合技术，提供内容链接、个性化服务等增值服务，可作为企业、行业协会、各级政府部门、各类经济研究机构和社会公众等的一个系统性、权威性的微宏观经济信息及其分析报告的检索系统与分析平台。

中国政报公报期刊文献总库：简称政报公报库，全面收录从创刊至今的政报、公报、公告和文告类期刊，对国家和地方法律法规、各级政府和政府部门文件、专利商标文件、经济与贸易政策、政务文件等进行了分类汇编，为各类机构和全社会提供有关法律法规、经贸政策、知识产权等相关信息检索服务，是中央与地方政策法规、各级政府“红头文件”的一站式检索工具。

外文文献库：收录了40多家国际著名出版商的期刊文献题录数据，其中包括Springer、Taylor & Francis、John Wiley & Sons、Wolters Kluwer、Emerald、剑桥大学出版社、英国皇家物理学会（Institute of Physics）、美国数学学会（American Mathematical Society）等。文献共计超过5 000万篇，可以通过篇名、关键词、作者、作者单位、刊名、ISSN等项进行检索，可免费浏览题录信息，全文下载由各大出版商平台提供。文献最早可追溯至1840年，为国内用户提供跨平台、一键式外文检索服务，部分OA（open access）期刊可实现全文免费下载。

第三节　超星数字图书馆

一、超星公司简介

超星公司（全称为北京世纪超星信息技术发展有限责任公司）成立于1993年，是国内专业的数字图书资源供应商和数字图书馆解决方案提供商。超星公司拥有先进的图书资料数字化生产线，年加工能力为20余万种图书。丰富的资源积累、领先业界的加工技术、一流的数字化生产线，保证了超星数字图书馆资源丰富、全面和更新及时。

2000年1月，超星数字图书馆在互联网上正式开通，它是国家“863”计划（国家高技术研究发展计划）中国数字图书馆示范工程项目，是全国最大的中文数字图书馆。近20年来坚持数字化，截至2012年年底共数字化图书全文240万册、330余万种书目，以年15万～20万种递增。超星数字图书馆包含图书资源涵盖中图法22大类，且数据更新快，新书数据上架周期短。丰富的图书资源不仅能够满足用户不同的专业需要，而且能随时为用户提供最新、最全的图书信息。

超星数字图书馆的主要产品有超星电子图书、读秀学术搜索、百链云图书馆以及超星学术视频和超星移动图书馆等。

超星数字图书馆自主研发的超星阅览器是国内目前技术最成熟、使用群最广的专业阅览器，支持多种格式的电子图书和文档的阅读、下载、打印，还具有图书标签、资源整理、网页采集、个人图书馆等多种特色功能。

二、超星数字图书馆百万书库

1. 简介

超星数字图书馆百万书库书目齐全，内容丰富，文理兼收，可多人同时浏览、下载、打印，并具有文字识别功能。如果需要下载超星数字图书馆中的图书，必须注册后使用，长江大学校园网用户不必购买读书卡，首次使用直接注册即可。

2. 使用流程

超星数字图书馆使用流程如图 6-31 所示。

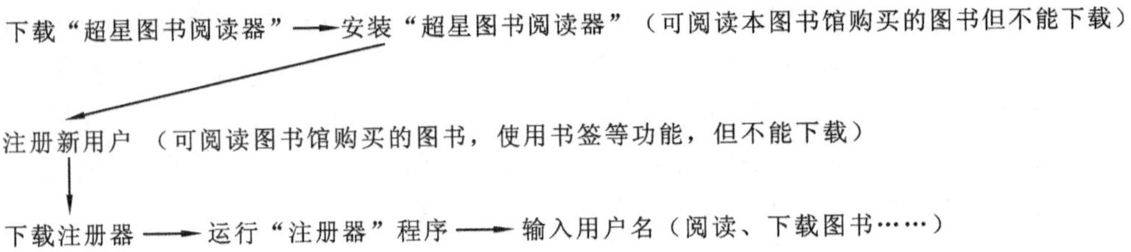

下载“超星图书阅读器”→安装“超星图书阅读器”（可阅读本图书馆购买的图书但不能下载）

→注册新用户（可阅读图书馆购买的图书，使用书签等功能，但不能下载）

↓

下载注册器→运行“注册器”程序→输入用户名（阅读、下载图书……）

图 6-31 超星数字图书馆使用流程

注册后，在联网状态下，凭借用户名、密码可在多台计算机上阅读、下载图书。

3. 本校读者进入方式

进入超星数字图书馆的方式有 3 种：①学校主页—图书馆主页—中文数据库—超星数字图书馆；②学校主页“学术搜索”—超星数字图书馆；③图书馆主页—中文数据库—超星数字图书馆。

当前，长江大学以远程包库和本地镜像库的方式购买了超星数字图书馆的电子图书，其中远程包库的电子图书有 100 万种（书目是动态的，内容有更新，总量不变），本地镜像库包括 10 万种文本书和 40 万种图片书（包含在 100 万种内）。具体链接地址和使用如下。

1）超星远程包库

链接地址是 http://hn.sslibrary.com/library.jsp，此为超星数字图书馆的主站入口，资源随时更新。

注意：进入超星数字图书馆主站入口时可能会出现登录的页面，在此页面的上面有“镜像站一”“镜像站二”两个入口，单击任一镜像站即可进入主页面。超星远程包库提供在线浏览、打印、下载、个人书签等服务。

2）超星本地镜像库

链接地址为 http://10.203.1.234:8080，提供在线浏览、打印、下载、个人书签等服务，部分文本书不提供下载。和图片书相比，文本书在内容上为近几年出版的新书和出版年代久远但利用率较高的图书，两个库有少量重复。此种访问方式，安装在长江大学图书馆服务器中，访问速度较快。

4. 检索方法

超星数字图书馆的检索功能简单，图书的书名、作者、主题词、全文任意词以及出版日期都可作为检索字段，安装超星图书阅读器后，即可查看图书内容。

1）简单检索

简单检索也称快速检索，只提供书名、作者和全文检索三种检索途径检索，只有一个检索框，支持单条件检索，但对检索结果可进行二次检索，以达到查准的目的，如图 6-32 所示。

图 6-32　超星数字图书馆简单检索页面

2）高级检索

高级检索适合多条件检索，支持书名、作者和主题词三种途径之间的布尔逻辑组配检索，还可通过图书出版年进行限定，这样可以一次性达到准确查找图书的目的，如图 6-33 所示。

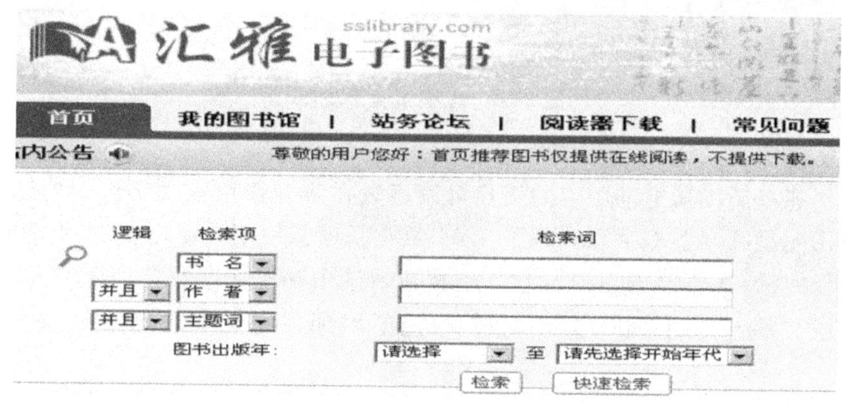

图 6-33　超星数字图书馆高级检索页面

3）分类检索

从超星数字图书馆主页右侧的“图书分类”中进入下一级目录，即可找到想要查看的图书名称。

提示：长江大学在校师生在使用超星数字图书馆上述三类检索方法查找图书时，如果某些图书无法打开，建议使用超星读秀学术搜索，可以查看试读页，或是利用文献传递功能达到阅读图书全文的目的。

5. 阅读和下载

1）阅读功能

当用户查找到自己想要查看的图书后，对本馆购买的远程包库的百万册图书，可以直接用网页浏览器阅读图书，也可下载超星阅读器阅读图书的全文。对于本地镜像库中的图片书和文本书只能下载超星阅读器来阅读图书。阅读器建议下载最新版本的，本书用的 4.01 版。

超星阅读器提供多窗口阅读、标注方法、摘录引用方法（文字图像识别）、加入书签等功能。阅读器功能介绍如图 6-34 所示。

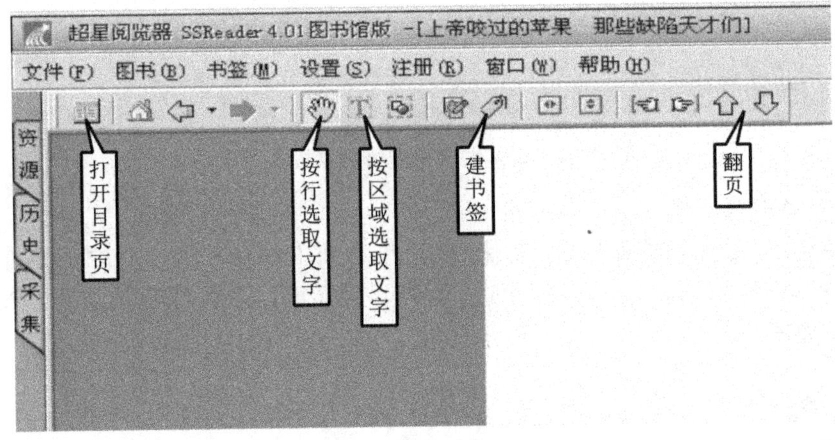

图 6-34 超星阅读器功能

2）文字识别

使用超星阅读器标准版本的用户可以通过在线升级增加文字识别功能，或者下载使用超星阅读器增强版。超星 4.01 版本阅读器使用方便，文字识别功能强。

操作方法：直接单击阅读器上面 T 按钮后选中某段文字或单击区域选择工具选中某段文字—自动弹出“文字识别”—选中识别后的文本进行保存，如图 6-35 所示。

3）图像保存

当用户对书中的某些图像感兴趣时，可采用图像剪切功能，把图像粘贴到相关文件中。

操作方法：单击区域选择工具—选中某张图片—单击鼠标右键—在右键菜单中选择“图像另存为”—保存图像。

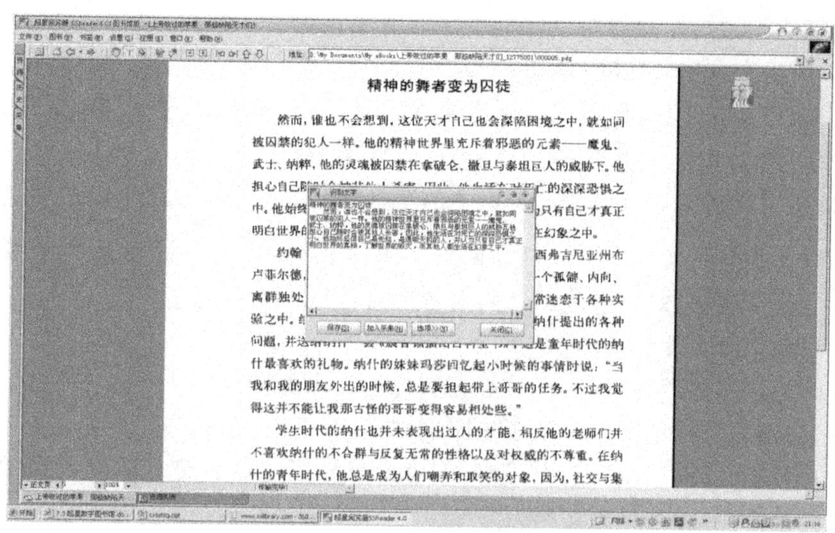

图 6-35　超星阅读器文字识别

4）下载图书

许多用户在看了网上图书之后，希望下载到自己硬盘中慢慢看，超星数字图书馆中的图书可下载，并可以到其他装有"超星阅读器"的计算机上阅读。

操作方法一：直接单击书名下边的"下载本书"，或单击某本书—单击鼠标右键—单击下载（出现对话框）—确定存储路径—在"选项"中选择需下载的页码—确定。

操作方法二：通过超星阅读器菜单栏的某本图书—"下载"，如果是在本计算机上看，以默认的我的图书馆文件夹即可；如果要在别的计算机上看，4.0 版阅读器一定要选择直接下载在 U 盘，然后才能在其他计算机上正常浏览图书（现在提供的新版阅读器下载长江大学图书馆本地镜像的图书可以拷贝查看）。

这里需要注意两点。一是下载图书必须先下载注册器并运行（长江大学校园网用户不必购买读者卡）。二是若想在其他计算机上阅读下载的图书，必须注意：①该计算机必须安装超星阅读器；②必须运行注册器，且用户名必须与原下载时所用的用户名相同；③因涉及版权保护，大多下载下来的图书最多看 1 个月，之后系统会设置自动还回，需要时得重新下载，如遇服务器数据更新，只有通过其他渠道如文献传递来获取全文，那样会出现不便，故下载图书全文后，应尽可能在 1 个月内看完。

5）书签功能

当图书没有看完，想以后再看时，可使用超星阅读器中的书签功能。使用书签功能必须先注册。

书签功能的操作步骤如下。

(1)单击主页中的“注册新用户”。

(2)进入注册页面,按照提示填入个人信息,填写完成后,单击“提交”按钮。

(3)回到主页,输入用户名和密码,即可使用书签功能。

(4)在书籍阅读窗口单击工具栏中的 ,书籍书签会记录下书籍的书名、当前阅读页数及添加时间。当下次打开同一本书阅读时,单击书签 选择书签管理,在弹出的提示框中,双击已经添加的书签即可接着上次的阅读。

6)常见问题及注意事项

有的用户在下载图书时会出现问题,可能的原因有以下几个。

(1)访问超星电子图书只限于校园网内。

(2)超星阅读器版本安装不正确,或者升级低版本时出错。解决方案,卸载现有的超星阅读器,安装最新版本。

(3)在使用时,须先关闭“上网助手”“MSN 工具栏”“腾讯浏览器”“超级兔子”等抑制网页弹出的软件。

(4)杀毒软件拦截。一些杀毒软件的实时监控设置会把超星的下载行为视为非法而将其拦截,因此无法正常下载超星图书。遇到这样的问题时,可以将杀毒软件的实时监控暂时关闭或者将杀毒软件暂时退出,等下载完毕后再恢复设置。

(5)其他问题可参考超星的帮助中心,其网址为 http://edu.sslibrary.com/help/fq.htm。

6.个性化服务功能

1)我的图书馆

我的图书馆是超星数字图书馆教育网镜像站读秀图书搜索网为注册用户提供的一个在线虚拟个人图书馆,注册用户可以把超星数字图书网、读秀图书搜索网的图书收藏到自己的图书馆,可对藏书进行在线试读,创建标签进行分类管理,也可发表图书评论等。

2)如何建立我的图书馆

进入超星数字图书馆后,检索图书,单击书名后再单击“收藏”按钮即可将此书收藏到“我的图书馆”。弹出注册框后,注册一个自己的图书馆,便可将超星数字图书馆的任何书收藏到我的图书馆里。

三、超星读秀中文学术搜索平台

1.读秀中文学术搜索平台介绍

读秀中文学术搜索(简称“读秀”)是超星公司开发的面向全球的互联网文献搜索及获取服务平台,其构建在一个由海量全文数据及超大型数据库基础之上。

它以9亿页中文资料为基础，集深入内容的章节和全文检索、部分文献试读、参考咨询等多种功能为一体，可以对文献资源及其全文内容进行深度检索并提供文献传递服务。同时，读秀的一站式检索模式实现了馆藏纸质图书、电子图书等各种资源在同一平台的统一检索、获取，还提供了百万种超星电子图书的链接。不论是学习、研究、写论文、做课题，读秀都能够为读者提供较全面、准确的学术资料。读秀为用户提供全面特色的数字图书馆整体解决方案和文献资源服务，打造了一个获取知识资源的捷径，是弥补馆藏资源不足的极佳平台。

长江大学图书馆购买了读秀中文学术搜索服务，长江大学校园网内均可免费访问，读秀中文学术搜索首页如图6-36所示。

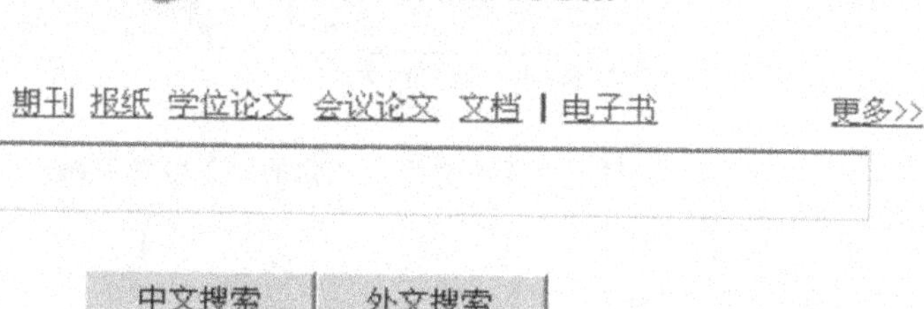

图6-36　读秀中文学术搜索首页

2. 读秀中文学术搜索数据库的动态和特点

(1)读秀中文学术搜索可以实现图书馆馆藏的中外文(主要是中文)各种载体形式的文献资源的一站式检索，包括纸质馆藏、电子图书、电子期刊、学位论文、标准和专利等资源，是超星出品的一个完善的中文资源搜索平台。

(2)对于通过读秀中文学术搜索所检索到的结果，只要是长江大学图书馆已购买的电子资源(图书及期刊等)，就会给出相关的链接，让用户直接下载电子全文。校园网内的用户只需要填写咨询表单和有效邮箱地址，在1～2个工作日，即可登录邮箱打开全文直接阅读或编辑，并且传递的全文不需要安装超星阅读器。若使用的是校园网域内邮箱，则能立即收到传递的邮件。

(3)读秀书目检索目前已达330万册(有全文240万册)，并且每年以15万～20万种的数量增加新书，但也会减掉全文利用率不高的少部分书目。

(4)因读秀目前拥有最多最全的书目和全文，且整合了各个图书馆自身的纸质系统，达到书的目录及全文检索，可以看到书的目录、封面、版权页、正文，提供阅读、下载电子书和文献传递服务，故它成了大多数图书馆的一个理想的图书管理系统。

(5)读秀平台默认的是“知识”搜索，但它是基于全文搜索技术的知识点搜索，建议同时使用两个以上或较长的搜索词(句)，以便快速准确地命中所需结果。

3. 读秀的电子图书搜索

读秀中文学术搜索分为简单检索和高级检索两种。简单检索和高级检索页面分别如图 6-37 和图 6-38 所示。

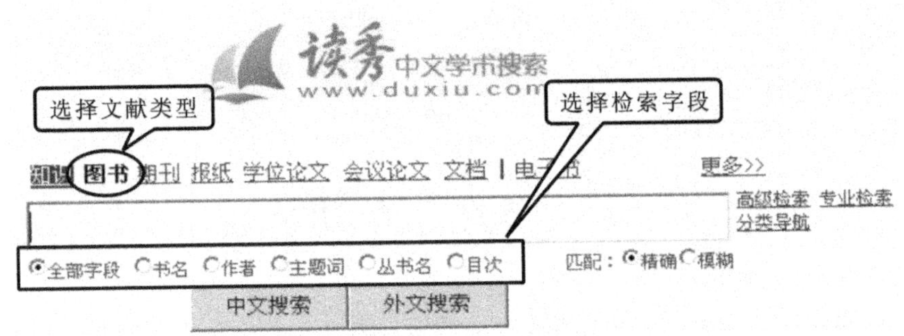

图 6-37　读秀中文学术搜索的简单检索页面

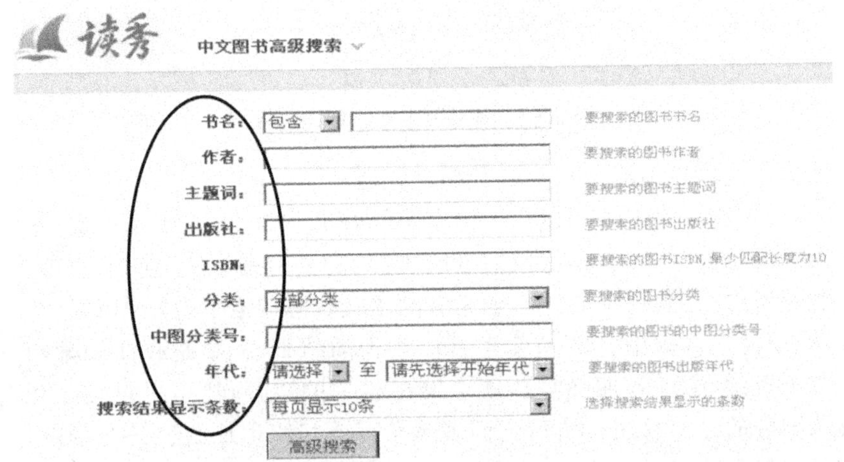

图 6-38　读秀中文学术搜索的高级检索页面

4. 读秀的全文搜索和多面搜索

读秀是把所有图书“打碎”，以章节为基础重新整合在一起的海量数据库，使所有的图书变成了一本书，一部最大的百科全书。因此，用任何一句话、任何一句诗词、任何一句古文、任何一句名言，都可以在读秀找到出处和前后语。

此外，在用读秀进行任意词检索时，同时可检索到相关的人物、工具书、图书、期刊、报纸、会议论文、学位论文、专利、标准、网页、图片、视频、论坛、博客、新闻等资料。

搜索结果如果是本馆购买全文的同方知网(全称为同方知网(北京)技术有限公司)、维普资讯、万方的期刊论文,均可直接下载;如果不是,可以通过文献传递请求获取所需要的文献。这样极大地方便和满足了用户的中文文献的信息需求,真正实现了一站式的搜索与获取。

5. 读秀中文学术搜索举例

以“油层保护”为例搜索图书,结果如图 6-39 所示。检索结果页面分成左、中、右三栏:左边栏是结果的聚类分析栏,利用这个结果聚类分析超链接,可帮助用户更好地分析、利用搜索结果;右边栏是读秀平台相关资源结果的分类显示和超链接,选择某一项可直接查看是否是自己需要的;中间栏是读秀图书检索结果的题录列表,单击图书封面和书名超链接均可打开该本图书,进入图 6-40 所示页面。

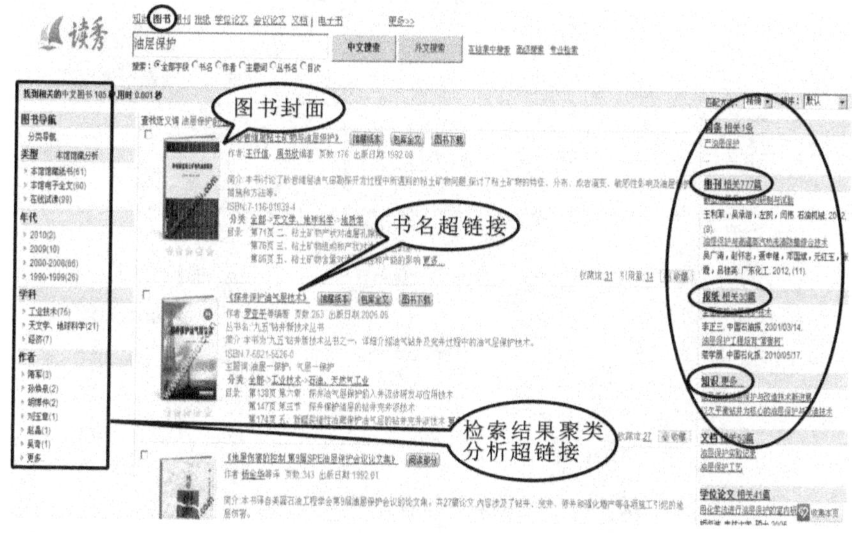

图 6-39　以“油层保护”为例检索图书

图 6-40 所示页面上显示有本馆的纸质藏书以及本省市馆藏纸质藏书,以及全国收藏该书的全部图书馆超链接。对本馆馆藏的纸质藏书,单击后会显示本馆的书目和馆藏信息,方便读者借阅,如图 6-41 所示。

对于本馆电子全文(包库)的图书可直接全文浏览,也可以下载阅读。若该书在读秀里有全文但本馆未购买,则可以先免费试读部分内容,再对余下内容采取文献传递和按需印刷服务获得。图 6-42 所示为免费试读页面。

6. 读秀的增值服务

(1)读秀在提供中文图书搜索的同时,还提供了图书被引用情况。

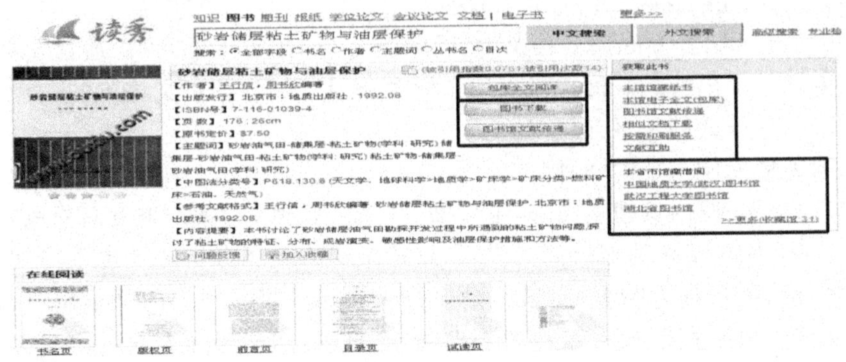

图 6-40　查看某本图书

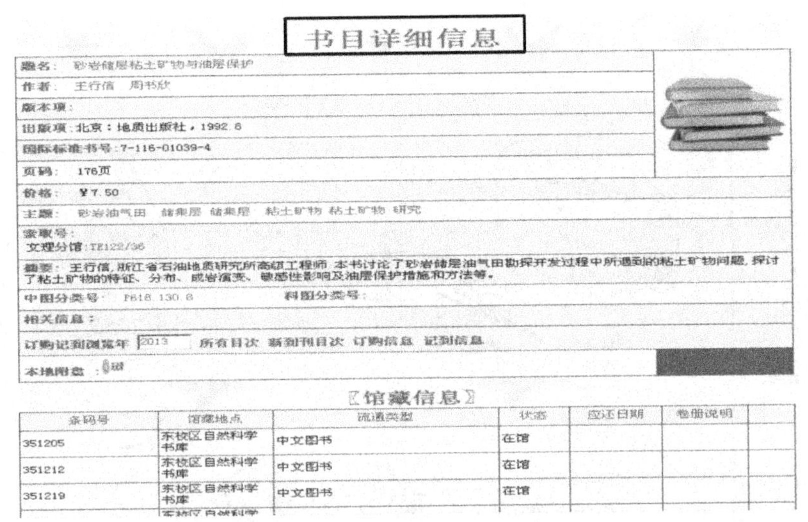

书目详细信息

题名：砂岩储层粘土矿物与油层保护
作者：王行信　周书欣
版本项：
出版项：北京：地质出版社，1992.6
国际标准书号：7-116-01039-4
页码：176页
价格：¥7.50
主题：砂岩油气田　储集层　储集层　粘土矿物　粘土矿物　研究
索取号：
文理分馆：TE122/36
摘要：王行信，浙江省石油地质研究所高级工程师 本书讨论了砂岩储层油气田勘探开发过程中所遇到的粘土矿物问题，探讨了粘土矿物的特征、分布、成岩演变、敏感性影响及油层保护措施和方法等。
中图分类号：P618.130.8　　科图分类号：
相关信息：
订购记到浏览年 2013　所有目次　新到刊目次　订购信息　记到信息
本馆附盘：0册

〖馆藏信息〗

条码号	馆藏地点	流通类型	状态	应还日期	卷册说明
351205	东校区自然科学书库	中文图书	在馆		
351212	东校区自然科学书库	中文图书	在馆		
351219	东校区自然科学书库	中文图书	在馆		

图 6-41　显示纸质馆藏图书的具体信息

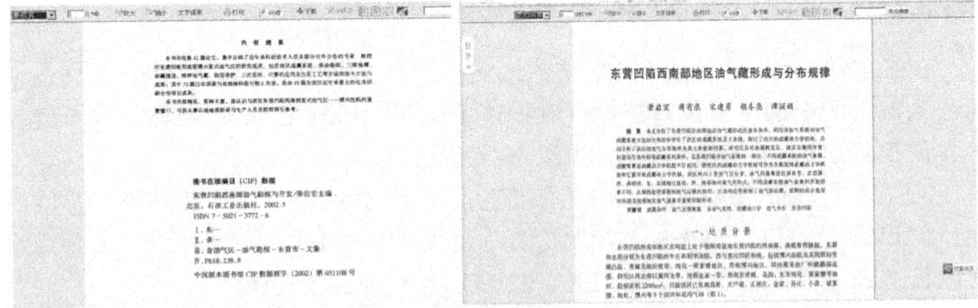

图 6-42　读秀免费试读页面

读秀在每种书的页面下提供每种图书收藏馆数和引用量，包括被引次数和被引指数（若有的话），以及主要有哪些书引用了该书。

（2）通过作者名检索中文期刊后，可提供针对某一作者名的主题搜索报告。

四、超星百链图书馆

1. 超星百链图书馆简介

超星百链图书馆（简称"百链"）建立在读秀的基础上，它将外文数据库纳入到检索和传递的平台，读者可以检索到本馆及其他 723 家图书馆的馆藏和电子资源状况，并通过传递平台获取全文，传递的内容除了原读秀涵盖的内容外，还包括常用的 264 个中、外文数据库的文献原文。其中，中文文献传递满足率可达 96%，外文文献传递满足率达到 85%。

超星百链图书馆弥补了单个图书馆资源不足的缺陷，大大提高了本馆的服务能力，在图书馆合理控制成本的同时，又能使图书馆服务打破时间、空间的限制，为用户提供一种全新的利用图书馆的模式，让众多的读者通过网络查找、获取海量的信息资源，也使图书馆真正实现了多馆服务。

如果说读秀是超星出品的中文图书的一站式解决方案，那么百链就是超星出品的对其他资源的一站式解决方案。更准确地讲，它是超星公司外文资源搜索平台，可对外文期刊、外文图书等学术资源进行搜索获取。

2. 百链检索与电子文献全文获取服务（文献传递功能）

百链提供统一检索服务。通过统一检索，可检索各类文献资源类型的中、外文文献信息，实现 723 家图书馆[还整合了多家区域图书馆、行业图书馆以及 CALIS（中国高等教育文献保障系统）、CASHL（中国高校人文社会科学文献中心）等丰富的资源]各类中外文纸质馆藏和电子资源的同时检索，消除了用户在多个数据库重复检索信息的不便，大大提高了用户获取资料的效率。

百链将检索到的文献按照"年代""期刊"和"核心期刊"自动进行聚类，方便缩小检索范围。中文检索还提供外文扩展和其他文献形式的资源扩展。每条数据都提供获取全文链接和馆藏地的信息。

百链统一检索页面如图 6-43 所示。

检索步骤如下所述。

第一步：直接登录 http://www.blyun.com 或 http://edu.blyun.com/，根据需要选择相应的文献类型进行检索。

第二步：查看检索结果。

第三步：单击某篇文章的题名，即可打开该篇文章并查看文章详细信息，如图 6-44 所示。若右边显示"邮箱接收"，说明本馆没有此资源，需要全文时可以通过文献传递获取。

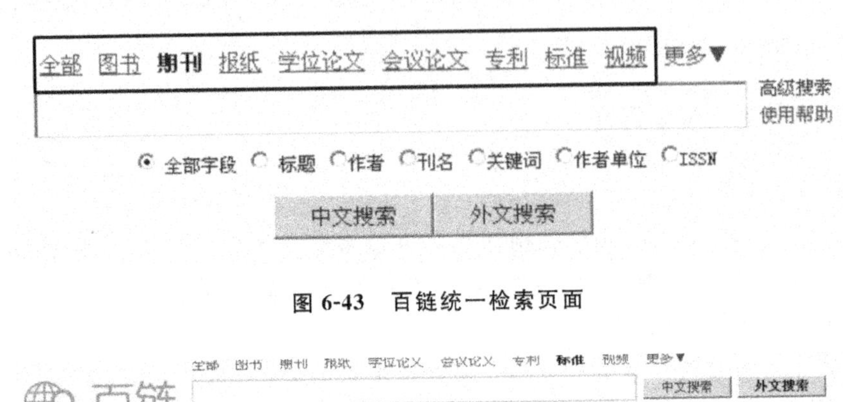

百链
全部 图书 期刊 报纸 学位论文 会议论文 专利 标准 视频 更多▼
高级搜索
使用帮助
全部字段 标题 作者 刊名 关键词 作者单位 ISSN
中文搜索 外文搜索

图 6-43　百链统一检索页面

百链
全部 图书 期刊 报纸 学位论文 会议论文 专利 标准 视频 更多▼
中文搜索 外文搜索
搜索：全部字段 标准号 标准名称
Specification for Wire Rope-Twenty-fifth Edition; ANSI/API SPEC 9A/ISO 10425:2003/ISO 10425 Adoption
【标准号】ANSI/API SPEC 9A-2004
【发布日期】2004.02.01
【机 构】ANSI (美国国家标准学会)
【页 码】68
获取资源：
邮箱接收全文

图 6-44　查看文章详细信息

利用百链检索后可以获得资源的电子全文。对已购买的授权用户可通过资源调度直接获取全文，对未授权的用户可通过 723 家图书馆的云图书馆文献传递系统进行文献传递，从而获得全文。

利用邮箱进行文献传递的方法：若检索到的文献不能提供下载，则说明该文献是本馆没有购买的，这时需在文章详细信息页面单击右侧的“邮箱接收全文”，按提示填写有效邮箱地址及验证码，确认提交即可，如图 6-45 所示。文献全文将在 24 小时内发送至邮箱内。说明一点，此处的文献传递和中文图书的自动传递不同，它是在后台由人工来传递的，故一般都需要等待 1～3 个工作日，如果后台实在找不着需要的文章的原文，文献传递员也会发一封邮件说明原因。

3. 百链的特点

数字图书馆在发展过程中克服传统图书馆的不足，但数字图书馆也有其自身的问题，首先，不少图书馆的购买经费有限，不能购买所有的数据库；其次，数字图书馆的硬件需要定期维护，其成本比较高，费用比较多；最后，读者在使用数字图书馆的时候，对所需要的资源要在多个数据库中进行搜索，不能进行统一检索，而百链的出现，正好解决了以往遇到的这类问题。

百链正是信息时代馆际之间实施协调合作的一种形式，是由若干有着共同目

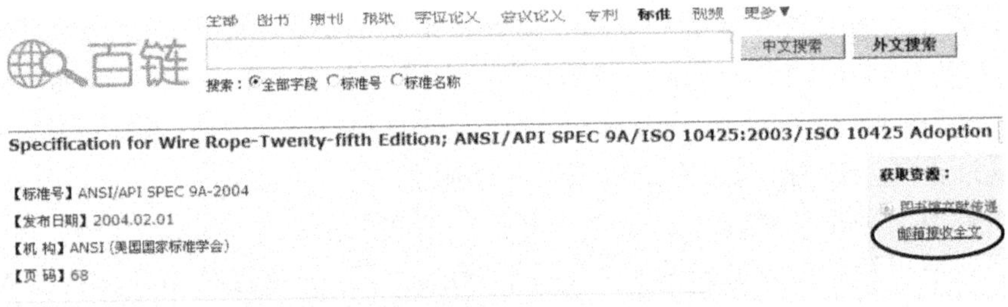

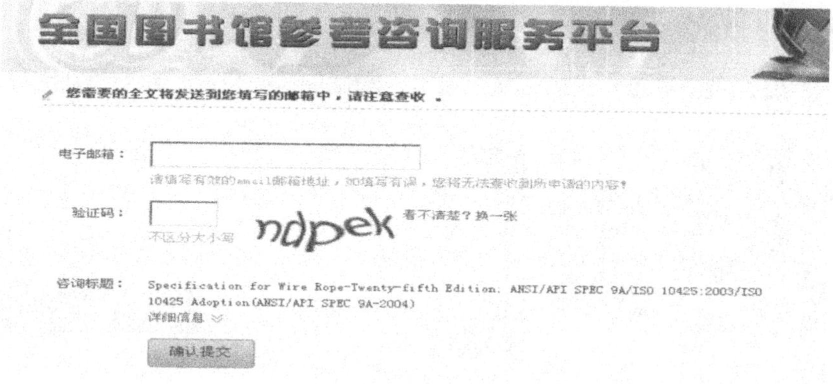

图 6-45　申请文献传递服务

标的图书馆结成的网络联盟，为共同开展服务、共同开发信息市场而实施全方位的合作的一种网络运作模式。从发展的角度看，它是世界进入网络时代，具有不同资源与优势的图书馆为了共同开发资源、共同开拓信息市场、共同满足个性化与多样化的社会需求，而组织建立的、在信息网络基础之上的、共享技术与信息的、共同发展的、互惠互利的图书馆联合体。百链的出现改变了藏书建设的概念、理论与方法，改变了图书馆藏书建设体系的结构与内容，拓展了图书馆信息资源的空间与服务模式，使多馆协作、资源共享不再是空想，使图书馆成为信息高速公路上的重要节点。百链是基于网络环境下共建共享的可扩展的知识网络系统，是超大规模的、分布式的、便于使用的、没有时空限制的、可以实现跨库无缝链接与智能检索的知识中心。百链的变革体现在五个方面：①内容上，从部分学术内容到全球所有的资源；②使用上，从分离的单个库使用到所有数据库一站式检索使用；③范围上，从本馆资源揭示到多个图书馆的资源揭示；④服务上，从资源的检索、保障机构向全方位的读者服务机构转变；⑤技术上，从本地服务器保障到云计算方式，利用全球图书馆资源与服务。

五、超星学术视频

超星公司还推出了全球最大的中文学术视频库——超星学术视频，目前囊括了哲学、法学、经济学、艺术、文学、历史学、工学、理学、医学等系列，参加拍摄的名师、专家学者已经达到 3 000 余名，拍摄完成学术专辑 30 000 余集，且专集数量每年还在不断增加。国内已有不少高校馆如人民大学图书馆等购买了该库，超星学术视频主页如图 6-46 所示。

超星学术视频专集的讲授形式包括课堂教学系列、专题讲座系列及大师系列。每个系列的选题和授课名师均由专业的学术委员会精心策划和挑选，有力地保障了所有讲座的权威性、学术性和前沿性。超星学术视频实现了读者与知名专

图 6-46　超星学术视频主页

家学者零距离的接触，开辟了获取知识的新途径。

超星学术视频数据库邀请国内众多知名专家学者、学术权威，通过影像技术将他们多年的学术研究成果系统地记录、保存并传播，突破地域的限制，与全国广大师生共享，并将这些学术界名家推向校园、推向社会。目前有部分网络免费资源，由新浪和超星合作建立的公开课平台，现已发布40多门课程的600多集超星学术视频，内容涉及各大学科门类，课程由清华大学、北京大学、复旦大学、南开大学、中国人民大学等高校和中国社会科学院等科研机构的名家讲授。免费观看网址 http://edu.sina.com.cn/open/gongkaikecheng/。

六、超星移动图书馆

超星公司依托自身集成的海量信息资源与云服务共享体系，为移动终端用户开发了超星移动图书馆，这是一个专为移动用户制作的专业阅读平台。该平台不仅提供了资源搜索与获取、自助借阅管理和信息服务定制的一站式解决方案，还提供了方便快捷的移动阅读服务。目前国内已有不少高校购买或正在开通试用。

1. 超星移动图书馆的特点与技术优势

1）具备对已有图书馆应用系统的高度集成

超星移动图书馆不仅仅是一个孤立的软件平台，还是对性能优良的图书馆集成管理系统、OPAC系统、数字图书馆资源、一站式搜索系统、文献传递系统等应用系统服务的高度集成，具有强大的应用服务能力。

2)拥有功能强大的一站式搜索引擎

系统应用元数据整合技术对馆内外的中外文图书、期刊、报纸、学位论文、标准、专利等各类文献进行了全面整合,在移动终端上实现了资源的一站式搜索、导航和全文获取服务。

3)集成了丰富多样的海量信息资源

通过移动图书馆并依托云服务架构,读者可以查找和获取的内容包括电子图书、期刊、报纸、学位论文、会议论文、标准、专利等中外文文献。同时,充分考虑到手机阅读的特点,移动图书馆还专门提供了 3 万多本 e-pub 电子图书、7 800 多万篇报纸全文供手机用户阅读使用。超星移动图书馆提供了 215 万种中文电子图书、9 亿页全文资料的文献传递,内容涉及文学、历史、哲学、医学、旅游、计算机、建筑、军事、经济、金融和环保等数字图书资源。

4)先进高效的云服务共享架构

偏远和数字资源匮乏的图书馆,可以接入文献共享云服务的区域与行业联盟,已有 723 家图书馆加入,24 小时内文献传递请求的满足率:中文文献 96% 以上,外文文献 92% 以上。

5)自由而个性化的服务体验

通过设置个人空间与图书馆 OPAC 系统的对接,超星移动图书馆实现了馆藏查询、续借、预约、挂失、到期提醒、热门书排行榜、咨询等自助式移动服务,并可以自由选择咨询问答、新闻发布、公告(通知)、新书推荐、借书到期提醒、热门书推荐、预约取书通知等信息交流功能。

2. 超星移动图书馆的数字资源

超星移动图书馆拥有海量的数字资源,涵盖了中文图书、期刊、学位论文、会议论文、报纸、标准、专利、外文图书、外文期刊、外文论文等各个资源类型。以上资源可以很好地弥补图书馆馆藏资源的不足,让读者得到海量的数字资源和全面的服务。

超星移动图书馆已解决校园外无法阅读校内资源的问题,所以不论读者在什么地方都可以轻松访问校内资源。

3. 支持访问设备和设备系统

支持访问设备:各种移动终端包括各种型号的手机、苹果 iPad、超星学习本、PSP 等设备。

支持设备系统:iOS、安卓、塞班、Windows 等。

鉴于高校手机用户多,且移动图书馆的诸多方便之处和优势,超星移动图书馆也将越来越受到高校众多学生读者的喜爱。总之,超星移动图书馆依托资源、技术优势,深入分析移动图书馆读者的需求,致力于帮助任何用户、在任何时候、在任何地点获取任何图书馆的任何信息资源。

第四节 万方数据资源

一、万方数据简介

1. 万方数据股份有限公司（简称“万方公司”）简介

万方公司的前身是中国科学技术信息研究所数据库中心，1993 年成立北京万方数据公司，是国内第一家专业数据库公司。1997 年成立万方数据（集团）公司，为国内第一家对外服务的科技信息网站。2000 年成立万方数据股份有限公司，并在北京、上海、深圳、武汉、沈阳、西安成立分公司，推出“万方数据资源镜像系统”。2006—2007 年推出万方数据“知识服务系统”，2008 年万方数据知识服务平台签约服务站点正式上线。

万方数据股份有限公司是国内最早从事信息内容服务的股份制高新技术企业，依托中国科学技术信息研究所的强大信息收集渠道，积累了 20 多年的信息搜集、加工和服务经验，制作出的拥有自主版权以及与国家级科研机构共同开发的数据库总计有上百个，形成了万方数据庞大的信息资源基础。万方公司目前已经发展成为一家以提供信息资源产品为基础，同时集信息内容管理解决方案与知识服务为一体的综合信息内容服务提供商，形成了以“资源、软件、硬件、服务”为核心的业务模式。

2. 万方公司主要产品简介

万方公司主要产品有万方数据知识服务平台、万方医学网、万方视频、中国学术搜索网和万方数据中小学数字图书馆五大块，可归纳为：6 个全文数据库（学位论文、会议、期刊、标准、法规、专利）；2 个子系统（科技信息系统、商务信息系统）；1 个方志系统；1 个视频产品（万博视）；1 个外文文献库。但这些都必须是万方授权的用户才能访问。

1）万方数据知识服务平台

万方数据知识服务平台集高品质的知识资源、先进的发现技术、人性化的设计于一身，是国内一流的品质知识资源出版、增值服务平台。目前平台出版的资源总量超过 2 亿条，全面覆盖各学科、各行业。它集成了中外学术期刊论文、学位论文、中外学术会议论文、标准、专利、科技成果、特种图书等各类信息资源，资源种类全、品质高、更新快，具有广泛的应用价值。它提供检索、多维知识浏览等多种人性化的信息揭示方式，以及知识脉络、查新咨询、论文相似性检测、引用通知等多元化增值服务。

2)万方医学网

万方医学网独家收录中华医学会、中国医师协会等权威机构主办的220余种中外文医学期刊，拥有1 000余种中文生物医学期刊、4 100余种外文医学期刊、930余部医学视频等高品质医学资源。万方医学网镜像版是万方数据联合国内医学权威机构共同推出的，为广大医院、医学院校等机构用户提供信息解决方案。

3)中国学术搜索网

万方软件的主要产品有万方元数据仓储(基于知识获取五要素的事实型数据库)、万方学术搜索系统、科技创新辅助决策支持系统以及万方科技成果转化服务系统等，同时开发了基础件互联网文档信息资源采集工具、资源数字化加工工具、关系数据库数据采集与同步系统和全文资源数据库服务器。

4)万方数据中小学数字图书馆

万方数据中小学数字图书馆是一款专门针对中小学教学应用的数字图书馆产品，旨在为全国中小学教师、教研人员和学生提供“一站式”教育教学资源服务。万方数据中小学数字图书馆利用知识链接技术，实现了期刊、会议论文、学位论文、视频、试题、教案和教辅图书等异构资源的知识组织，将现代教育理念与高品质基础教育资源有机融合，有效推动了中小学教育用户素质和能力的提升。

5)万方视频

万方视频是以科技、教育、文化为主要内容的学术视频知识服务系统，与中央电视台、教育部、凤凰卫视、中华医学会、中国科学院、北大光华(全称为北京大学光华管理学院)、法国陈氏传媒等国内外著名专业制作机构进行广泛的战略合作。2012年，万方视频隆重推出“中国名师讲坛”系列，特邀全国知名高校的著名学者、专家，以讲座、会议发言、实验等各种生动形式展示最新教学成果和研究心得。

二、万方数据知识服务平台

1. 万方数据知识服务平台介绍

万方数据知识服务平台是在原万方数据资源系统的基础上，经过不断改进、创新而成的，集高品质信息资源、先进检索算法技术、多元化增值服务、人性化设计等特色于一身，是国内一流的品质信息资源出版、增值服务平台。平台服务体系如图6-47所示。

1)品质信息出版服务

(1)包含的资源。①中国学术期刊数据库(原数字化期刊群)；②中国学位论文全文数据库；③中国学术会议文献数据库；④中外专利数据库；⑤中外标准数据库；⑥中国法律法规数据库；⑦中国科技成果数据库；⑧中国特种图书数据库；⑨中国机构数据库，以1988年的《中国企业・产品库》为基础扩展的数据库系统；⑩中国企业机构数据库；⑪中国专家数据库；⑫中国学者博文索引库；⑬OA论文索引库。

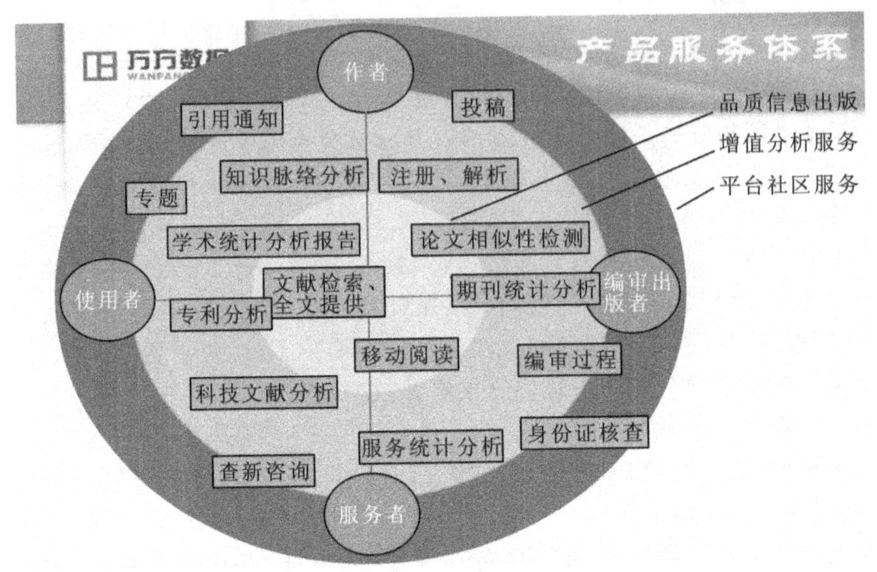

图 6-47　万方数据知识服务平台产品体系

(2)出版服务。从用户检索需求出发,对用户知识获取及使用过程进行分析,并结合业界对认知过程和行为模式的最新研究,全面升级数据知识服务平台,推出全新的检索系统,提供互动式信息服务,让用户从一两个简单的检索词就可以开始一次简单、精准、快速、稳定的检索体验。在这里,用户总是能得到一个经过甄选的检索结果,真正想要的文献会优先显示在前面。用户可以通过检索结果的分布视图进行"排除"和"限定",使检索更精准。用户也可以通过参考文献、引证文献、相似文献顺藤摸瓜,找到所要的文献。

2)资源增值服务

(1)知识脉络分析服务。知识脉络即以主题词为核心,根据所发表论文的知识点和知识点的共现关系的统计分析,使用可视化的方式向用户揭示知识点发展趋势和共现研究时序变化的一种服务。

(2)论文相似性检测服务。论文相似性检测服务是万方数据推出的特色服务,用于指导和规范论文写作,检测新论文和已发表论文的相似片段。它基于数字化期刊全文数据库、学位论文全文数据库等万方数据核心数据资源,可通过Web模式,快速灵活地进行单篇论文检测,率先在国内推出了支持批量检测、断点续传等功能的检测客户端。最新推出检测结果统计报告功能,并即将推出全新模式的详细检测结果报告,增加了检测报告的实用性、可读性。

(3)查新咨询服务中心。科技查新是一种深层次的、具有特定含义的检索工作,普通检索系统无法满足查新专业用户的需求,因此万方数据为图书馆情报机构贴身打造了一个用于查新咨询的服务平台。该平台在包括中国国家图书馆在内的多家图情机构的几十位专家的指导下完成设计研发，贴合了图书馆人的工作任务和行为习惯，并根据图书馆人特有的专业知识背景和需求，打造了多种专用工具。

(4)科技文献分析服务。科技文献子系统由40个典型主题数据库组成，主题的选取主要来源于国家中长期科学和技术发展规划纲要——重点领域及其优先主题，侧重社会关注度高的社会焦点、热点问题，兼容国家和社会的重大需求，有未来或当前重要的应用目标。

(5)专题服务。依据万方数据各种类型资源，将其科学地组织成专题，专题展现形式丰富生动、贴合用户需求、通俗易懂。

(6)中国学术统计分析服务。中国学术统计分析报告是数据知识服务平台于2009年推出的研究分析系统。从各主要学术领域出发，以完整、准确的学术文献资源和有关数据为依据，运用科学的统计方法，从关注度、上升及下降趋势、新兴研究等几个主要方面进行研究分析，通过客观数据直观地反映我国学术发展现状、情况和问题。

(7)行业在线服务。为行业用户量身打造，依据万方数据现有的海量文献资源，根据行业用户的特点和习惯，经过科学分类、合理组织，提供专业的行业化知识服务。

(8)身份证核查服务。全国公民身份证核查系统是万方数据公司联合全国公民身份证号码查询服务中心共同推出的身份证核查服务平台，是目前唯一经公安部和中编办批准提供全国公民身份信息服务的机构，负责“全国公民身份信息系统”的建设、管理，对社会提供全国公民身份信息服务。

(9)DOI服务。DOI是数字对象唯一标识符(digital object unique identifier)。DOI拥有一个完整的唯一标识符管理、技术、标准体系；由IDF(英特尔信息技术峰会)、CNRI(全美研究创新研究所)以及全球各个注册机构等运行；DOI拥有一个完整的唯一标识符注册、解析及增值服务系统。

(10)专利分析服务。专利分析服务以专利信息分析、竞争情报和知识挖掘等理论为基础，对专利信息进行多维统计加工、智能化定量分析和内容的深度挖掘，并将分析结果以可视化页面提供给用户。用户可根据具体需求定制数据库，一次检索，自动分析相关指标。

(11)移动阅读服务。移动阅读成为信息化时代的全新阅读方式，我国移动阅读的用户量爆炸式增长，用户需要信息更丰富，获取更容易，得到更及时。万方数据利用自身强大的资源和服务优势，结合先进的移动终端设备，精心打造万方数据移动阅读服务，使随时、随地、随意地阅读数据知识服务平台的信息成为现实。

3)平台化、社区化服务

数据知识服务平台立足于使用者、作者、服务者、编辑出版者的需求，为用户提供最丰富、最全面、最及时、最多元的服务，是进行学术交流、知识传播、学习沟通的互动性的平台，致力于打造成国内一流的生态学术平台社区服务。

(1)编审服务平台。编审服务平台包括作者、编辑部、专辑三个子系统，实现了作者在线投稿、查稿，编辑部稿件处理、组刊发布，专辑审稿等全流程的功能。

(2)作者投稿服务。方便作者获得最新权威征稿信息，轻松选定投稿期刊；方便编辑部获得更多、更有针对性的优质稿件。

(3)OA 论文托管服务。OA 论文即开放存储论文。OA 论文托管服务让任何个人和机构都可以将符合协议的论文免费发布到该服务平台上，任何人都可以及时、免费、不受任何限制地获取平台上的所有 OA 论文。

(4)引用通知。引用通知是一款新的信息服务，当用户所订阅的论文被其他论文引用时，用户将得到即时通知。这种服务的独到之处在于可以指定一组文献，了解它们被引用的情况以及引用变更的情况，从而及时了解指定论文的权威性、受欢迎程度。目前该服务仅面向个人注册用户。系统通过 e-mail 或 RSS(简易信息聚合)订阅的方式进行自动通知。

4)技术转移服务

万方数据的技术工作主要包括两个方面。一是万方数据技术服务体系建设，主要包括知识服务平台的继续优化与完善，二次文献仓储与科技搜索引擎技术研发，还有技术标准层面的工作。同时，针对一些新的服务与应用进行技术研发，包括 OA 服务平台、移动阅读、学者社区等。二是科技部组织的“863”重大专项，这也是基于当前搜索引擎市场的局面而特意设立的课题，以期研发一个以科技文献服务为主的搜索引擎，为科研工作起到基础保障作用。

2. 本馆读者登录万方数据知识平台的方式

本馆属万方签约授权服务，用户可在校园网内通过以下几个网址中的任意一个直接登录万方数据知识平台进行远程访问，且使用免费。

(1)北京主站 http://www.wanfangdata.com.cn 或 http://wanfangdata.com.cn/。

(2)签约站点 http://g.wanfangdata.com.cn(限 IE8.0、火狐、360 浏览器)。

(3)万方数据标准镜像系统 http://xa.wanfangdata.com.cn。

(4)从校园网进入有以下几种方式：从长江大学校园网进入图书馆或直接进入长江大学图书馆—中文数据库—万方数据资源系统；从长江大学校园网主页—学术搜索—单击 万方数据 WANFANG DATA 知识服务平台 图标。

此外，万方数据还加入了 Google、WIKI(http://wiki.wanfangdata.com.cn/)和 WWW 等超链接，用户需要时也可在这些大型搜索引擎中获得进入方式。

3. 万方数据知识服务平台的使用

1)在平台上检索“学术论文”

图 6-48 是一框式跨库简单检索页面,通过检索结果的聚类、相关词等不断启发—发现—调整策略再检索限定检索结果以达到查准的目的,在没有选中特定的文献类型时,系统默认的是对全部学术论文进行搜索。

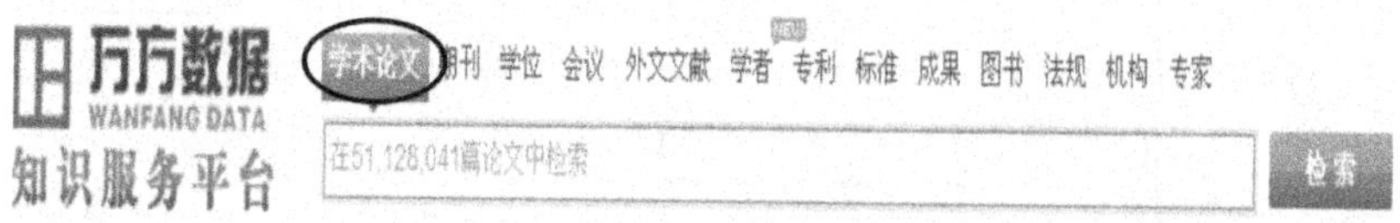

图 6-48 一框式跨库简单搜索页面

高级检索可以一次性限定多个检索范围和条件,达到精准检索效果。不论是简单检索还是高级检索,都可以事先选定文献类型,比如选择期刊或学位论文等,然后再进行单库检索。跨库高级检索页面(见图 6-49)也是万方查新咨询服务中心推荐的检索页面。此外,该平台还提供了“专业检索”,专为图书情报等专业人士设计,需要一次性输入准确的检索表达式,不建议普通用户使用。

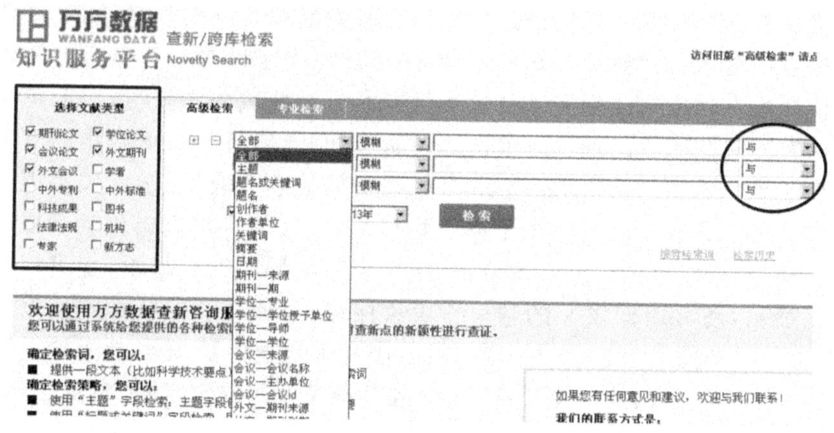

图 6-49 跨库高级检索页面

2)平台检索举例

利用万方数据知识服务平台查找“环境污染与治理”方面的学术论文。

使用一框式简单检索,检索式“环境污染 AND 治理”,如图 6-50 所示。检索结果以三栏式显示,左栏将检索结果按学科分类、论文类型和年份(通过每年发文数量看趋势)等聚类,如果需要查看某一类型文献的结果,直接单击即可。中间一栏的最上部是用于限定初步结果逐步逼近的检索条件限定框,中间一栏的下面就是初步的检索结果题录列表显示。检索结果按相关度排序或按新论文或经典论

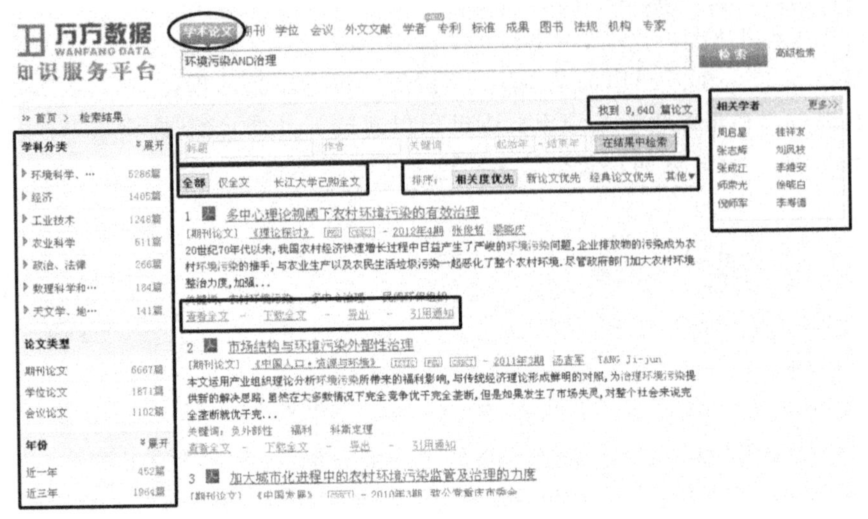

图 6-50 万方数据知识服务平台检索“环境污染 AND 治理”

文等排序,系统默认显示全部的检索结果按相关度排序,可以选择有全文或长江大学已购全文来显示,每篇文章下面还给出了“引用通知”,单击它会出现文章被引用的相关信息。右上边一栏则是进行相关研究的学者姓名超链接,如果需要了解全部研究人员,单击“更多”,即打开新的页面按认证状态与否显示万方学者圈里的已认证学者和未认证学者以及这些学者的分省地域分布情况,以此可进一步了解该研究方向在国内的现状。单击某位学者如“周启星”,马上弹出新页面进入周启星博士的个人学者学术圈,显示周启星全部的学术成果、学术关系以及被引情况,如图 6-51 所示。该页面也是分三栏显示:左边一栏是周启星学术成果的聚类;中间一栏是周启星全部的学术成果,按发表时间排序列表显示,也可以按被引次数排序显示,还可以按发文的第一作者排序显示,但系统默认的是按发文时间排序;右边一栏是周启星的合作作者、同名作者等情况。页面最上面提供了周启星的单位、发文总数量、被引总数量、H 指数以及成为万方学术圈“认证学者”的超链接。

若选择高级检索,则有更多的检索途径可以选择,且对于跨库检索和单库检索因文献类型不同,系统给出的检索途径也有所差别,比如期刊和学位论文、标准和专利都有所不同,用户可以根据需要来选择。检索过程中还可以视检索词的多寡减少或增加限定条件来进行逻辑组配,对每个检索词还可以选择模糊或精确两种方式加以限定。这一点同其他各中文库一样,此处不再赘述。

3)检索结果的下载和导出

对万方数据知识服务平台提供了全文的可直接单击检索结果一栏中各篇题名前的 PDF 格式图标即可下载全文阅读,但先要在计算机上安装 PDF 通用的全

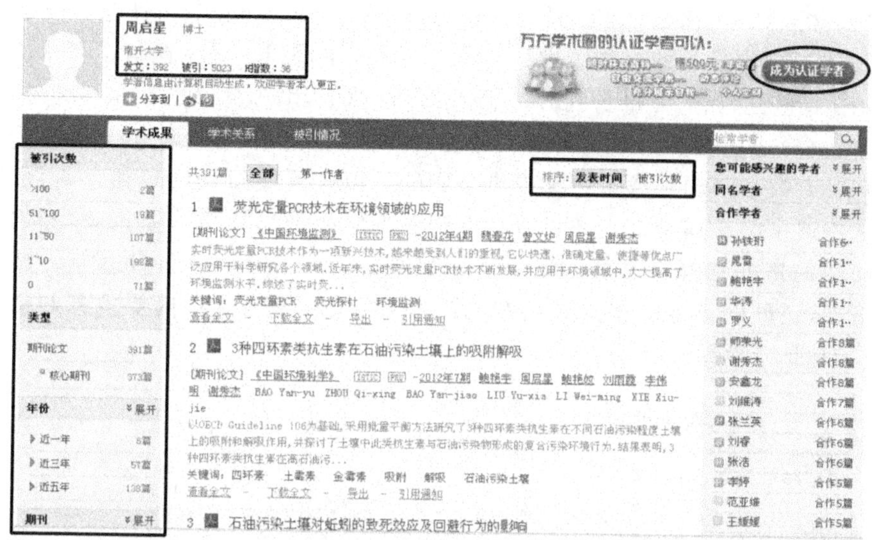

图 6-51 万方数据知识服务平台检索"周启星"结果显示

文格式浏览器，如果没有安装，页面右边也有提示下载 PDF 浏览器的地址，也可以单击查看全文再决定是否需要下载，如图 6-52 所示。在期刊名一行的右侧标有

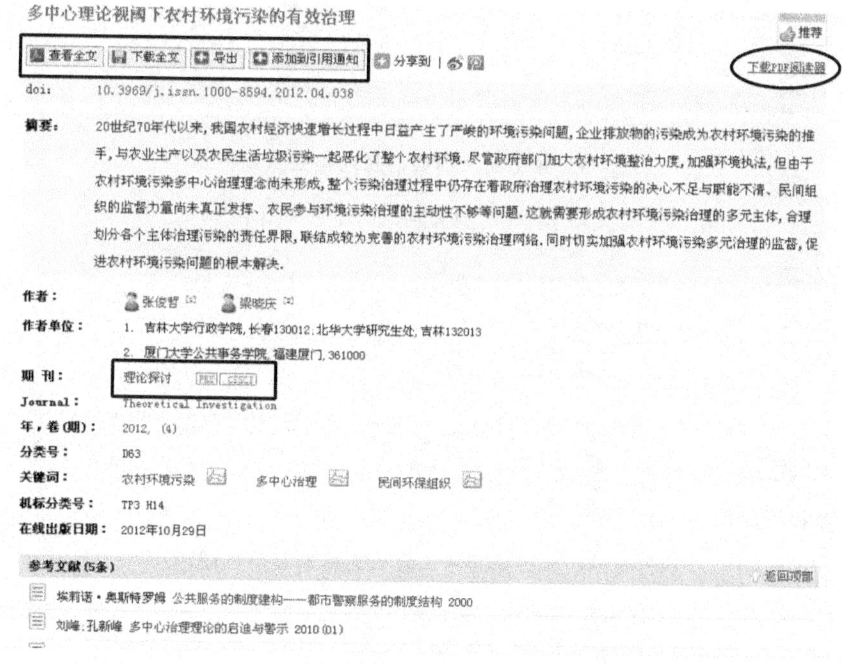

图 6-52 需要选中的某篇文章显示页面

PKU(被北大《中文核心期刊要目总览》收录)和CSSCI(被《中文社会科学引文索引》收录),视此文发表的刊物级别而定,如有的标有ISTIC(被中国科学技术情报研究所《中国科技期刊引证报告》收录)、SCI、EI等标注,以示此文的质量。此外,紧接在参考文献下面的是关于此文的博文超链接,可当作拓展资料获取相关业内资讯。

对万方数据知识服务平台未提供全文的可以查看文章摘要等信息,再借助其他文献传递系统传递全文。还可以针对选中的结果导出文章摘要信息,导出文章摘要信息的格式选择有多种,如参考文献格式、NoteFirst格式、EndNote格式或查新格式,还可以自定义格式,方便用户编辑结果。导出文章摘要信息的格式选择图示如图6-53所示。

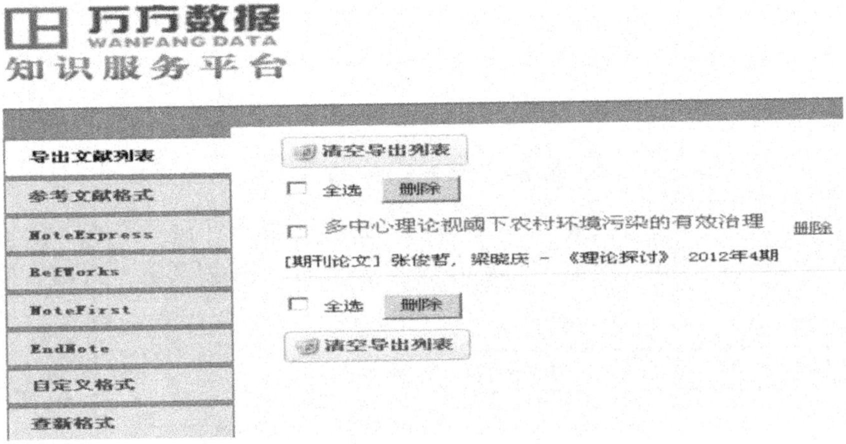

图6-53 导出文章摘要信息的格式选择图示

若选择查新格式,则文章摘要信息图示如图6-54所示。

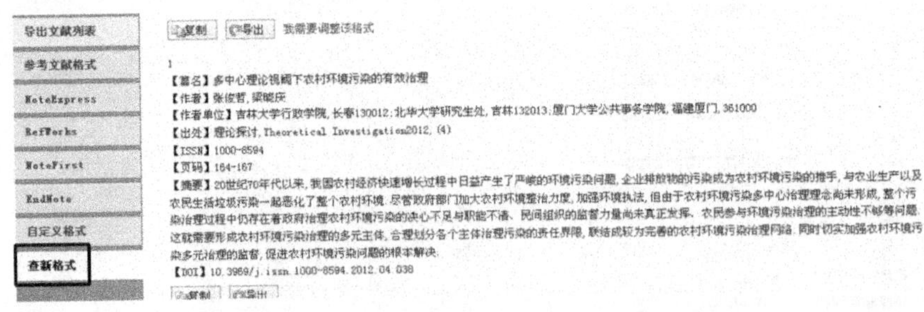

图6-54 选择查新格式导出文章摘要信息图示

对万方数据知识服务平台中有全文的几个库,如学位论文、会议、期刊、法规、专利等库,本馆用户在校园网内均能免费下载,万方全文均支持通用的PDF格式浏览器,特别是整本的期刊论文,能保持期刊的原貌,期刊数量目前已达7 000余种。

4. 万方学位论文库

万方学位论文库收录涉及全国“211 工程”(面向 21 世纪,在全国范围内重点建设 100 所左右的高等学校和一批重点学科,简称“211”)重点高校、中科院、工程院、农科院、医科院、林科院等机构的重点精选博硕士论文。截至 2013 年 1 月 26 日,学位论文库的总数量已达到 2 453 078 篇,且以年 15 万篇以上的速度新增。其中博士、博士后论文占总数的 20%以上,“211”高校论文占总数的 64%,收录了 90%以上“211”高校的文章,约 80%以上高校使用该库。

在万方数据知识服务平台中选择“学位”后的一框式检索页面如图 6-55 所示,此时因先选择了数据库类型是学位论文,接下来便是针对学位论文单库进行的检索,查得的结果也必将是学位论文。

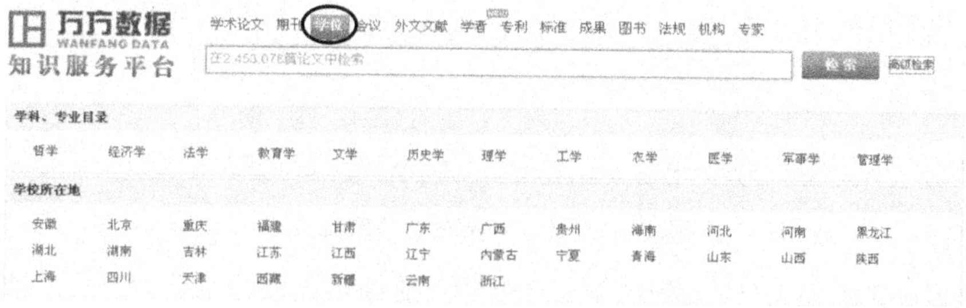

图 6-55　万方学位论文库一框式检索页面

学位论文的高级检索字段有主题、题名或关键词、题名、创作者、作者单位、关键词、摘要、发表日期、学位的专业、授予单位、导师、级别(博士、硕士、博士后)、任意词等。

本馆用户除了可以登录 http://g. wanfangdata. com. cn 下载万方学位论文库外,还可登录 http://wf. hbdlib. cn(湖北省数图购买,80 万余篇)和 http://c. g. wanfangdata. com. cn/Thesis. aspx(本馆购买,141 万余篇)两个地址下载。

说明一点,因万方公司是国家法定的学位论文收藏单位,故万方的学位论文库数量庞大,又因学位论文这类灰色文献收藏的特殊性,故还是有一部分论文因种种原因无法直接下载,通过文献传递也获取不到,但只要是万方公司提供学位论文全文的均可以下载。

5. 万方标准库的使用

万方公司综合了中华人民共和国国家质量监督检验检疫总局、亚大建设科技信息研究院、中国建筑材料科学研究总院等单位提供的相关行业的各类标准题录,包括中国标准、国际标准以及各国标准等 29 万多条记录。更新速度快,保证了资源的实用性和实效性。标准全文数据采用通用的 PDF 文档格式,结合万方数据知识服务平台,采用 IE 检索即可使用,无须特别客户端软件,截至 2012 年 11 月

22 日已达 298 102 条标准题录。在万方数据知识服务平台中能检索到万方的全部标准，如图 6-56 所示。

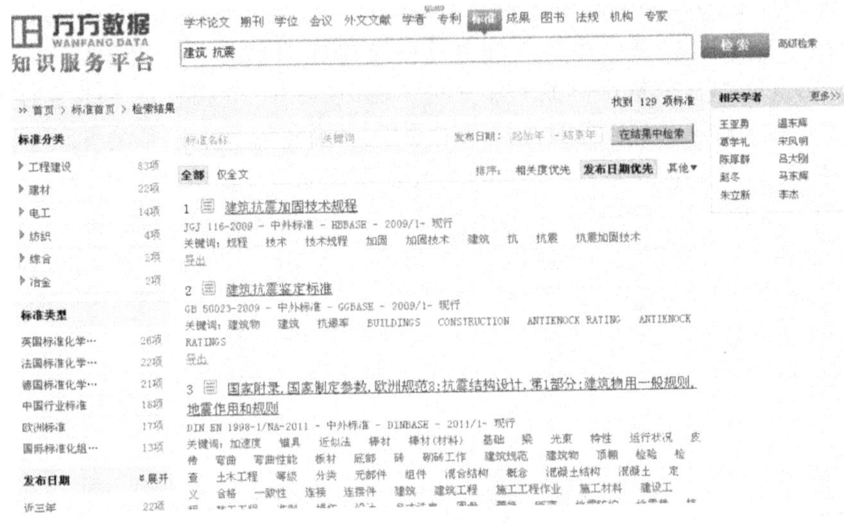

图 6-56 万方标准检索结果显示

万方标准库虽有全文，但需要另外购买，本馆购买的标准库全文下载地址是 http://10.203.1.236:90，当然长江大学用户能够下载的万方标准全文仅限于购买后在本地安装的 24 897 条，而不是万方的全部标准，务请读者注意。

在万方数据知识服务平台中检索的单篇标准信息如图 6-57 所示。

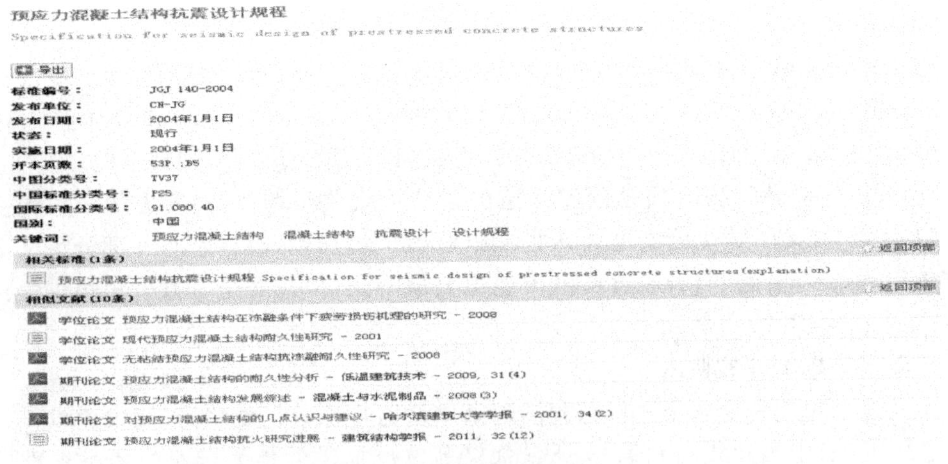

图 6-57 万方数据知识服务平台中的单篇标准信息显示

本馆读者从本地镜像标准库中下载到的标准全文如图 6-58 所示。

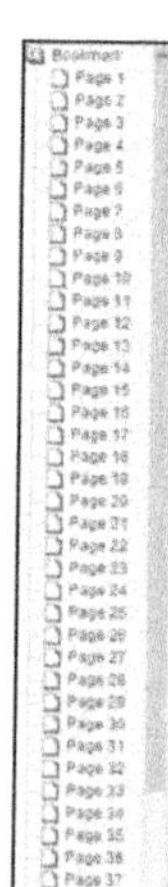

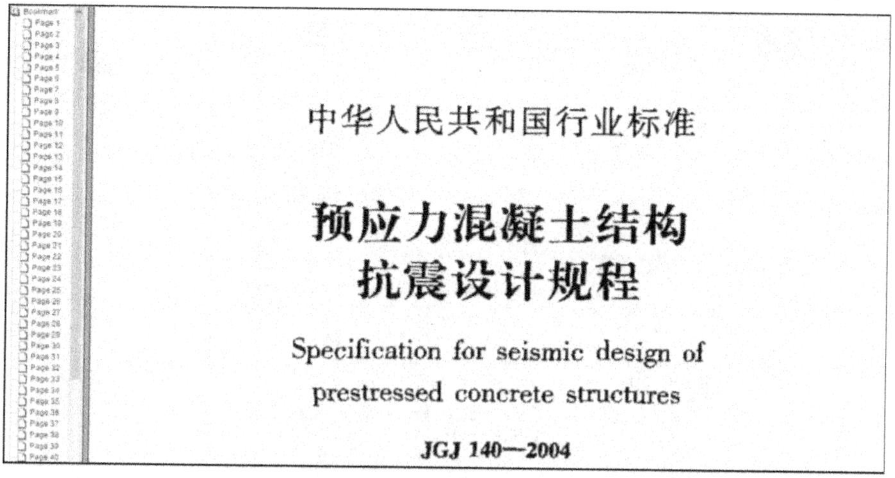

中华人民共和国行业标准

预应力混凝土结构
抗震设计规程

Specification for seismic design of
prestressed concrete structures

JGJ 140—2004

图 6-58　从本地镜像标准库中下载的标准全文

6. 万方外文库

万方外文文献包括外文期刊论文和外文会议论文，万方数据知识服务平台上的“外文文献”检索如图 6-59 所示，此处检索到的文献都能通过“请求原文传递”填写表单后到邮箱中获取全文。

外文期刊论文库收录了 1995 年以来世界各国出版的 20 900 种重要学术期刊，部分文献有少量回溯，每年增加论文百万余篇，每月更新。外文会议论文库收录了 1985 年以来世界各主要协会、出版机构出版的学术会议论文，部分文献有少量回溯，每年增加论文 20 余万篇，每月更新。截至 2013 年 1 月 21 日总记录数为 23 584 017 条。此处的全文传递是通过 NSTL(国家科技图书文献中心)的传递系统实现的，它直接嵌入到万方数据知识服务平台中，万方的授权用户可直接在此平台上检索后自己进行文献传递，文章经 2～3 个工作日自动传递到提交的电子邮箱中，图 6-60 所示为传递某篇文章原文的表单。本馆用户在校园网内可直接请求原文传递获取外文文献全文。需要说明一点，此处的文献传递必须先按表单中的要求如实填写个人请求信息，再单击“请求原文传递”按钮将请求发送出去，当一次需要多篇原文时也只能是逐篇传递。

7. 万方科技成果库

万方科技成果库主要收录了国内的科技成果及国家级科技计划项目。内容由中国科技成果数据库等十几个数据库组成。截至 2013 年 1 月 7 日，收录的科技成果总记录达 772 982 条，内容涉及自然科学的各个学科领域。虽是一个题录库，但它是目前国内查新必不可缺的数据库之一。在万方数据知识服务平台中检索“成果”，如在检索框中输入“低孔低渗透油气藏”，系统默认为关键词检索后出现

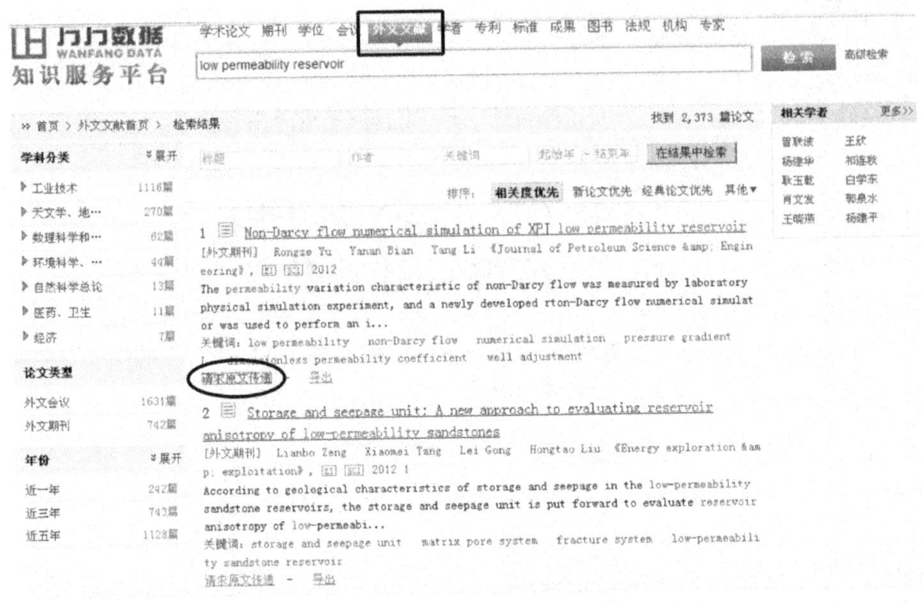

图 6-59 万方外文文献检索和传递

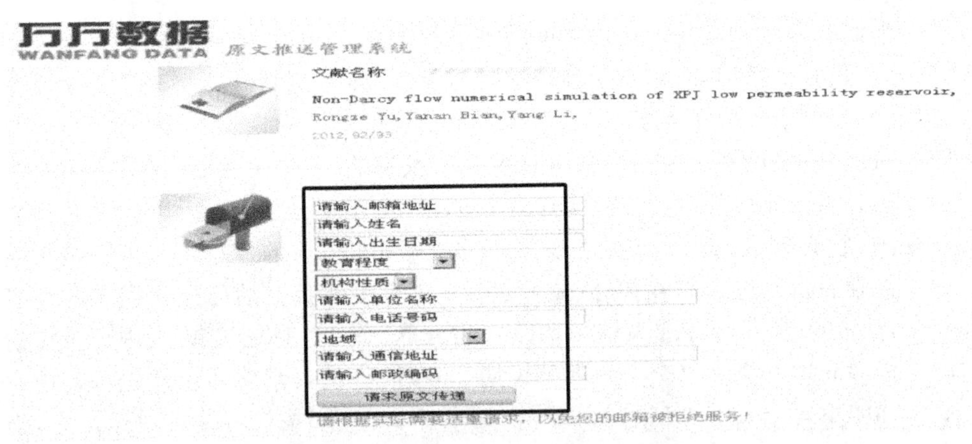

图 6-60 万方数据传递某篇文章原文的表单

的结果如图 6-61 所示。

在高级检索中，增加了主题、题名或关键词、题名、关键词、成果的省市、类别、成果水平、成果密级、成果获奖情况、行业、鉴定单位、申报部门、联系单位及联系人，以及任意词等检索字段，检索结果的显示和题录信息导出同简单检索。

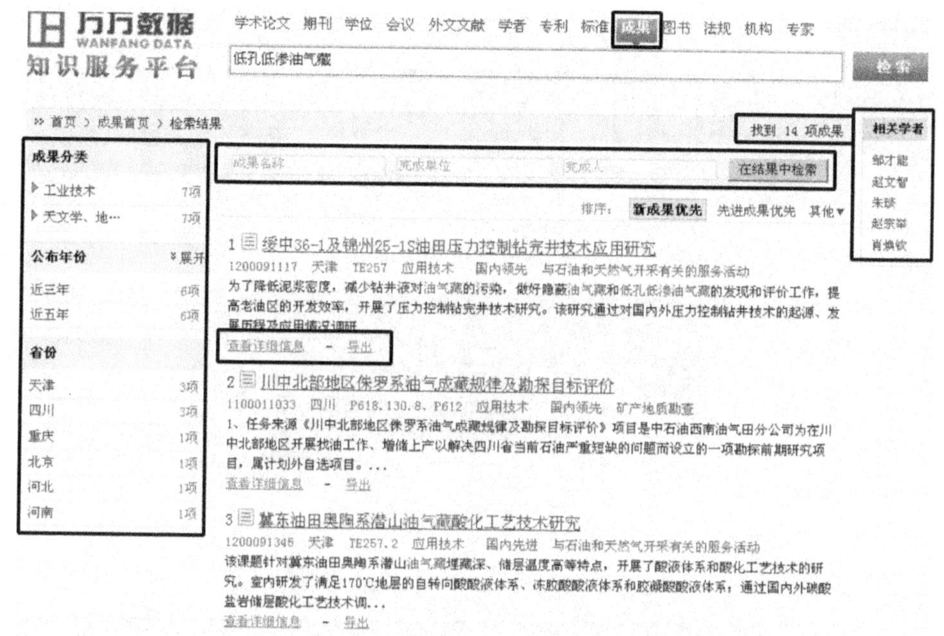

图 6-61 万方数据知识服务平台"成果"检索结果显示

三、万方医学网

1. 资源介绍

万方医学网独家收录 1998 年至今中华医学会、中国医师协会等权威机构主办的 220 余种中外文医学期刊，拥有 1 000 余种中文生物医学期刊、4 100 余种外文医学期刊、930 余部医学视频等高品质医学资源。

万方数据联合国内医学权威机构共同推出的万方医学网镜像版，公网访问地址为 http://med.wanfangdata.com.cn/index.aspx，可供免费检索和查看题录，下载全文则需要登录用户名和密码，或成为万方医学网会员，或购卡充值。

图 6-62 是万方医学网主页面，最上面是一站式跨库检索框，下面是期刊导航、学位导航、会议导航、关键词导航、期刊评价、作者空间、机构空间等的超链接。还可以注册成为医学网会员，进行 RSS 订阅，拥有自己的个人馆，定制信息功能很强大，方便用户按需索取。

2. 本馆用户访问方式

长江大学购买了此库，本馆用户访问万方医学网地址是 http://med.wanfangdata.com.cn/，登录页面如图 6-63 所示。下载医学网期刊全文的账号是 whcjdx，密码是 whcjdx123。下载时须在长江大学校园网内登录才行。

图 6-62　万方医学网主页面

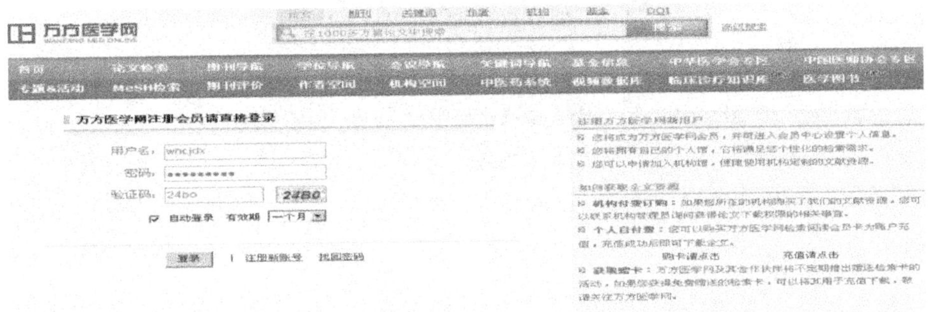

图 6-63　长江大学用户登录万方医学网页面

图 6-64 是万方医学网高级检索页面，检索途径包括标题、关键词、作者、刊名、中文主题词、第一作者、作者机构、中图分类号、ISSN、CN、刊期、DOI 号、药品、疾病、病症、任意词等，还可以在左边选中某个大类科室来限定检索结果。以“术后并发症”为检索词选中全部科室大类，限定发文时间在 2010—2013 年，关键词和标题采用逻辑“与”进行跨库检索（如期刊、外文、学位论文、会议论文等）得出结果如图 6-65 所示。跨库检索的结果显示页面大致和万方数据知识服务平台的结果一样，不同之处在于页面中间显示出检索表达式，每篇论文不但提供了“下载”按键，还提供了“在线阅读”项，但两者都必须要登录才能实现。右边的一栏除了“相关专家”外，还多了“相关主题词”“相关检索词”“相关机构”等超链接。系统默认显示的是全部跨库检索结果，若只想看期刊或外文、学位、会议单库的检索结果，直接单击左栏上边的论文类型即可。从使用上来讲，系统更加方便用户查获与研

究方向有关的参考信息。

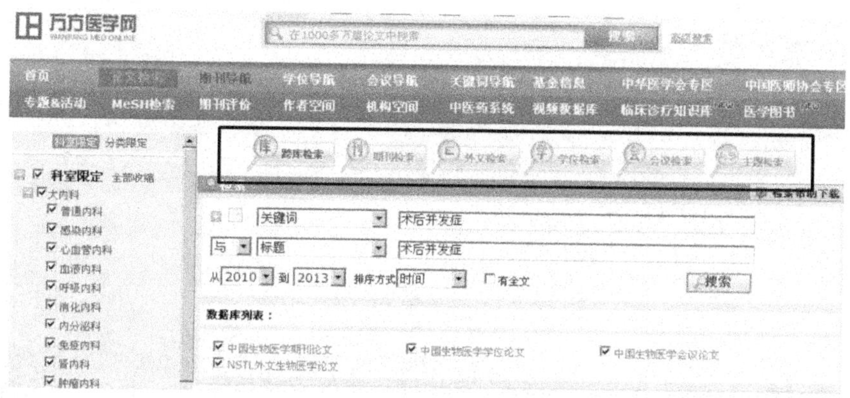

图 6-64 万方医学网高级检索页面

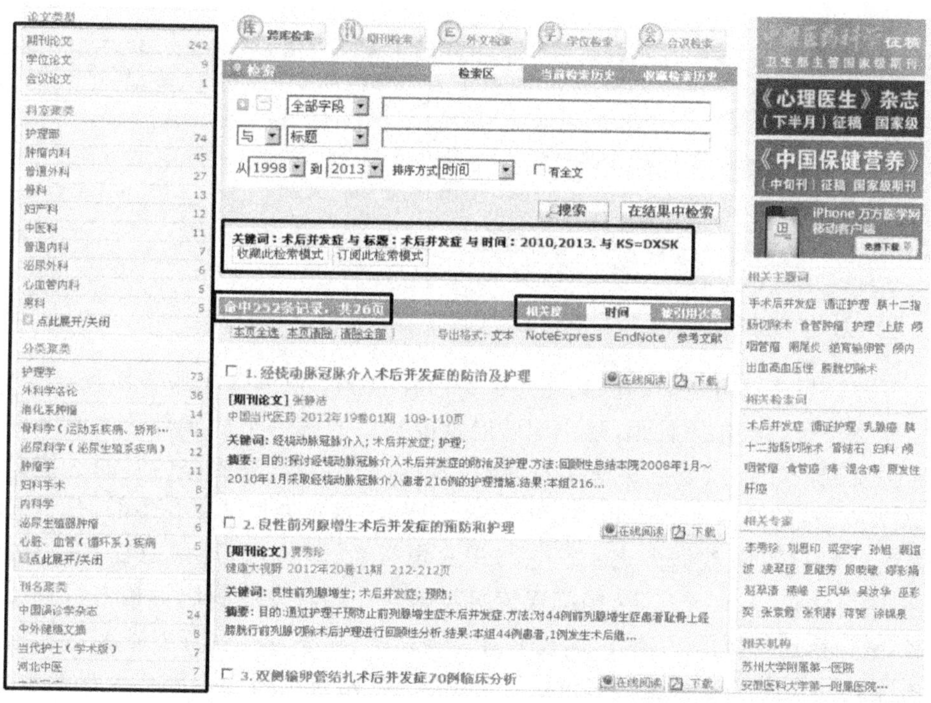

图 6-65 以"术后并发症"进行跨库检索所得结果

单击某篇文章后，会出现显示该篇文章详细信息的新页面，如图 6-66 所示，页面最下部列出该篇文章的参考文献、引证文献，以及该篇文章的相似文献、相似外文文献、相似会议论文、相似学位论文等超链接。

双侧输卵管结扎术后并发症70例临床分析

在线阅读　下载　加入收藏夹　点击:4　下载:0　被引:0

目的:回顾性分析双侧输卵管结扎术术后并发症的发生原因,总结其防治经验.方法:选取70例2008年1月-2008年12月于我院行双侧输卵管结扎术出现并发症的病例,统计并分析其发生的原因及防治对策.结果:70例出现并发症的患者,近期并发症45例,包括:切口感染、血肿、脏器损伤等;远期并发症25例,包括:盆腔炎性病变、PCS、神经官能症等.结论加强医疗队伍建设,提高医疗水平,可有效的降低并发症的发生,减少患者的痛楚.

作者　王君堂(山东聊城高唐县计划生育服务站,山东,聊城,252800);周雪杰(山东聊城高唐县计划生育服务站,山东,聊城,252800);张桂荣(山东东阿计划生育服务站,山东,东阿,252200);王新堂(山东省气象中心,山东,济南,250000);

刊名　健康大视野　2012 年20卷10期　247-247页

英文期刊名　CHINA HEALTH VISION

关键词　输卵管结扎术 双侧 术后并发症 临床分析

分类号　R713

栏目名称　病例报告

[0]王桂华.双侧输卵管结扎术后并发症70例临床分析 万方医学网.按摩与康复医学(中旬刊),2012年3卷 第11期

[1]夏吾增太.双侧输卵管结扎术后并发症52例临床分析 万方医学网.医学信息(中旬刊),2011年24卷 第09期

[2]吴立丽.双侧输卵管结扎术后并发症的护理 万方医学网.健康必读(下旬刊),2012年第09期

[3]王冉,兴燕凌,王妍,范广平.输卵管结扎术术后并发症临床分析 万方医学网.按摩与康复医学(下旬刊),2011年02卷 第12期

图 6-66　单篇文章详细信息显示页面

四、万方视频

万方视频是以科技、教育、文化为主要内容的学术视频知识服务系统,主要收录国家“863”计划、星火计划(经中国政府批准实施的第一个依靠科学技术促进农村经济发展的计划)、重点科研项目、新技术推广、创新与发明等内容的科技专题片 10 000 余部,涵盖了 9 个学科,涉及 38 个行业,每年新增 8 000 多部,是目前国内最大的科技视频数据库之一。它与中央电视台、教育部、凤凰卫视、中华医学会、中国科学院、北大光华、法国陈氏传媒等国内外著名专业制作机构进行广泛的战略合作,精选科技部、中国科学技术信息研究所、中央电视台等专业机构的科技视频资源。全库共有科技大视界、万方大讲堂、地理文化、名人访谈四大系列,2012 年,万方视频隆重推出“中国名师讲坛”系列,特邀全国知名高校的著名学者、专家,以讲座、会议发言、实验等各种生动形式展示最新教学成果和研究心得。

2012 年 12 月本馆已开通万方部分视频库,链接地址为 http://video.wanfangdata.com.cn/login.action,如图 6-67 所示。视频播放时支持播放内容的资料下载,如图 6-68 所示。

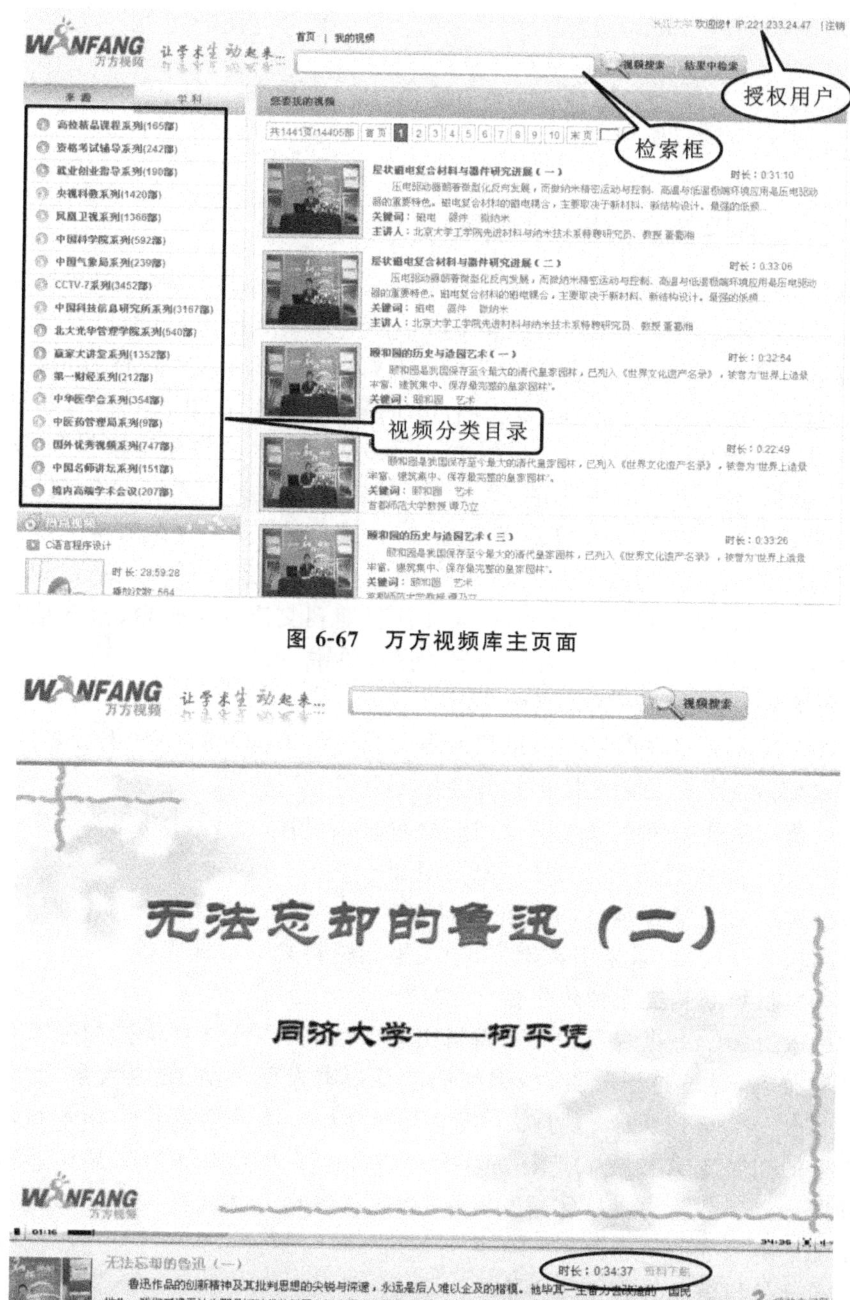

图 6-67　万方视频库主页面

图 6-68　单个万方视频播放页面

第五节　中国人民大学《复印报刊资料》系列数据库

一、中国人民大学书报资料中心简介

中国人民大学书报资料中心成立于 1958 年，是国内最早从事人文社会科学信息资料搜集整理、编辑加工、信息发布的学术研究出版单位，目前已发展成为集期刊出版、网络电子出版、信息咨询、广告、发行等于一身的，综合性、跨媒体的现代信息资料出版机构。中国人民大学书报资料中心坚持以繁荣我国哲学社会科学为己任，始终遵循“学术为本，为教学科研服务”的宗旨，“精选千家报刊，荟萃中华学术”，编辑出版了大量高质量、高水平、享誉海内外的学术信息资料，被誉为“中华学术的窗口”“中外文化交流的桥梁”。50 多年来，中国人民大学书报资料中心围绕“建设中国人文社科信息中心”的发展目标，逐渐形成了 4 个平台和 1 个中心：人文社科信息资料编辑出版平台、人文社科期刊交流评价平台、报刊信息咨询平台、教学科研服务平台，人文社科信息数据提供中心。

1. 人文社科信息资料编辑出版平台

中国人民大学书报资料中心是目前国内最大的人文社科期刊出版基地，出版品种多，规模大，涵盖了人文社科领域的各个学科。

纸质期刊系列主要有：《复印报刊资料》系列期刊（118 种）；报刊资料索引系列期刊（8 种）；文摘系列期刊（14 种）；原发期刊（8 种）。

数据库产品主要有：《复印报刊资料》全文数据库；《中文报刊资料摘要》数据库；《复印报刊资料》目录索引数据库；中文报刊资料索引数据库等。

2. 人文社科期刊交流评价平台

中国人民大学书报资料中心所编辑出版的期刊，广泛选材于国内公开出版的人文社科报刊，经过科学分类、精编细选以及中国人民大学、北京大学、北京师范大学、浙江大学、厦门大学、复旦大学、中国社会科学院等全国众多学术科研单位相关专业的知名专家教授们严格的审稿遴选，确保入编稿件的高品位、高质量。学界和期刊界普遍认为，《复印报刊资料》的转载量是人文社科期刊领域中一个客观公正的评价标准。

3. 人文社科信息数据提供中心

中国人民大学书报资料中心利用 50 多年来积累起来的丰富信息资料，运用现代信息网络技术，建成了庞大的人文社科信息数据库，为广大用户提供及时、完善、方便、快捷的信息产品服务。到目前为止，中心全部期刊产品已同时出版了电子版和网络版。

4. 报刊信息咨询平台

中国人民大学书报资料中心利用自身优势，开展了灵活快捷、及时高效、系统全面的个性化报刊咨询业务，常年为国家决策研究部门、科研单位、企业、个人提供信息咨询服务。如为第29届奥组委编辑的《国内报刊奥运报道专辑》《国内媒体奥运工程报道新闻汇编》等，以及《北京市公安局公安新闻摘编》《宝钢情报数据库》《中钢集团舆情监测报告》等。

5. 教学科研服务平台

中国人民大学书报资料中心《复印报刊资料》系列期刊紧跟我国教学科研和学科建设的发展变化，及时出版读者需要的权威资料。通过学术研讨会、作者俱乐部、网站等各种形式，为教学科研服务。

中国人民大学书报资料中心的各类产品适合各级各类图书馆、资料室、教学科研院所和研究基地、党政机关、文化宣传政工部门、经济管理机构、工商企业、部队，以及个人学习、研究、工作参考与积累资料之用。

二、中国人民大学书报资料中心的电子产品

中国人民大学书报资料中心是传统学术期刊出版行业中数字化起步最早的单位之一。1994年研制了中文报刊社科资料索引数据库（软盘），1995年开始研制光盘版数据库，1996年12月，中华人民共和国新闻出版总署批准出版《复印报刊资料》中文报刊资料索引光盘产品，并授予正式版号。2000年，《复印报刊资料》系列数据库的Web版开发成功，中心电子产品开始支持网络服务。2008年1月，中华人民共和国新闻出版总署下发了《关于同意中国人民大学书报资料中心从事互联网出版服务业务的批复》（新出音〔2008〕25号），批准中心开展网络出版业务。2008年10月，“资料中心网数字出版平台”（http://ipub.zlzx.org）正式建成并投入运营。

中国人民大学书报资料中心目前出版有全文数据库、《复印报刊资料》目录索引数据库、中文报刊资料摘要数据库、中文报刊资料索引数据库、专题研究数据库、数字期刊库六大系列产品。该系列数据库内容丰富，既有经过专家、学者遴选、浓缩而成的学术精品全文库，也有提供人文社会科学各学科全部研究信息的索引库，此外，还有针对学术热点和读者需求研发的专题研究库等，“精选”与“全面”完美结合，形成了涵盖面广、分类精当、兼收并蓄的完备的社科信息数据库体系，填补了人文社会科学数字出版领域的空白，具有重要的思想文化价值和科学研究价值。

《复印报刊资料》系列数据库具有较高的学术价值和品牌影响力。中国人民大学书报资料中心系列产品在国际上也受到广泛认可，发行至世界90多个国家和地区，被誉为“中华学术的窗口”“中外文化交流的桥梁”。

在数字出版技术方面，书报资料中心数据库产品采用 CGRS 全文检索系统。该系统主要由全文数据库服务器、系统管理员客户端、检索客户端、Web 全文检索系统、二次开发接口等组成，可以对用户实行远程实时更新，具有良好的扩展性，能够最大限度地满足用户需求。

1. 全文数据库

全文数据库是在《复印报刊资料》纸质期刊基础上进一步分类、整理形成的数据库产品。它囊括了人文社会科学领域中的各个学科，包括哲学类、政治学与社会学类、法律类、经济学与经济管理类、教育类、文学与艺术类、历史学类、文化信息传播类以及其他类。每个类别分别涵盖了相关专题的期刊文章。该库以专家和学者的眼光，依循严谨的学术标准，在全面的基础上对海量学术信息进行精心整理、加工、分类、编辑，去芜存菁，优中选优，提供高质量的学术信息产品。数据信息量大，涵盖范围广，便于用户了解与自己的课题相关的研究状况，把握本领域的研究动态。

全文数据库目前有两种呈现方式，即学术论文型和数字期刊型。学术论文型基于学科类别展现篇目内容；数字期刊型则以整刊形式展现，具有直观、便捷的特点。

全文数据库收录年限为 1995 年至今。其中法学，经济法学、劳动法学，妇女研究，图书馆学、信息科学、资料工作，情报资料工作，语言文字学，中国古代、近代文学研究，红楼梦研究，中国现代、当代文学研究，鲁迅研究，中国古代史等专题已回溯至创刊年。

2.《复印报刊资料》目录索引数据库

该库是题录型数据库，汇集了 1978 年至今《复印报刊资料》系列期刊的全部目录，按专题和学科体系分类编排而成，累计数据达 74 多万条。每条数据包含专题代号、类目、篇名、著者、原载报刊名称及刊期、选印在《复印报刊资料》上的刊期和页次等多项信息。该库是订购《复印报刊资料》系列刊物的用户查阅全文文献资料的得力工具。只需单击几个按键就能获取准确的信息，为科研工作者提供了详尽的资料，其功能大大超过了传统人工索引，可以从中归纳出该专题的历史研究规律和趋势，是《复印报刊资料》整体数据收藏和应用的重要向导。

3. 中文报刊资料索引数据库

该库是题录型数据库，汇集了自 1978 年至今的国内公开发行的人文社科报刊上有关文献的全部题录。按专题和学科体系分为九大类，包括法律类、经济学与经济管理类、教育类、历史类、文学与艺术类、文化信息传播类、哲学类、政治学与社会学类和其他类，各大类之下设置四级类目，个别类目已深入揭示到七级。数据量为 600 多万条，每条数据包含专题代号、类目、篇名、著者、原载报刊名称及刊期、复印专题名称及刊期等多项信息。

该库在报刊文献从无序到有序的转化以及促进报刊文献资源的开发与利用方面发挥着关键性的作用。由于各学科之间的相关性,学科间相互渗透和交叉的现象正在加剧,许多学科有很多论文散落在相关学科的刊物上。另外,从一次文献到二次文献(索引产品)的出版都有时差性,需要几个月时间,中文报刊资料索引数据库则可以让用户及时了解本专业的研究状况和热点问题。该数据库被称为"全国四大索引"之一。

4. 中文报刊资料摘要数据库

该库是人文社科文献要点摘编形式的数据库,它收集了中心出版的 14 种专题文摘上刊载的经过浓缩的学术资料,累积 7 万余条数据,收录年限为 1993 年至今。

该库简明扼要地摘写文章的论点、论据和重要材料,记录科研成果,反映学术动态,积累有关数据。数据量大,涵盖范围广,便于用户了解与自己的课题相关的研究状况,把握本领域的研究动态。该数据库既能通过任意词等常见字段辅助社会科学领域入门者快速获取文献信息,同时又以丰富的字段逻辑组合满足专家级的准确检索需求。

5. 专题研究数据库

该库包括在线版和光盘版两类。在线包库型专题研究数据库于 2008 年 10 月建成,是根据特色选题,通过分类整理、合理组合,从《复印报刊资料》全文数据库中整理生成各类专题研究资料,从而形成的新的数据库产品。该库包括以下 24 个专题子库:①中国特色社会主义理论;②中国共产党;③精神文明建设;④体制改革;⑤中国政治问题研究;⑥中国立法研究;⑦中国司法研究;⑧中国社会问题研究;⑨中国民族问题研究;⑩中国妇女问题研究;⑪中国青少年问题研究;⑫儒学研究;⑬国学研究;⑭汉学研究;⑮敦煌学;⑯《红楼梦》研究;⑰鲁迅研究;⑱媒介经营与管理;⑲中小学新课程改革;⑳高等教育问题研究;㉑金融、财税问题研究;㉒财会、审计问题研究;㉓人力资源与社会保障;㉔中国宏观经济形势。

光盘版专题研究数据库包括以下 6 种产品:①《当代文萃》光盘版;②《家庭教育导读》光盘版;③《素质教育》光盘版;④《精神文明导刊》光盘版;⑤《"三个代表"重要思想研究(资料汇编)》光盘版;⑥《中国共产党(珍藏版)》光盘版。

专题研究数据库选题遵循专题原则、实用性原则和需求原则,选取学术精品、人文精品,内容涵盖人文社会科学领域中的理论前沿和社会热点问题,体现了"特色"与"精选"的结合。该数据库选题独具特色,分类科学精当,内容丰富全面,便于用户了解与课题相关的研究状况,把握本领域的研究动态,为社会各界人士进行学术探讨和理论研究提供更加全面的服务,是拓宽研究视域、激发学术观点创新,进而促进文化发展的数字动力。

6. 数字期刊库

中国人民大学书报资料中心还出版一系列的数字期刊库，包括《复印报刊资料》系列期刊、文摘类系列期刊以及原发刊系列等。数字期刊库以原刊形式面向读者，同时提供多种检索途径，使用方便。

三、用户登录中国人民大学《复印报刊资料》系列数据库的方式

因本馆购买了中国人民大学《复印报刊资料》全文库，故长江大学用户只要在校园网内不用登录直接在网页浏览器中键入 http://ipub.zlzx.org/（远程访问）或 http://10.203.1.248:9000/query（本地镜像），或从长江大学主页学术资源页面或进长江大学“图书馆”资源—“中文数据库”，选择“中国人民大学书报资料中心”进入即可使用。长江大学的用户无论从哪个网址进入，访问的数据都是相同的，且本地数据和远程的同步更新。但只能免费访问页面上的前两个数据库，即“全文数据库”和“数字期刊库”，其他四个库均不能使用，如图 6-69 所示。

长江大学的用户在校园网 IP 范围以外的地方属于非授权用户，要查阅中国人民大学书报资料中心的数据库信息，教职工、硕士研究生、少量授权本科生可以利用本人借阅证注册后登录校外访问地址 http://221.233.24.34:8000 进行访问。此外，还可通过购买中国人民大学书报资料中心发行的读书卡进行访问。第一次使用读书卡时，要先注册一个新用户。已经注册过的用户，直接登录中国人民大学书报资料中心信息发布网站地址 http://book.zlzx.org，在页面顶部导航中输入用户代号和密码，根据图片填写正确的验证码后，单击“登录”按钮即可查阅资料。此时，会根据用户所使用资源的类型与下载文献的篇数，计次收费。

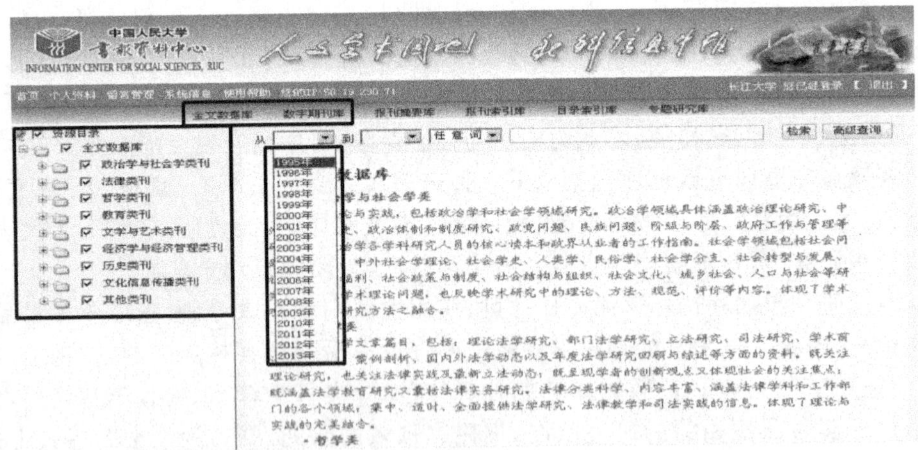

图 6-69　中国人民大学书报资料中心全文数据库页面

四、中国人民大学《复印报刊资料》系列数据库的检索

在首页登录后，可以根据数据库的分类来查看想查看的文章，如图 6-69 左侧框中所示。

1. 全文数据库

1）基本信息

在左侧的树状结构中选择需要查询的种类，右侧文章列表会根据自己的选择，显示不同的内容。用户可以通过单击“下页”“尾页”或输入页号来查找需要的文章。

2）检索

在顶部的检索框中，可以先选择不同的年份段，以及填写的关键词所要查询的地方，如图 6-70 所示，单击“检索”后右侧就能显示出和关键词相匹配的文章。

注意：如果输入两个不同的关键词可以在词间加上不同的符号来表示它们的关系。例如：“ * ”表示 “与”的关系；“＋”表示“或”的关系。

图 6-70　全文数据库检索途径的选择

3）高级查询

如果简单检索无法实现所需要的功能，可单击“高级查询”按钮来检索需要的文章，单击后进入如图 6-71 所示页面。

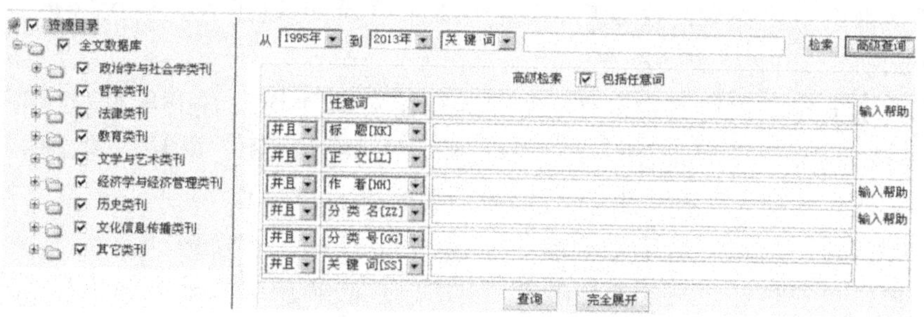

图 6-71　全文数据库的高级检索页面

注意:在第一个下拉菜单中可以选择填写信息的相互关系,如“或者”“并且”“除了”。在第二个下拉菜单中可以选择查找关键词属于什么位置,如“标题”“正文”“作者”……如果感觉查询条件不够多,可以单击“完全展开”来获得更多的查询框。如果不知道怎么填写,可以单击“输入帮助”,进入如图 6-72 所示页面。

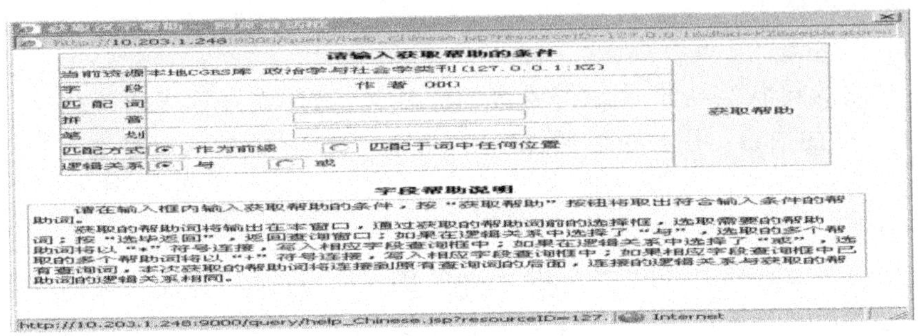

图 6-72　全文数据库的帮助页面

根据需要,填写相关的选项,然后单击“获取帮助”就显示为图 6-73 所示页面。

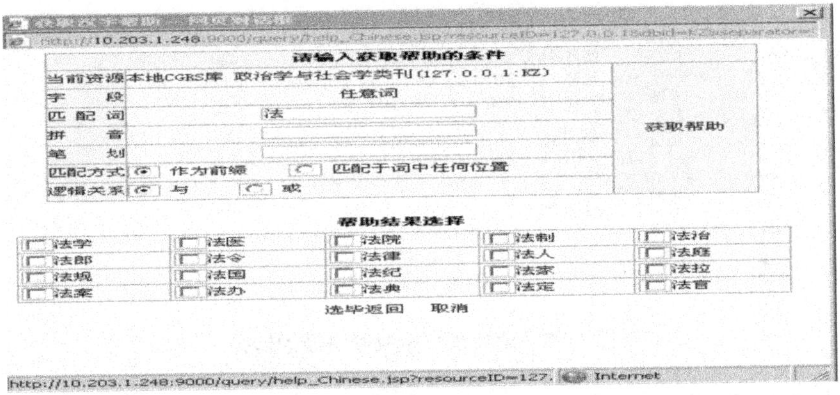

图 6-73　选择获取帮助的条件

在结果中勾选想输入的名称,单击“选毕返回”后,在页面中就可以看到查询条件了。确定想要查看的文章后,单击文章标题,就可以进入具体内容页面,如图 6-74 所示。

页面左上显示该篇文章属于《政治学与社会学类刊》,右上角有“打印”和“保存”选择按钮,文章最后是注释或参考文献。在页面的最下边有与本文内容相关联的文章题目超链接列表。用户可以视需要选择相应操作。

2.《复印报刊资料》数字期刊库

用户可以通过各个分类来查找想看的期刊,或者在检索框中输入期刊的代号或期刊名称来查找想要查看的期刊,如图 6-75 和图 6-76 所示。

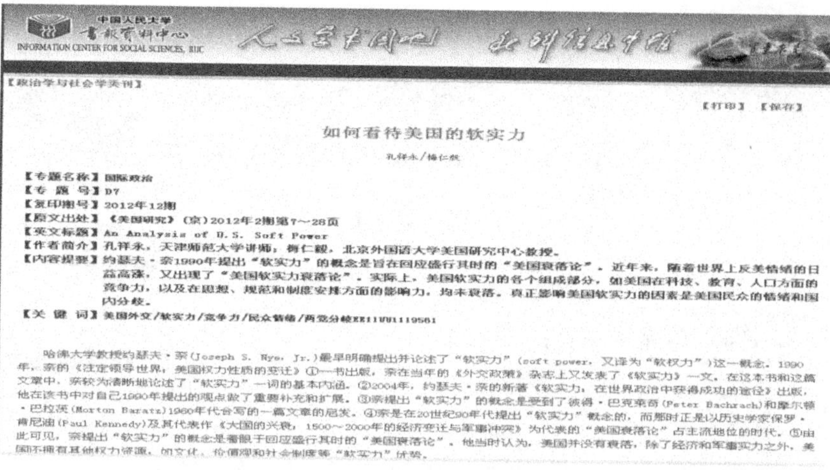

中国人民大学 书报资料中心
INFORMATION CENTER FOR SOCIAL SCIENCES, RUC

【政治学与社会学类刊】

【打印】　【保存】

如何看待美国的软实力

孔祥永/梅仁毅

【专题名称】国际政治
【专 题 号】D7
【复印期号】2012年12期
【原文出处】《美国研究》（京）2012年2期第7～28页
【英文标题】An Analysis of U.S. Soft Power
【作者简介】孔祥永，天津师范大学讲师；梅仁毅，北京外国语大学美国研究中心教授。
【内容提要】约瑟夫·奈1990年提出"软实力"的概念是旨在回应盛行其时的"美国衰落论"。近年来，随着世界上反美情绪的日益高涨，又出现了"美国软实力衰落论"。实际上，美国软实力的各个组成部分，如美国在科技、教育、人口方面的竞争力，以及在思想、规范和制度安排方面的影响力，均未衰落。真正影响美国软实力的因素是美国民众的情绪和国内分歧。
【关 键 词】美国外交/软实力/竞争力/民众情绪/两党分歧EE11U01119561

哈佛大学教授约瑟夫·奈(Joseph S. Nye, Jr.)最早明确提出并论述了"软实力"(soft power，又译为"软权力")这一概念。1990年，奈的《注定领导世界，美国权力性质的变迁》①一书出版，奈在当年的《外交政策》杂志上又发表了《软实力》一文。在这本书和这篇文章中，奈较为清晰地论述了"软实力"一词的基本内涵。②2004年，约瑟夫·奈的新著《软实力，在世界政治中获得成功的途径》出版，他在该书中对自己1990年提出的观点做了重要补充和扩展。③奈提出"软实力"的概念是受到了彼得·巴克莱奇(Peter Bachrach)和摩尔顿·巴拉茨(Morton Baratz)1960年代合写的一篇文章的启发。④奈是在20世纪90年代提出"软实力"概念的，而那时正是以历史学家保罗·肯尼迪(Paul Kennedy)及其代表作《大国的兴衰，1500～2000年的经济变迁与军事冲突》为代表的"美国衰落论"占主流地位的时代。⑤由此可见，奈提出"软实力"的概念是着眼于回应盛行其时的"美国衰落论"。他当时认为，美国并没有衰落，除了经济和军事实力之外，美国不拥有其他权力资源，如文化、价值观和社会制度等"软实力"优势。

图 6-74　全文内容显示页面

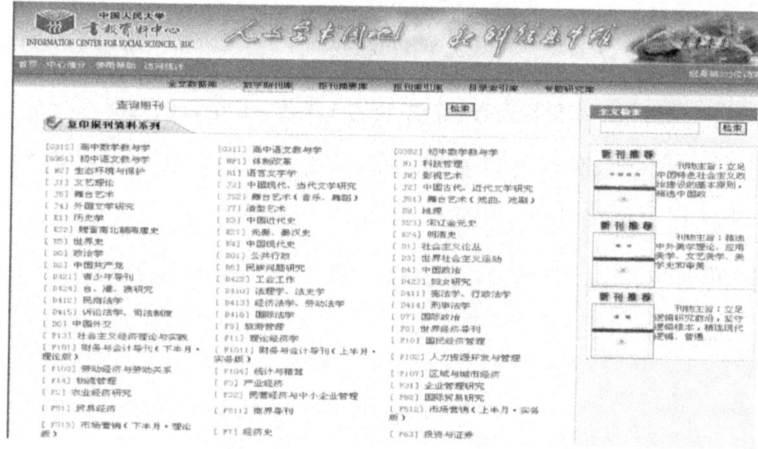

图 6-75　数字期刊库检索页面

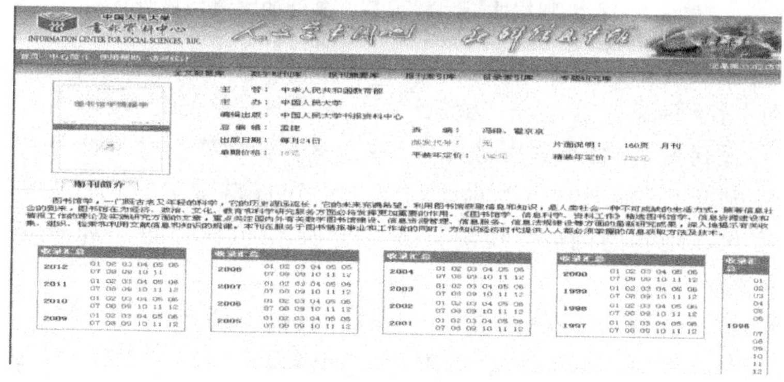

图 6-76　检索到的某种期刊的显示页面

进入期刊后，单击相应年份下的期号，就可以进入图 6-77 所示页面。

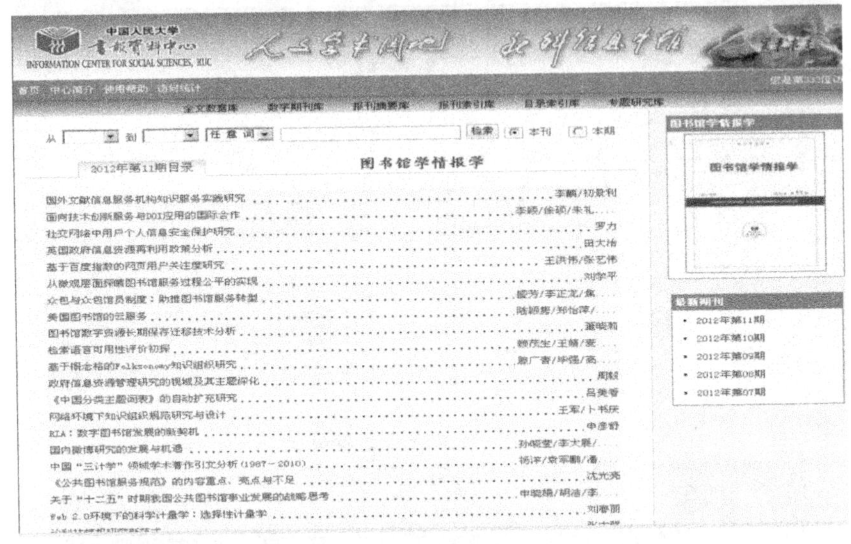

图 6-77　需要查看某种期刊某一年某一期的目录列表

单击具体文章标题后就可以查看文章全文了。如果列表中没有找到需要的文章，可以通过检索框来查询，如图 6-78 所示。

图 6-78　在本刊或本期中检索符合条件的文章的检索页面

首先，选择想要查找的字段，然后，输入关键词，最后，选择是想在本期中查询还是在本刊中查询，确认后，单击“检索”就能查找到想要的文章。

3.《复印报刊资料》目录索引数据库、中文报刊资料索引数据库

《复印报刊资料》目录索引数据库与中文报刊资料索引数据库的使用方法基本相同，这里仅以前者为例进行说明。图 6-79 所示为《复印报刊资料》目录索引数据库的检索主页面。

在左侧的树状结构中选择年份后，再查看想查看的类别，在右侧就会显示出查询结果，同时会告之查看需要的费用，这是因为《复印报刊资料》目录索引数据库是按类收费的。单击“查看”后，就可以查看索引列表了。在查看时，可以通过序号后面的多选框来勾选想查看的索引，然后单击“多篇显示”就可以在一页中查

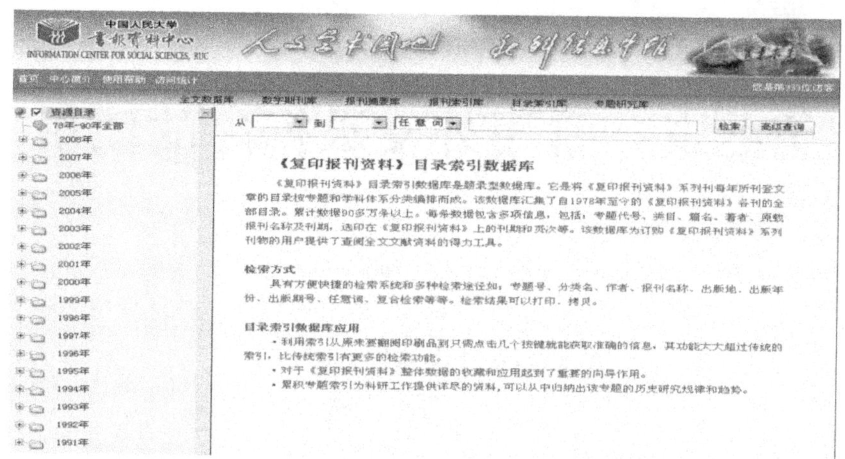

图 6-79　《复印报刊资料》目录索引数据库的检索主页面

看选择的信息。

还可以通过检索框根据提供的关键词来查找需要的索引，同时可以通过高级检索根据提供的关键词来精确查找(具体操作与全文数据库精确检索相同)。

4. 专题研究数据库

专题研究数据库的检索主页面如图 6-80 所示。

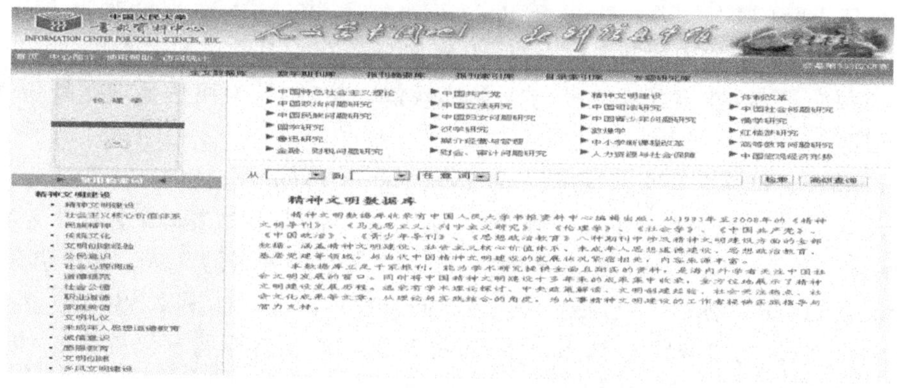

图 6-80　专题研究数据库的检索主页面

页面左侧的关键词是目前热门的关键词。如果要查看专题中的全部内容，需要通过单击“检索”按钮来查看。也可以根据提供的关键词在检索框中查找，同样要想精确检索只要单击“高级查询”按钮，其具体操作与全文数据库精确检索相同。只要选择好查找的范围、字段间关系以及要查找的关键词，再单击“检索”按钮就能看到相关的信息。

第七章 常用外文数据库的使用

第一节 EBSCO 数据库

一、EBSCO 数据库介绍

EBSCO 数据库具有 70 年的历史，可提供期刊、文献定购及出版等服务，名称由创始人 Elton B. Stephens 名字首字母加公司(company)前两个字母缩写而成。它下设的文献服务公司代理发行纸质期刊、全文期刊数据库、文摘型数据库及电子期刊。它实际是出版社与图书馆之间的中介机构，把出版社的出版物以读者最易接受的方式提供给图书馆，它开发了多个网上数据库，1994 年率先推出网上全文数据库 EBSCO HOST。1999 年，CALIS 中心引进的 ASE(现已改为 ASP)和 BSP 是 EBSCO 数据库的两个综合性、大数据量的全文及文摘型数据库。EBSCO 数据库每日更新，并将二次文献与一次文献整合在一起，为用户提供文献检索一体化服务。

1. 学术期刊集成全文数据库(Academic Source Premier，ASP)

ASP 是一个包括社会科学和自然科学的综合性期刊数据库，主要有生物科学、医学、政治、工程、教育、社会学、物理、艺术、文学等领域的 7 900 余种期刊，其中全文期刊 4 700 种(其中包括 3 600 多种同行评审期刊)，被 SCI、SSCI(社会科学引文索引)收录的文摘约占 52%，全文约占 38%。全文最早可回溯到 1990 年，索引和文摘最早可回溯到 1984 年。

2. 商业资源集成全文数据库(Business Source Premier，BSP)

BSP 是行业中使用最多的商业研究数据库，它提供 2 300 多种期刊的全文，包括 1 100 多种同行评审刊名的全文。BSP 相比同等数据库的优势在于它对所有商业学科(包括市场营销、管理、MIS、POM、会计、金融和经济)都进行了全文收录。BSP 还收录了一些研究机构与咨询机构提供的数据资料与研究报告，包括：市场研究报告、行业报告、国家经济报告和 10 000 个世界顶级的公司的详细资料与数据分析等。此外，它还提供了 350 多个顶级学术期刊的全文回溯，最早可回溯到 1922 年。

3. History Reference Center

History Reference Center 提供了 1 000 多部历史参考书和百科全书的全文、60 种历史杂志的完整全文、58 000 份历史资料、43 000 篇历史人物传记、12 000 多幅历史照片和地图及 80 多个小时的历史影片和录像。

4. 教育资源信息中心(Educational Resource Information Center, ERIC)

ERIC 是美国教育部的教育资源信息中心数据库，它包含 1 194 000 多条记录和链接，这些链接指向 ERIC 所收藏的 100 000 多篇全文文档。

5. 医学文献(MEDLINE)

MEDLINE 提供了有关医学、护理、牙科、兽医、医疗保健制度、临床科学及其他方面的权威医学信息。MEDLINE 由 National Library of Medicine 创建，采用了包含树、树层次结构、副标题及激增功能的 MeSH(医学主题词表)索引方法，可从 4 800 多种当前生物医学期刊中检索引文。

6. 报纸资源(Newspaper Source)

Newspaper Source 提供了近 30 种美国及国际出版的报纸的精选全文。该数据库还包含来自电视和收音机的全文新闻副本以及 200 多种地区(美国)报纸的精选全文。

7. 专业开发收藏库(Professional Development Collection)

Professional Development Collection 专为职业教育者而设计，是世界上最全面的全文教育期刊集。它提供了 550 种非常专业的优质教育期刊集，包括 350 多个同行评审刊。此数据库还包含 200 多篇教育报告。另外，Professional Development Collection 还提供了 900 多种期刊的索引和文摘。其全文信息最早可追溯至 1965 年。

8. 地区商业信息(Regional Business News)

Regional Business News 提供了地区商业出版物的详尽全文收录。Regional Business News 将美国和加拿大所有城市和乡村地区的 75 种商业期刊、报纸和新闻专线合并在一起。

9. Vocational and Career Collection

Vocational and Career Collection 为服务于高等院校、社区大学、贸易机构和公众的专业技术图书馆而设计。它提供了 350 多种与贸易和工业相关期刊的全文收录。

10. Library, Information Science & Technology Abstracts(LISTA)

LISTA 收录了 500 多种核心期刊、50 多种优先期刊和 125 种精选期刊，外加书籍、研究报告与会议录的索引。其主题包括图书馆学、分类学、编写目录、书籍装订技术、在线信息检索及信息管理等内容。该数据库中的文章可追溯至 20 世纪 60 年代中期。

11. GreenFILE

GreenFILE 提供有关人类对环境所产生的各方面影响的深入研究信息。它主要收录全球变暖、绿色建筑、污染、可持续农业、再生能源、资源回收等方面的研究，覆盖农业、教育、法律、健康和工程技术等多个学科。本数据库提供近 384 000 条记录的索引与摘要，以及 4 700 多条记录的 open access 全文。

12. Teacher Reference Center

Teacher Reference Center 为教师和行政人员提供了 270 多种期刊的索引和摘要，以帮助职业教育者。

二、EBSCO 综合学科检索平台的检索方法

目前，长江大学用户可以通过两种方式访问 EBSCO 数据库：①直接输入网址 http://search.ebscohost.com；②校园网用户登录到长江大学图书馆网站，在“电子资源”栏目下，单击“外文数据库”，再单击“EBSCO 外文期刊”，最后单击“EBSCO”的链接地址即可。

1. 关键词检索

1)基本检索

EBSCO HOST Web 页默认的检索方式为基本检索(即简单检索)，如图 7-1 所示。

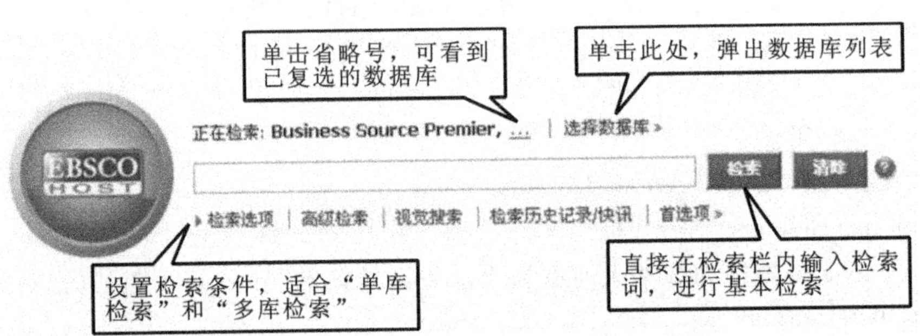

图 7-1　EBSCO HOST Web 页基本检索框

单击“选择数据库”，可以选择数据库进行限定，如图 7-2 所示。

在检索输入框中输入检索条件时，EBSCO HOST 允许使用布尔逻辑检索、截词检索、字段限制检索、位置算符检索。根据检索需求，用户可以自行设置“扩展检索选项”和“常用限定选项”，在检索输入框中输入检索词或者检索表达式，单击“检索”按钮，即可完成检索。

在 Search modes 框，可以选择布尔逻辑检索的模式，常用于扩展检索，如图 7-3所示。

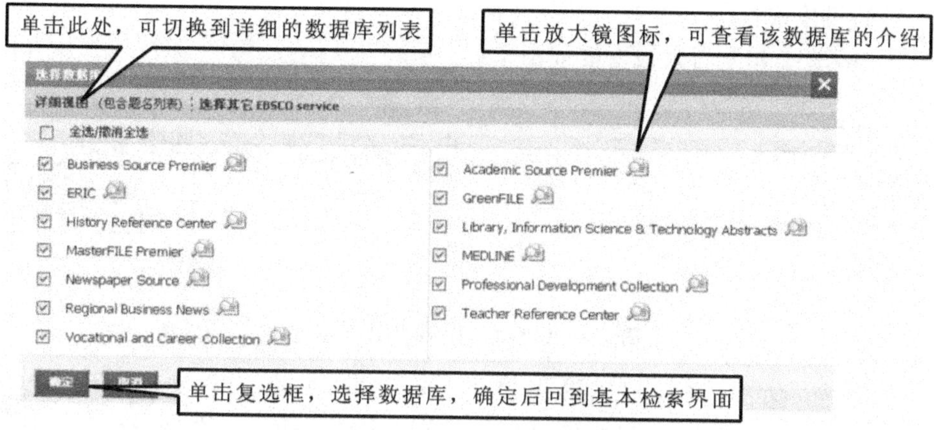

图 7-2　EBSCO HOST 子库选择页面

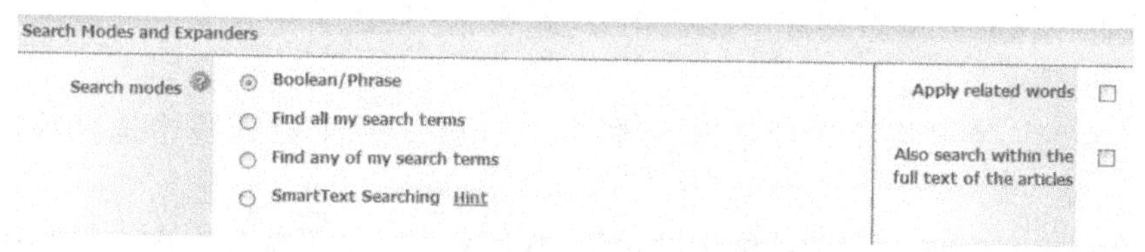

图 7-3　EBSCO HOST 扩展检索选项

(1)Boolean/Phrase：支持 3 种逻辑运算和扩展运算(一般为截词运算和位置运算)。

(2)Find all my search terms：查找全部检索词，相当于逻辑“与”运算。

(3)Find any of my search terms：查找任何检索词，相当于逻辑“或”运算。

(4)SmartText Searching Hint：在此检索模式下，可以输入或者粘贴大段文字(包括空格最多为 5 000 个字符)进行检索。

(5)Apply related words：相当于 VIP 数据库中的调用同义词库。

(6)Also search within the full text of the articles：在默认字段和全文中检索。

EBSCO HOST 对 9 个子库都有特定的限制选项，可供检索时选择，对结果进行限定，能够更精确地找到所需文献。

(1)Full Text：只检索有全文的文章。

(2)Scholarly(Peer Reviewed)Journals：只检索有专家评审的期刊。

(3)References Available Published Date from：只检索有参考文献的文章。

(4)Publication：在限定的出版物中检索。

(5)Published Date from：限定出版物的出版时间。

(6)Image Quick View Types：限定图像类型。

2)高级检索

EBSCO HOST 高级检索框如图 7-4 所示。

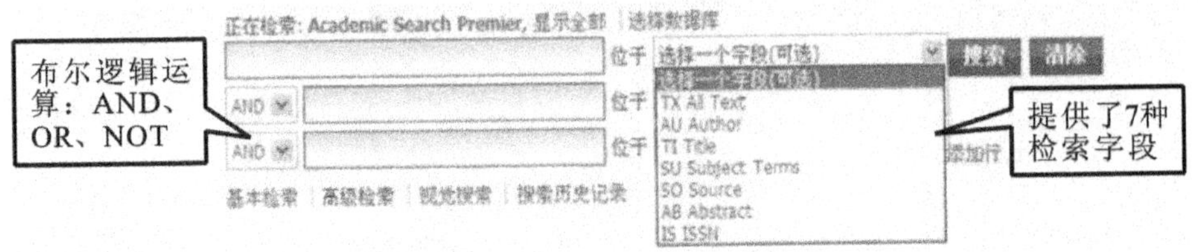

图 7-4　EBSCO HOST 高级检索框

如图 7-4 所示，高级检索框提供了七种字段：TX——全文；AU——作者；TI——文章题名；SU——主题词；SO——文献来源；AB——文摘；IS——国际统一刊号。在字段与字段之间，提供了布尔逻辑检索式，进行构建检索关系式。

例如，在 EBSCO 数据库中查找作者为“吴云”且题名中含有“computer”的全文论文，步骤如下所述。

(1)在第一个查找字段中输入关键字 computer，在下拉列表中选择检索字段为“TI Title”。

(2)在第二个查找字段中输入关键词“Wu-Yun”，在下拉列表中选择检索字段为“AU Author”。如果有三个以上的限定，可以添加行，继续在查找字段中输入关键词，选择某种字段。

(3)选择布尔运算符 AND，以便将输入的两个查找字段中的内容结合在一起。

EBSCO HOST 高级检索案例页面如图 7-5 所示。

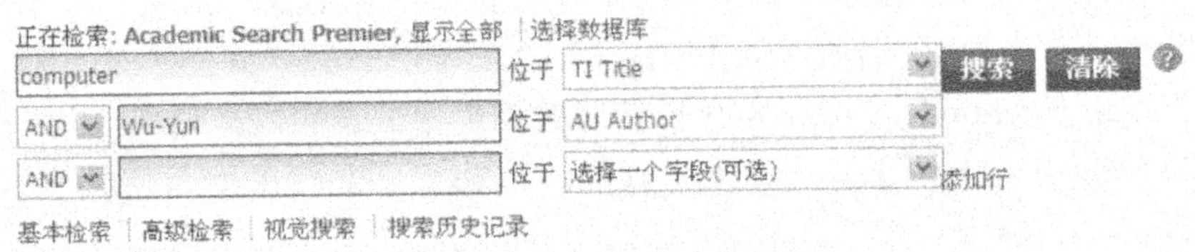

图 7-5　EBSCO HOST 高级检索案例页面

(4)用“限定条件”缩小检索范围：将检索结果限制在全文文章中。

(5)单击“搜索”按钮，显示结果列表，如图 7-6 所示。

2. 视觉检索

在视觉检索页面，用户可以通过对检索结果的层层主题归类，更有效地获得需要的结果，具体如图 7-7 所示。

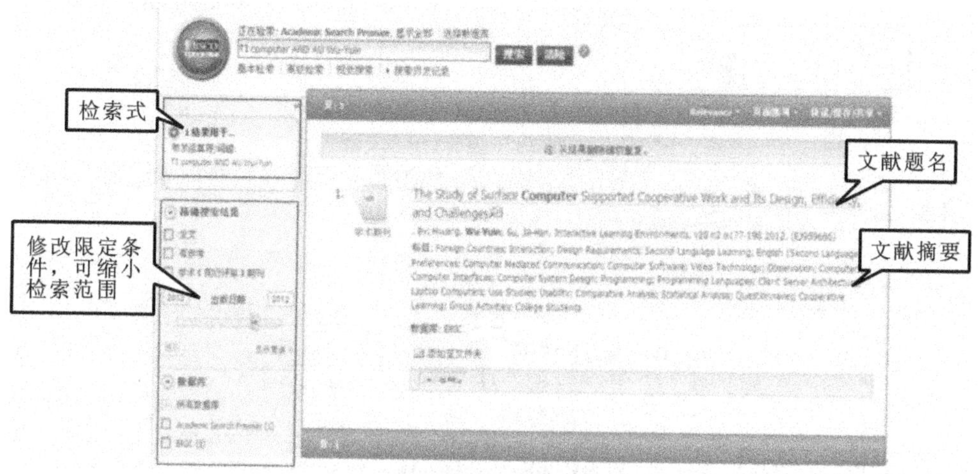

图 7-6　高级检索案例结果页面

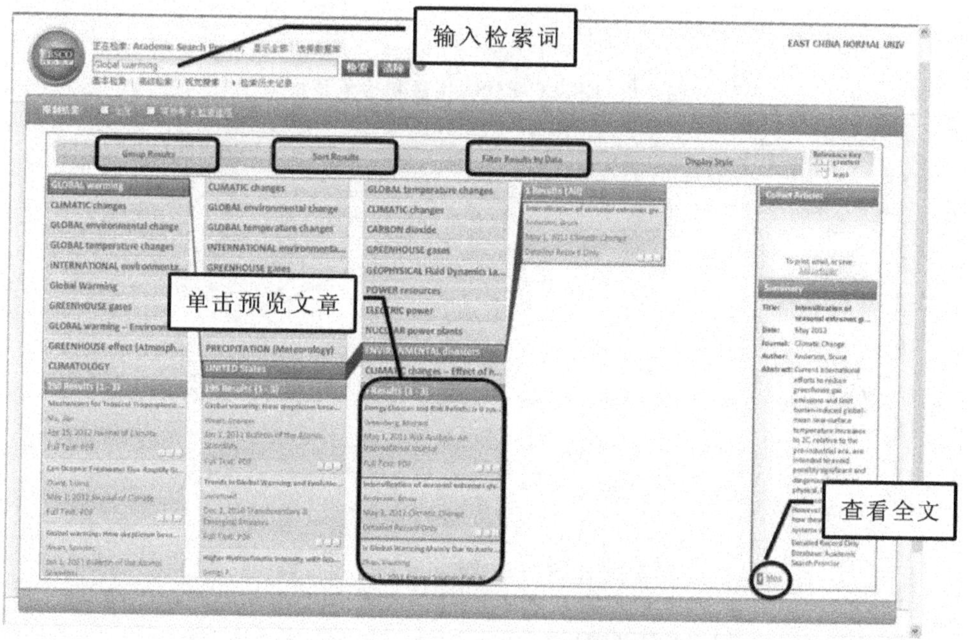

图 7-7　EBSCO HOST 视觉检索页面

3. 出版物检索

在检索框中直接键入完整的出版物名称即可查找特定期刊，可以采用“按字母顺序”“按主题和说明”或“匹配任意关键字”的方式来查找相关主题期刊，如图 7-8 和图 7-9 所示。

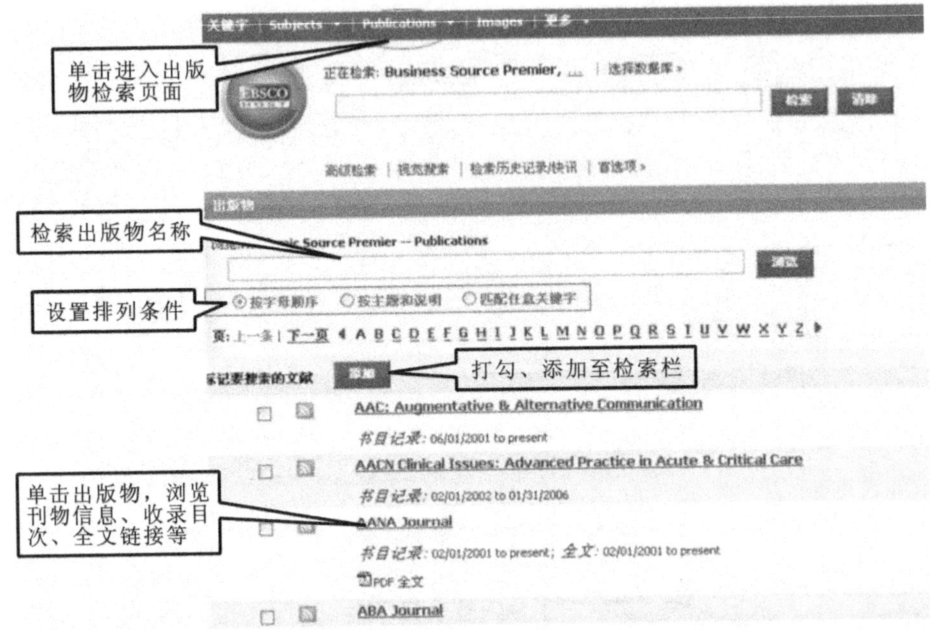

图 7-8　EBSCO HOST 出版物检索页面

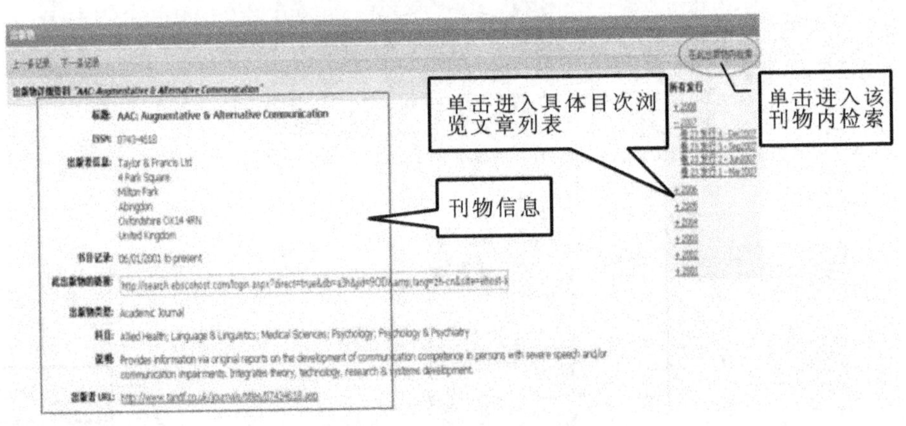

图 7-9　EBSCO HOST 出版物介绍页面

三、EBSCO 的个性化服务

1. 登录用户账号

初次进入 EBSCO，可以先选择创建属于自己的用户账户，如图 7-10 所示。在个人账户中，用户可以根据个人需求进行个性化设置，如图 7-11 所示。使用个人账户登录，可以查看到已保存的个人的历次检索记录，浏览曾经添加进文件夹的各种文章，可以设置快讯提醒。

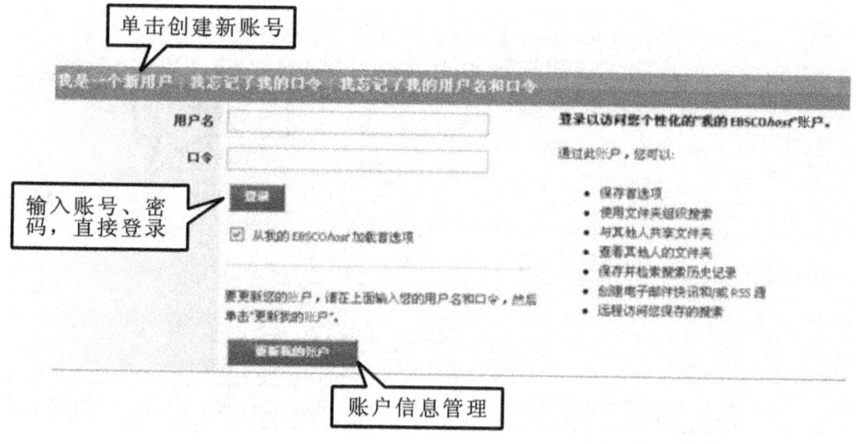

图 7-10　创建个人账户页面

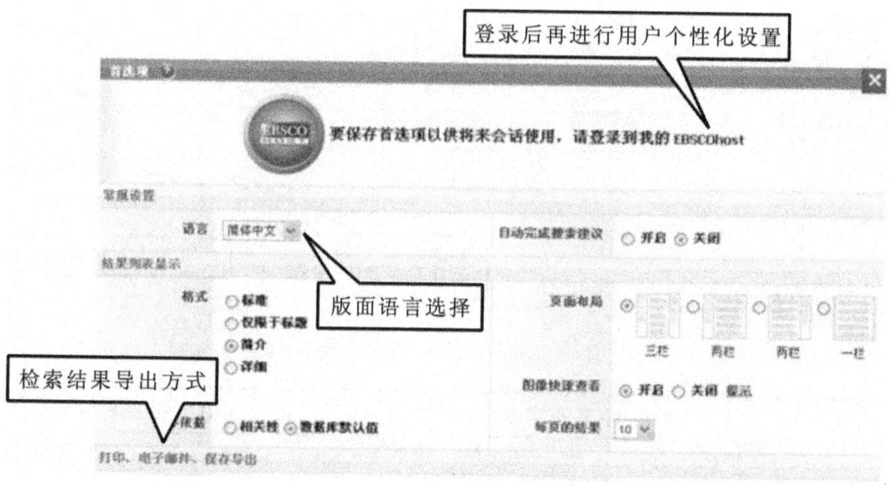

图 7-11　用户个性化设置页面

2. 检索历史记录保存与定制

在个人账户中，对于用户每一次的检索记录，系统会自动保存，方便用户修正检索式，进行二次检索。对于历次检索记录，用户可以进行 RSS 定制。个人账户历史检索页面如图 7-12 所示。

3. 结果清单的查询与利用

用户个性化检索结果页面如图 7-13 所示。

在创建的个人账户中，用户可以将检索结果直接添加到文件夹中进行管理。对于添加到文件夹中的文献，有 4 种处理方式：打印、邮件发送、另存到磁盘和导出。个人账户文件夹页面如图 7-14 所示。

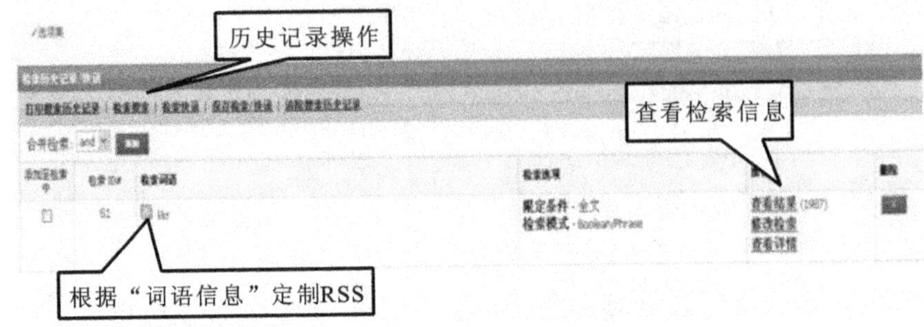

图 7-12　个人账户历史检索页面

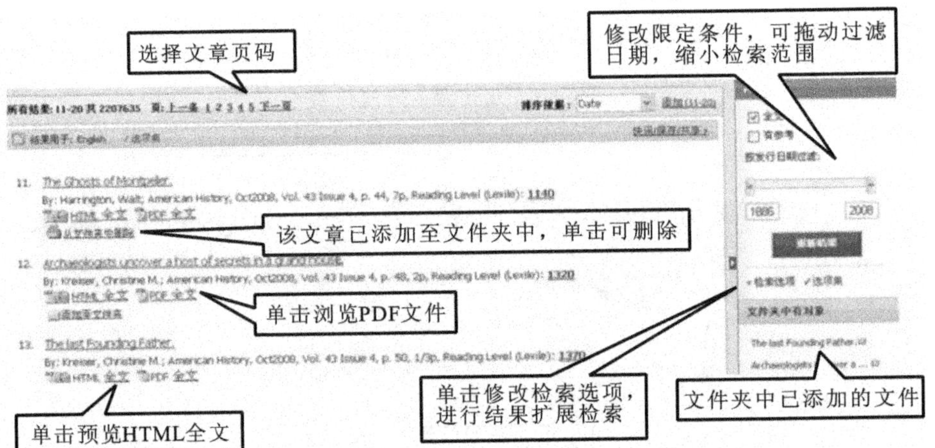

图 7-13　用户个性化检索结果页面

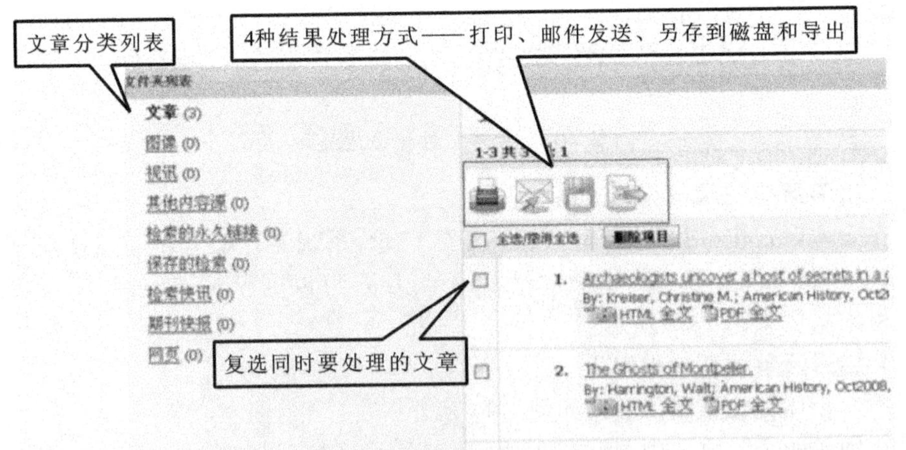

图 7-14　个人账户文件夹页面

4. Alert 快讯(期刊/检索)

在个人账户中,设置快讯提醒后,用户就能定期收到 EBSCO 发送的最新检索结果了。收到的快讯内容包括:文章的详细或简单介绍以及该文章在 EBSCO 中的链接。邮件中每次快讯内容能显示 100 条信息,超过 100 条之后的不再显示。

图 7-15 和图 7-16 分别为快讯的保存页面和检索页面。

编辑“检索/快讯”信息

创建或编辑保存的检索

检索/快讯名称	
说明	
创建日期	8/28/2009
数据库	Business Source Premier Academic Source Premier ERIC GreenFILE
搜索策略	
界面	EBSCOhost
将检索另存为	◎已保存的检索(永久) ○已保存的检索(临时,24 小时) ○快讯

设置保存期限

保存　取消

图 7-15　快讯的保存页面

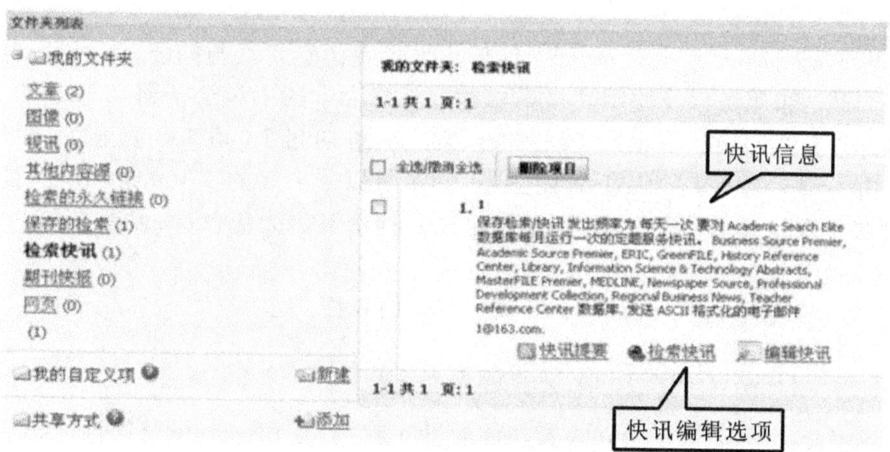

图 7-16　快讯的检索页面

第二节　Springer Link 全文数据库

一、Springer Link 简介

德国斯普林格(Springer-Vertag,简称 Springer)出版社是世界上著名的学术与科技出版公司,于 1842 年成立于柏林,现已拥有 170 多年的出版历史,所出版的很多期刊被 SCI、SSCI 和 EI 等核心期刊收录,是科研人员的重要信息源。该公司自 1995 年起通过 Springer Link 系统提供学术期刊和电子图书的在线浏览服务。2002 年,Springer 公司在清华大学设立镜像站,正式在国内开通 Springer Link 服务。2005 年,Springer Link 第三代页面推出,将电子期刊、电子图书、电子参考书、电子丛书及事实性数据库整合到一个平台,为读者提供便捷的一站式使用体验。

Springer Link 系统提供各类期刊、丛书、图书、参考工具书以及回溯数据库(1996 年以前)的在线服务,并提供最新期刊论文出版印刷前的在线浏览服务。目前,其收录的全文电子期刊已超过 2 000 种,电子图书已超过 36 000 种,实验室指南超过 20 000 种。其覆盖的学科范围相当广泛,提供 12 个分学科子库:行为科学,生物医学和生命科学,商业和经济,化学和材料科学,计算机科学,地球和环境科学,工程学,人文、社科和法律,数学和统计学,医学,物理和天文学,计算机职业技术与专业计算机应用。

Springer Link 系统对外开放,任何人可免费浏览目次与摘要、订阅目次摘要和新产品通报服务以及使用其检索功能。长江大学图书馆已开通 NSTL 购买的斯普林格在线回溯数据库(1832—1996 年,961 种期刊 2 055 552 篇论文;另有 14 种丛书 4 516 卷),参与 CALIS 团购了 2002 年以来出版的 1 100 余种电子期刊。用户在输入检索词检索之后,如果标记条目框中显示为绿色,则可浏览和下载期刊全文。

图 7-17 所示为 Springer Link 新平台页面介绍。

二、Springer Link 数据库的检索功能

Springer Link 新平台在检索功能的设计上,采用了 Google 化简洁风格,符合一般用户的检索习惯。该平台增加了语义链接功能,用户可获得更多相关文献。用户可以通过页面右上部的下拉列表选择页面的语言,可供选择的语言有中文简体、中文繁体、英语、德语、韩语等 10 种语言。Springer Link 的主要检索方式包括快速检索和高级检索。下面对这两种主要的检索方式分别加以介绍。

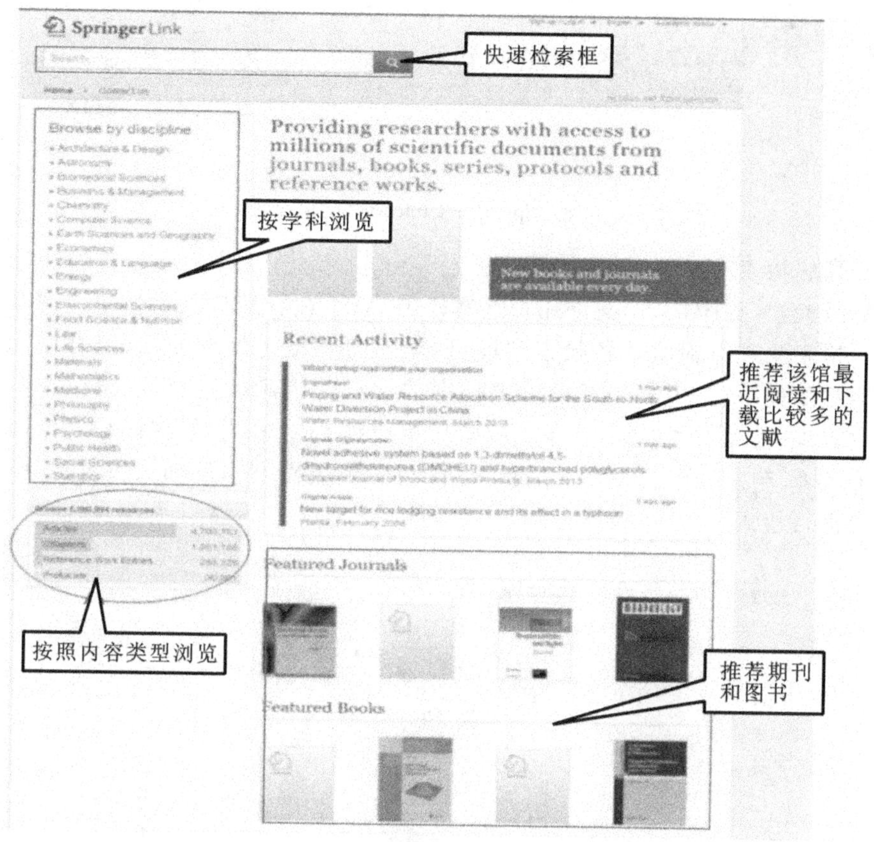

图 7-17 Springer Link 新平台页面介绍

1. 快速检索

快速检索(见图 7-18)是系统默认的检索方式,允许用户在检索框内直接输入关键词进行关键词全文检索,一站式检索电子期刊、电子图书和电子参考工具书等各类文献。通过这种方式,用户也可以方便地构建检索表达式进行组合检索。常用的检索技术有布尔逻辑检索、位置检索、扩检与缩检等。常用的检索符号有AND、OR、AND NOT、Near、Near/n、“ ”等,但不支持“+”“-”。在构建的检索式中,如果包含多重检索操作,通常执行以下操作:NOT、OR、AND。只有在检索符号前后的词语才会被执行,所以如果要运行一个完整的短语,需要给短语加上“”。如果两个词语之间没有检索符号,会被默认为 AND 查询。例如,检索式“plastic bottles OR water pollution”将会被解释为“plastic AND(bottles OR water) AND pollution”。如果要查询“plastic bottles”或者“water pollution”方面的文献,则检索式为“‘plastic bottles’OR‘water pollution’”。

图 7-18　Springer Link 快速检索页面

2. 高级检索

高级检索(见图 7-19)允许用户选择检索字段,在相应检索字段对应的文本框内输入检索词进行检索。各检索字段可单独使用,也可组合使用(组合使用时为逻辑“与”的关系)。用户还可以限定检索的学科范围和时间范围、设定检索结果的排序方式(按相关度或出版日期排序),用以缩小检索范围,精确检索结果。为了能使检索结果进行二次检索,通常会在页面顶端搜索框里加入关键词,然后再次提交进行检索。

Advanced Search
Find Resources
with all of the words
with the exact phrase
with at least one of the words
without the words
where the title contains
e.g., "Cassini at Saturn" or Saturn
where the author / editor is
e.g., "H.G.Kennedy" or Elvis Morrison
Show documents published
between and
Include Preview-Only content
Search

图 7-19　Springer Link 高级检索页面

Springer Link 检索系统还提供了按内容类型浏览、按学科浏览等浏览方式。其中,内容类型包括所有内容类型、期刊、丛书、图书、参考工具书等,用户可以选择某种资源类型进而查看相应资源列表,并可以对学科、出版时间、语种进行限定;学科浏览包括 13 个学科主题,用户可以点选某个学科分类进入该学科资源浏览页面,在学科浏览时可以对内容类型、时间、语种进行限定。

三、检索结果的显示与处理

Springer Link 检索系统首先以简单列表形式显示文献类型、题名、作者、期刊的名称及卷期号等概要信息，并提供全文链接，如图 7-20 所示。单击某一题名链接，可进入相应记录的详细信息页面，如图 7-21 所示。详细信息页面包括摘要、参考文献等全面的信息，也提供全文链接。Springer Link 的一大特色是提供交叉参考(CrossRef)链接(见图 7-22)，包括本社出版的和其他出版社出版的期刊，用户可以直接在线浏览相关参考文献的全文。该系统的全文为 PDF 格式，部分记录同时提供了 HTML 格式，用户可以在线浏览或下载使用。

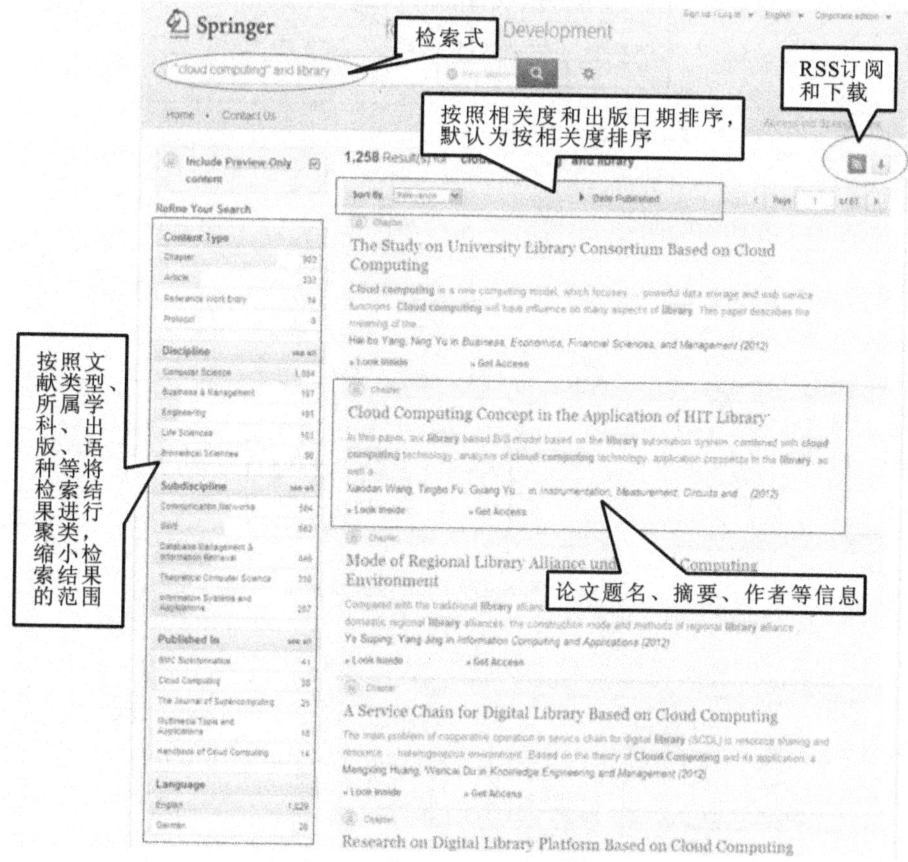

图 7-20　Springer Link 检索结果显示一

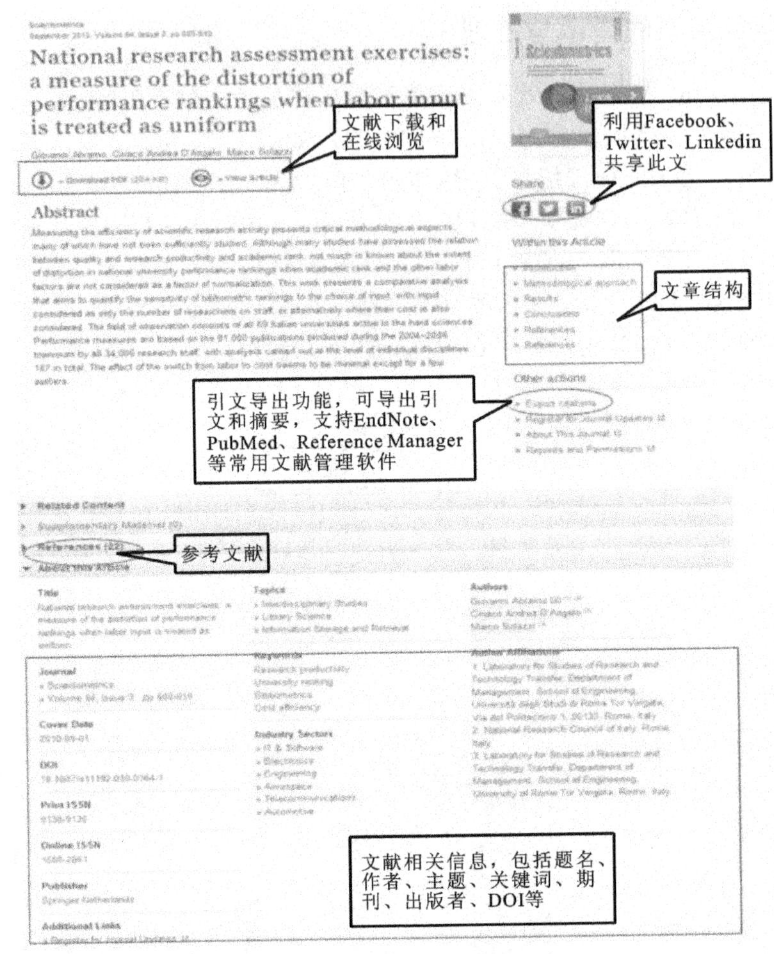

图 7-21 Springer Link 检索结果二

▾ References (12)

1. Held, J.: "Single-Chip Cloud Computer", an IA Tera-Scale Research Processor. In: Guarracino, M.R., Vivien, F., Träff, J.L., Cannatoro, M., Danelutto, M., Hast, A., Perla, F., Knüpfer, A., Di Martino, B., Alexander, M. (eds.) Euro-Par-Workshop 2010. LNCS, vol. 6586, p. 85. Springer, Heidelberg (2011) » CrossRef
2. Mattson, T.G., Van der Wijngaart, R.F., Riepen, M., et al.: The 48-core SCC processor: The programmer's view. In: Supercomputing Conference, ACM/IEEE, New Orleans, LA (2010)
3. Clauss, C., Lankes, S., Galowicz, J., Bemmerl, T.: iRCCE: A Non-blocking Communication Extension to the RCCE Communication Library for the Intel Single-Chip Cloud Comp... Aachen University (December 17, 2010)
4. Comprés Ureña, I.A., Riepen, M., ... implementation for Intel's Single-Chip Cloud Computer (SCC). In: Cotronis, Y., Danalis, A., Nikolop... 2011. LNCS, vol. 6960, pp. 208–217. Springer, Heidelberg (2011) » CrossRef
5. van der Wijngaart, R.F., Mattson, ... ations on intel's single-chip cloud computer processor. SIGOPS Oper. Syst. Rev. 45, 73–83 (2011) » CrossRef
6. Verstraaten, M., Grelck, C., van Tol, M.W., Bakker, R., Jesshope, C.R.: On mapping distributed s-net to the 48-core intel SCC processor. In: Third MARC Symposium, Ettlingen, Germany (July 2011)
7. Teich, J., Henkel, J., Herkersdorf, A., Schmitt-Landsiedel, D., Schröder-Preikschat, W., Snelting, G.: Invasive Computing: An Overview. In: Multiprocessor System-on-Chip – Hardware Design and Tool Integration, pp. 241–268. Springer, Heidelberg (2011)

CrossRef功能，单击之后可以直接链接到该参考文献页面

图 7-22 Springer Link 检索结果三

四、个性化功能

Springer Link 为用户提供了非常丰富的个性化功能，包括查看标记条目、收藏条目、历史记录、管理提醒、管理标签、订阅刊物等。要使用这些个性化功能，用户需要先注册，注册成功后以注册用户名登录并进行相关设置。

第三节 Elsevier Science Direct 数据库

一、Elsevier Science Direct 数据库简介

Elsevier Science Direct(简称 Elsevier SD)是世界著名的 Elsevier 出版公司开发的学术期刊图书全文网络数据库。Elsevier 公司是一家设在荷兰的历史悠久的也是全球最大的跨国科学出版公司，该公司出版的期刊是世界公认的高品质学术期刊，其中大部分期刊都被 SCI、SSCI、EI 等国际公认的权威大型检索数据库收录。Elsevier 服务系统实现了与 SCI、EI 等文摘索引数据库的全文链接，从 SCI、EI 检索到的文献信息可直接链接到 Elsevier SD 的全文。

Elsevier SD 数据库全面集合了期刊(含回溯文档)和图书(单行本、丛书、手册、参考工具书)，收录了公司所属各出版社及许多其他著名出版商(包括美国的 EI 公司、Harcourt 公司、Academic Press)出版的 2 500 余种高品质的全文学术期刊、论文全文超过 1 000 万篇、文摘 7 500 万种、图书 15 000 本、在线视频15 000 个，其中回溯文档最早可回溯至 1823 年。同时，该公司将其出版的期刊全部数字化，通过网络提供服务。该数据库涵盖了 24 个学科领域，包括数学、物理、化学和化工、地球科学、天文学、医学、生命科学、农业和生物科学、计算机科学、工程技术、能源科学、环境科学、材料科学、航空航天、商业、经济、管理、社会科学、艺术和人文科学类等众多学科。该数据库的数据每周更新一次以上，时效性极强，得到了 130 多个国家 1 100 万科研人员的认可，是目前国内使用量较大的外文全文数据库之一。

长江大学图书馆用户可以在线访问所有 24 个学科的 2 200 多种期刊、数千种图书(已购 2008 年、2009 年全部 24 个学科的 1 043 种电子图书)，查看 900 多万篇全文文献，可下载其中的 2006—2010 年的全文文献。

长江大学用户在校园网内，可以通过网址 http://www. sciencedirect. com，访问 Science Direct 数据库并下载全文文献，也可以通过 Elsevier 中国网站 http://china. elsevier. com，了解 Elsevier 的相关信息。

图 7-23 所示为 Elsevier SD 数据库页面介绍。

图 7-23　Elsevier SD 数据库页面介绍

二、Elsevier SD 数据库的检索

1. 检索途径与方法

Elsevier SD 数据库提供快速检索(Quick search)、高级检索(Advanced search)、专业检索(Expert search)和期刊浏览(Browse)4 种检索方法。

1)快速检索

在 Elsevier SD 数据库首页及高级检索、期刊浏览页面的上方均提供了快速检索栏,快速检索提供刊名/书名、题名/摘要/关键词、作者、卷、期、页等途径的检索,可以直接检索文献和图表。在检索框中直接输入检索词(Title、Abstract、Keyword 指检索词分别出现在题名、文摘和关键词中),各检索项默认为逻辑"与"的关系,单击"Search"即进行检索,如图 7-24 所示。

2)高级检索

在 Elsevier SD 数据库首页右侧单击"Advanced Search"按钮可进入高级检索页面(见图7-25)。在检索框中输入检索表达式,在确定检索表达式时必须合理地使用检索字段和检索运算符,格式为字段名后加"—"号,后跟检索词,如 abstract—gene encoding and article title= protein,此处,"abstract""article title"均为字段名,分别代表文摘字段、标题字段,"and"为布尔逻辑运算符。常用字段

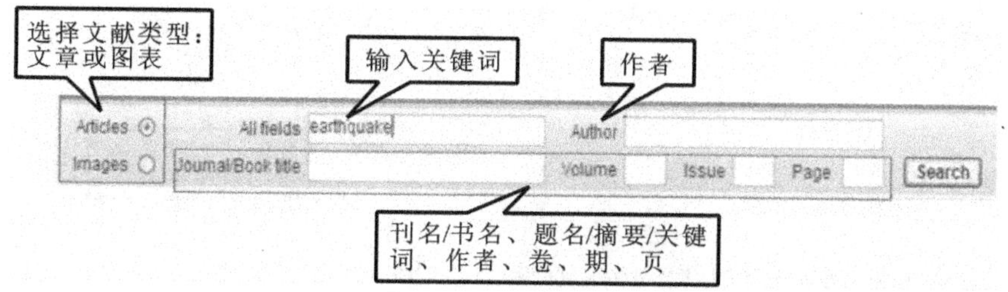

图 7-24 Elsevier SD 快速检索栏

有 Journal Title(期刊名)、Article Title(论文题名)、Keywords(作者提供的文摘和题名中的关键词)、Authors(作者姓名)、ISSN(国际标准期刊号)、Abstract(文摘)。All Fields 指论文的所有字段，包括题名、文摘、正文、作者等字段。还可对检索做各种限定，如期刊所属学科、论文类型(文章型或目录型)、语种、出版日期等；还可对检索结果进行限定，如每页显示结果数、排序方式。系统默认的每页显示结果数为 10 个，且按相关度排列。

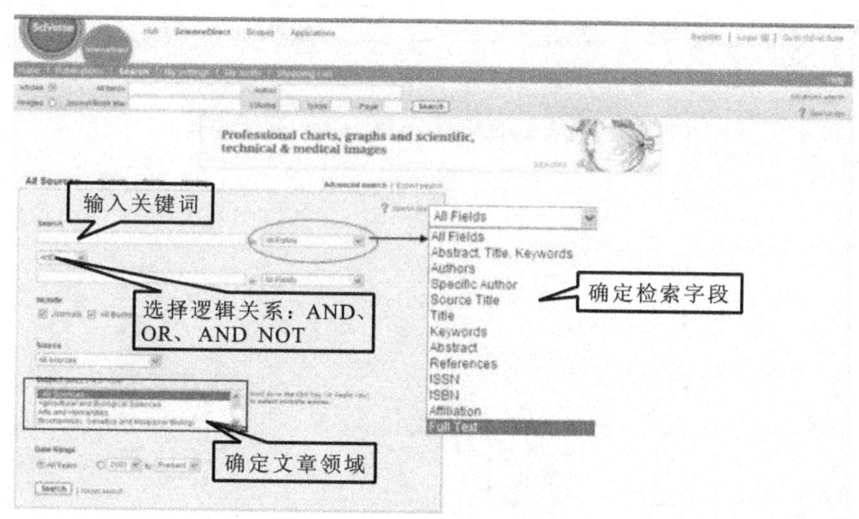

图 7-25 Elsevier SD 高级检索页面

3)专业检索

在专业检索页面(见图 7-26)，用户可以根据自己的信息需要，利用布尔逻辑检索、通配符搜索等检索技巧自行构建检索式，需要用户具有比较专业的情报知识和情报技能。一般情报工作人员多用此检索模式，常用于期刊检索或者参考咨询工作。

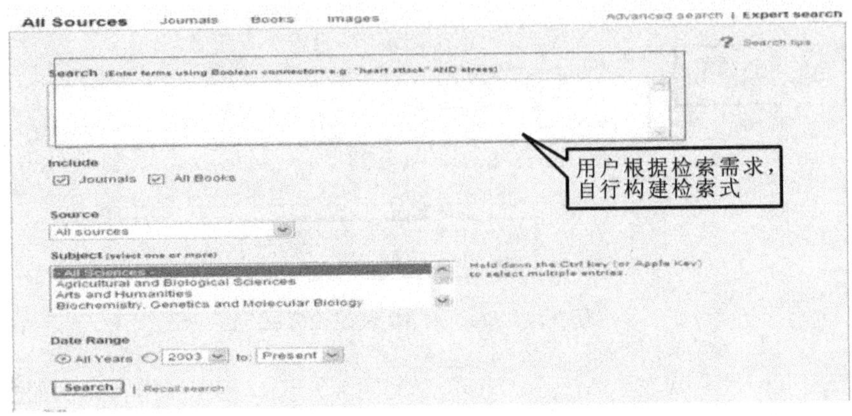

图 7-26　Elsevier SD 专业检索页面

4)期刊浏览

在 Elsevier SD 数据库主页上，单击“Publication”或者“Browse”即可进入浏览页面(见图 7-27)浏览所有的期刊或图书，在页面左侧还提供按字母和按学科两种浏览方式。

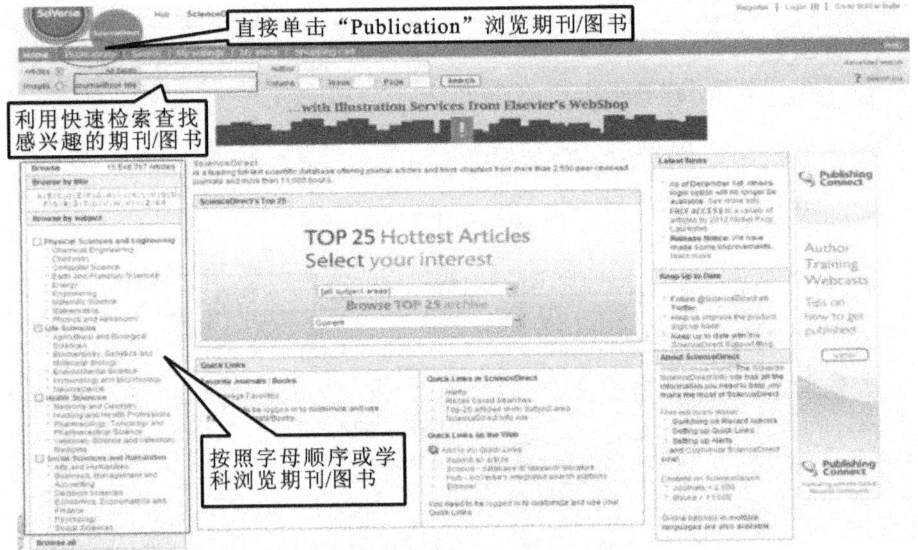

图 7-27　Elsevier SD 浏览页面

(1)按字母浏览。将所有期刊按字母顺序排列，用户单击任意一个字母，下面就会显示以这个字母开头的并按字母顺序排列的期刊列表，单击期刊刊名链接，可以浏览该刊的所有卷期的文章。

(2)按学科浏览。将期刊分为四大学科：物理与工程学、生命科学、健康医学和人文社会科学，在各学科下再进行细分。

在按期刊刊名浏览时，可在页面左侧设定期刊访问权限：已订购期刊（可以查看全文）和非订购期刊（只能够查看摘要信息）。期刊名称前有绿色方框的期刊可以阅读全文，白色方框的期刊只能阅读文摘。单击期刊封面图标，可以链接到Elsevier公司网站上该期刊的主页。

图7-28所示为Elsevier SD期刊浏览说明。

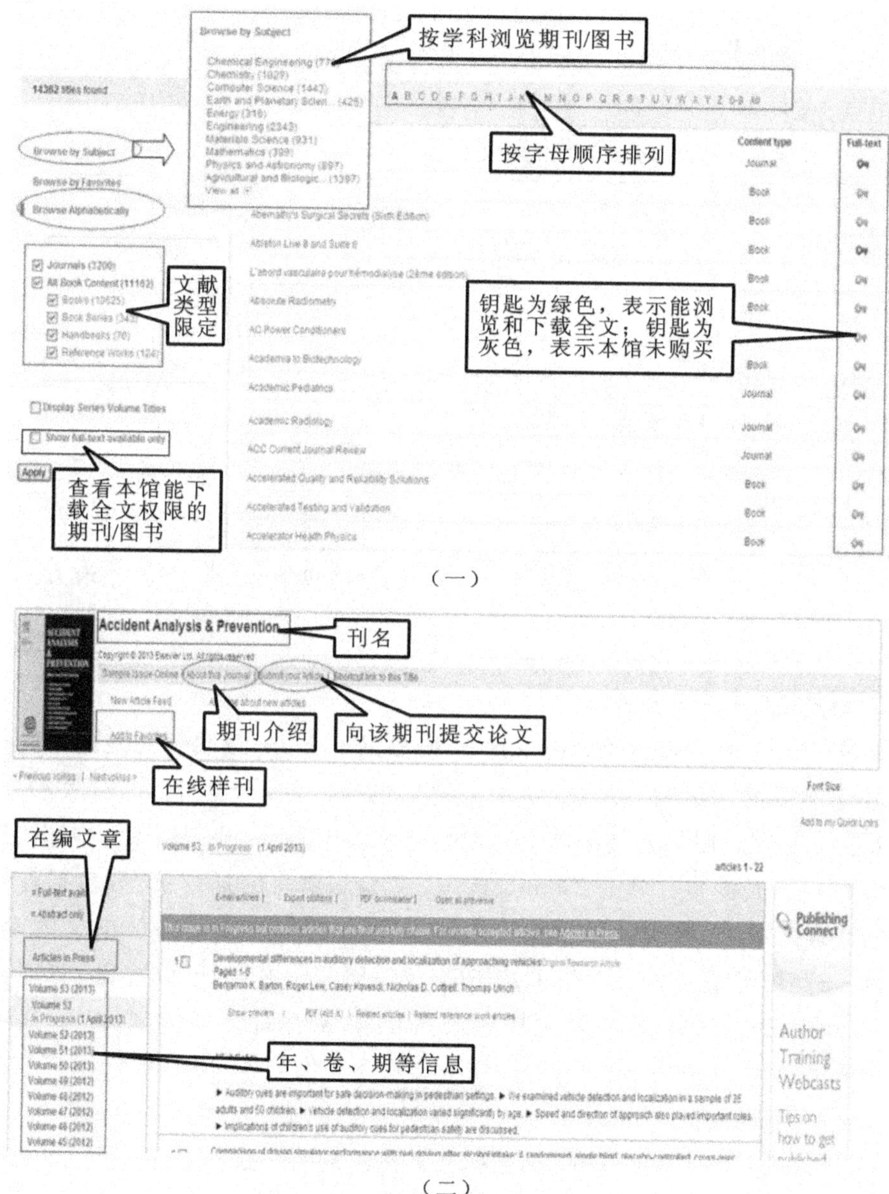

图7-28 Elsevier SD期刊浏览说明

2. 检索技术

Elsevier SD 数据库提供的检索技术有布尔逻辑检索、位置检索、截词检索等，常用的检索符号如表 7-1 所示。

表 7-1 Elsevier SD 数据库常用的检索符号

检索符号	表示的含义
AND	默认算符，要求多个检索词同时出现在文章中
OR	检索词中的任意一个或多个出现在文章中
AND NOT	后面所跟的检索词不出现在文章中
通配符 *	取代单词中的任意一个（0，1，2，…）字母，如 transplant * 可以检索到 transplant、transplanted、transplanting 等
通配符 ?	取代单词中的 1 个字母，如 wom? 可以检索到 woman、women
W/n	两词相隔不超过 n 个词，词序不定
PRE/n	两词相隔不超过 n 个词，词序一定
“ ”	宽松短语检索，标点符号、连字符、禁用字（如 of、and 等）会被自动忽略
{ }	精确短语检索，所有括号中的词组都将被作为检索词进行严格匹配
()	定义检索词的优先顺序，括号内的检索词优先检索，如（remote OR satellite） AND education

3. 检索结果查看与处理

Elsevier SD 数据库对检索结果提供浏览、标记记录、输出等功能。首先显示的是检索结果的数量和目录页，每一条记录包括篇名、作者、刊名、出版年月、卷期、起止页码以及文摘、全文的链接。在“search within results”输入框中还可对检索结果进行二次检索。单击“Summary Plus”显示篇目的详细信息，包括作者单位、文章的提纲、文摘等。单击“Full Text＋Links”和 PDF 显示论文的全文。Elsevier SD 数据库的文章全部采用 PDF 和 HTML 格式，可以存盘、打印和 e-mail 发送。HTML 格式的全文提供具有链接功能的参考文献，除了提供在 Elsevier SD 数据库中的全文链接外，参考文献还提供 CrossRef 功能，可以链接到本单位订购的其他全文资源。

图 7-29 所示为 Elsevier SD 数据库文献检索结果查看与处理说明。

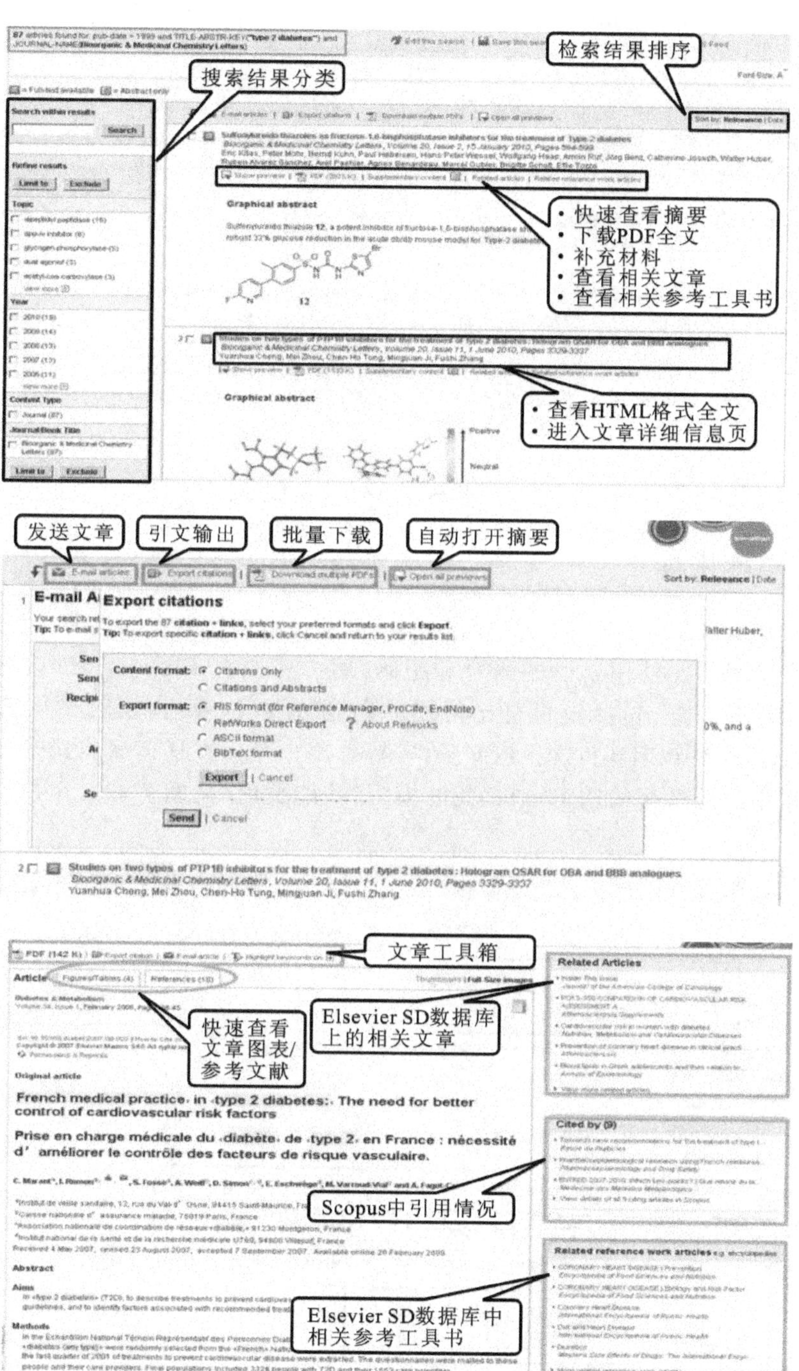

图 7-29 Elsevier SD 数据库文献检索结果查看与处理说明

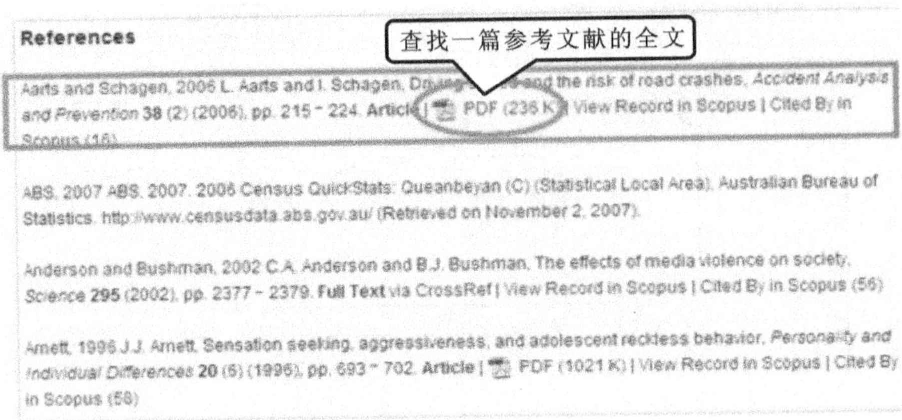

续图 7-29

三、个性化服务

在长江大学 IP 范围内，通过登录 Elsevier SD 数据库并在线注册，用户可以申请到免费的账号。使用自己的账号和密码，用户可以在 Elsevier SD 数据库中享有多种个性化服务，包括设置自己常用的期刊收藏夹、保存检索结果、我的提醒(My alerts)和最新期刊目次报道服务，等等。用户可以在任何时间选定、增加，甚至完全取消已经选择的选定。在“我的提醒”功能页面(见图 7-30)，用户可以设定

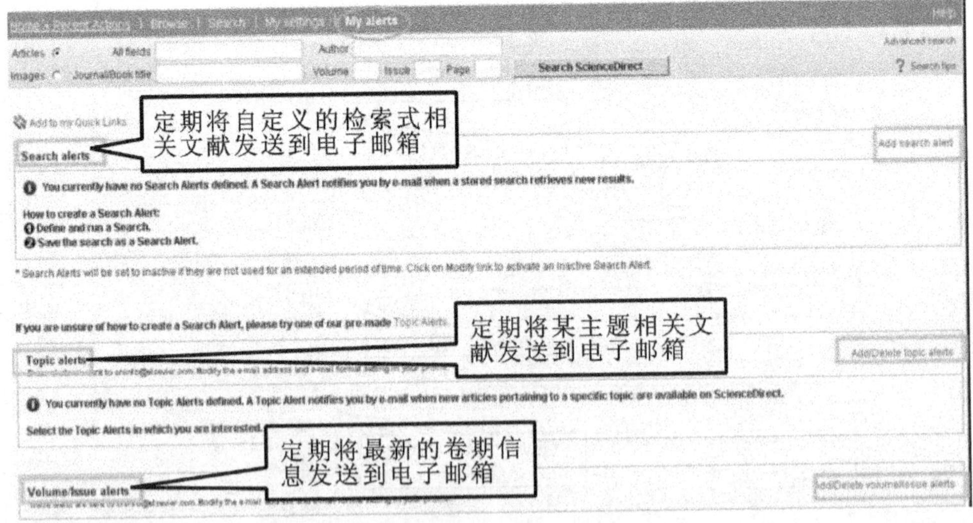

图 7-30　Elsevier SD“我的提醒”功能页面

"检索提醒""主题提醒""卷期提醒"，以电子邮件形式接收 Elsevier SD 数据库定期推送的相关文献或最新出版的文章或期刊等信息，包括电子优先出版的文章信息。可以选择最新目次，或是与关键词有关的最新出版文章，并接收新出版的目次报道。

四、作者投稿服务

Elsevier SD 数据库还包括一个集在线投稿、评审和编辑功能于一体的电子平台，提供作者在线投稿服务，即 Elsevier Editorial System，简称 EES，用户通过期刊浏览，找到所需投稿的期刊，在该期刊的浏览页面，单击"Submit your Article"，进入该期刊的主页后单击该期刊的"投稿指南"，然后进入作者投稿服务页面，如图 7-31 所示。用户在投稿前需要注册，然后选择期刊，经仔细阅读期刊的投稿指南"guide for authors"后，按照投稿步骤进行在线投稿，选择文献类型(见图 7-32)，上传稿件(见图 7-33 和图 7-34)后系统自动生成 PDF 文件。稿件投递完成后，用户可在系统上追踪稿件的处理过程(见图 7-35)，了解稿件的出版状态，也可以在线修改稿件。

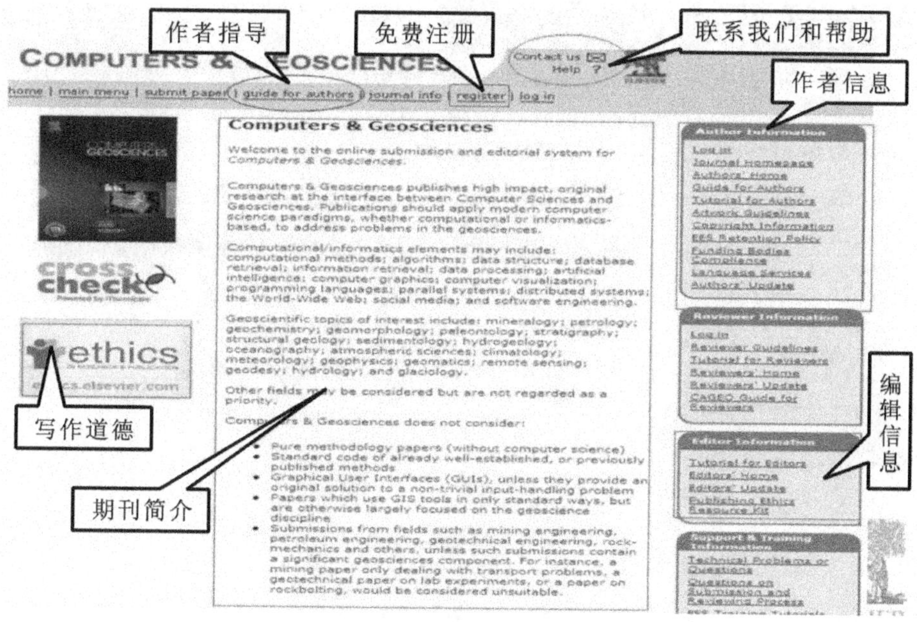

图 7-31　EES 在线投稿之作者投稿服务页面

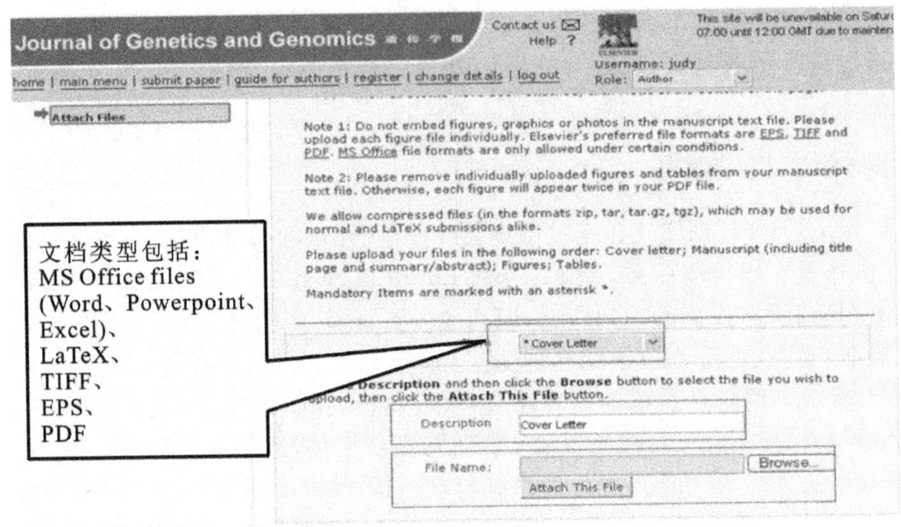

图 7-32　EES 在线投稿之文档类型选择

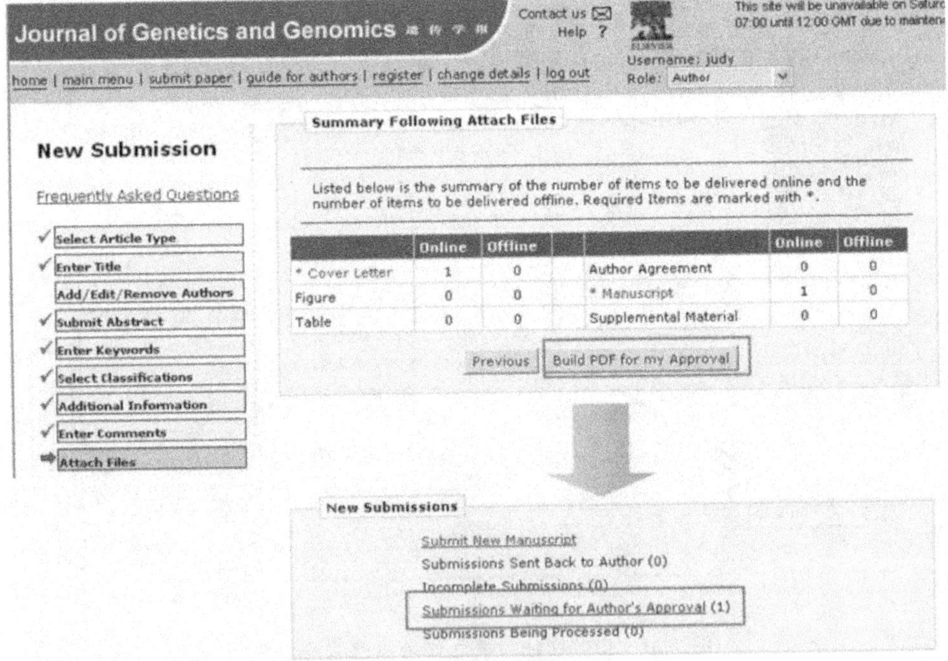

图 7-33　EES 在线投稿之上传稿件

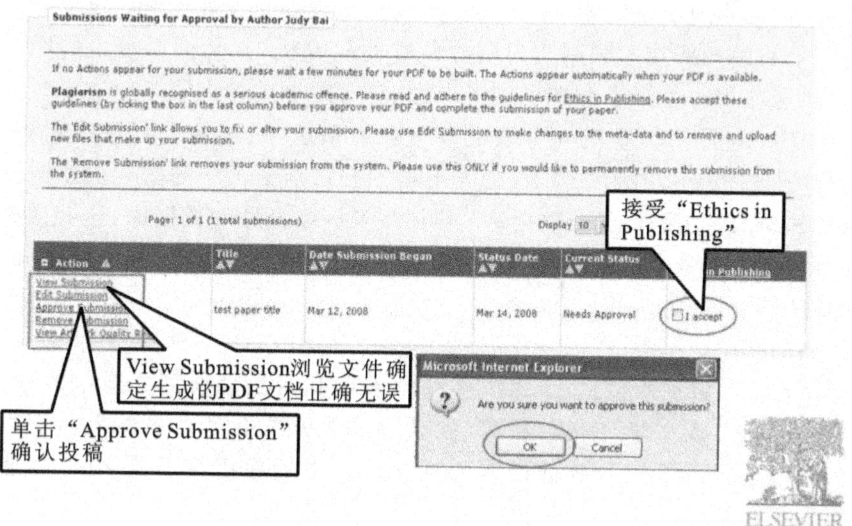

图 7-34　EES 在线投稿之确认稿件

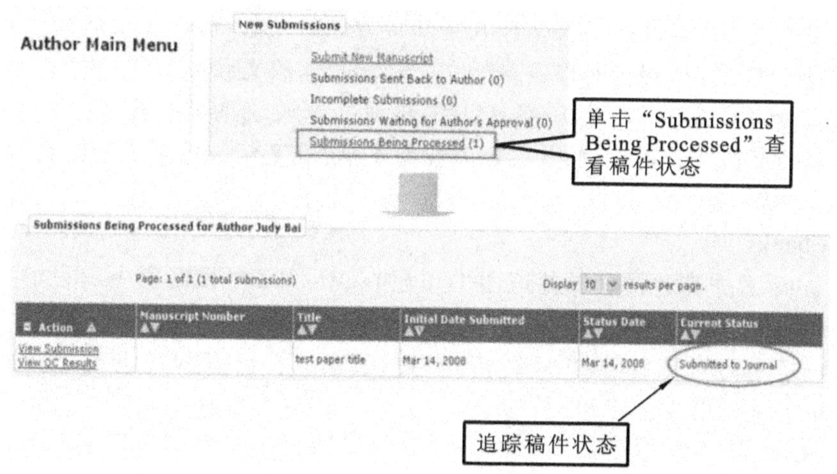

图 7-35　EES 在线投稿之追踪稿件状态

第四节　OCLC FirstSearch

一、OCLC FirstSearch 简介

联机计算机图书馆中心(Online Computer Library Center,OCLC)是于 1967

年 7 月 15 日由美国俄亥俄州 54 所大学的校长成立的一个非营利机构。OCLC 是全球第一个利用最新技术联网实现资源共享的研究机构，是世界最大的图书馆合作机构，向全球 171 个国家和地区的 72 000 多所图书馆提供服务。

FirstSearch 是 OCLC 的一个联机参考服务系统，通过该系统可检索到 70 多个数据库，从 1999 年开始，CALIS 全国工程中心订购了其中的基本组数据库。

FirstSearch 包括 10 多个数据库，其中大多是综合性的数据库，这些数据库的内容涉及工程和技术、工商管理、人文和社会科学、医学、教育、大众文化等领域。具体如下所述。

1. ArticleFirst

ArticleFirst 数据库包括 15 000 多种学术期刊目次页所列文章的索引，主题覆盖了工商管理、人文学、医学、教育、社会学和大众文化等。虽然大多数期刊是英文资料，但也收录了部分其他语言的期刊。该数据库覆盖了从 1990 年到现在的资料，每天更新。

2. ClasePeriodica

ClasePeriodica 数据库由 Clase 和 Periodica 两部分组成，其中 Clase 索引了在拉丁美洲期刊中发表的社会科学和人文学科方面的文献；Periodica 收录了科技方面的期刊。该数据库提供对以西班牙文、葡萄牙文、法文和英文出版的 2 600 种学术期刊的检索，总计达 30 多万条书目引文。Clase 收录的期刊覆盖了从 1975 年开始至今的资料，Periodica 收录的期刊覆盖了从 1978 年开始至今的资料，该数据库每季度更新一次。

3. Ebooks

Ebooks 数据库包括世界各地图书馆已在 WorldCat 数据库中编目的联机电子书，共计 200 000 多种，其中也包括 OCLC 的 NetLibrary 电子书。用户可以检索这些电子书的所有书目，并可链接到用户所在单位已订购且包含在 WorldCat 数据库中的电子书进行阅读。

4. ECO

ECO 数据库是一个全部带有联机电子全文文章的期刊数据库，主题范畴广泛，可检索到书目、文摘信息和全文文章。目前收录的期刊来自 70 多家出版社，总计4 800 多种。该数据库中的文章都以页映像的格式（PDF、RealPage 或 HTML）显示，在页映像中包括了文章的全部原始内容和图像。该数据库收录的期刊覆盖了从 1995 年开始至今的资料，每天更新。OCLC 提供了 1 691 种期刊，可按篇购买。

5. ERIC

ERIC 数据库是由教育资源信息中心生产的已出版的和未出版的教育方面文献的一个指南。它囊括了数千个教育专题，提供了最完备的教育书刊的书目信息,覆盖了从1966年到现在的资料,每月更新记录。现在,ERIC包括2 100多种期刊,同时还包括1个ERIC叙词表。

6. GPO

GPO数据库包含55万多条记录,收录了与美国政府相关的各方面的文件。这些文件的类型有:国会报告、国会听证会、国会辩论、国会档案、法院资料,以及由美国具体实施部门如国防部、劳工部、总统行政办公室等出版发行的文件。它覆盖了从1976年7月到现在的资料,每月更新记录。

7. MEDLINE

MEDLINE数据库覆盖了所有医学领域,包括临床医学、实验医学、牙科学、护理、健康服务管理、营养学以及其他学科。它收录了国际上出版的9 580多种期刊,覆盖了从1965年到现在的资料,每天更新记录。

8. PapersFirst

PapersFirst数据库包括在世界各地学术会议上发表的论文,它覆盖了自1993年10月以来大英图书馆文献提供中心的会议录收集的在每一个代表大会、专题讨论会、博览会、座谈会和其他会议上发表的论文,可通过馆际互借获取全文。该数据库每两周更新一次。

9. Proceedings

Proceedings数据库是PapersFirst数据库的相关数据库,它包括在世界各地举行的学术会议上发表的论文的目录表。该数据库提供了一个检索大英图书馆文献提供中心的会议录的途径。

10. UnionLists

UnionLists数据库包括数千种期刊的馆藏情况,有850多万条记录,每一条记录都包括某种期刊和它的收藏馆的有关信息。该数据库每半年更新一次。

11. WilsonSelectPlus

WilsonSelectPlus数据库是一个联机全文、索引和文摘信息的集合,这些全文文章选自H. W. Wilson公司的普通科学文摘、人文学科文摘、读者指南文摘和Wilson商业文摘。它包括1 650多种期刊,覆盖了从1994年到现在的资料,每周更新一次。

12. WorldAlmanac

WorldAlmanac数据库是一个适用于包括所有图书馆的读者、图书馆的参考咨询人员和学者的十分重要的参考工具。其涉及的范畴包括:艺术和娱乐、新闻人物、计算机、科学和技术、经济学、体育运动、环境、税收、周年纪念日、美国的城市和州、国防、人口统计、世界上的国家,等等,覆盖了从1998年到现在的资料,每年更新一次。

13. WorldCat

WorldCat 数据库是 OCLC 一个联机的联合目录数据库，也是世界上最大、最完整、参考最多的图书馆联合目录数据库，包含 OCLC 近 20 000 个成员图书馆编目的所有记录，可以为图书馆提供数以百万计的书目记录。从 1971 年建库到现在，共收录有 470 多种语言的总计达 17 亿多条的馆藏记录、2.2 亿多条独一无二的书目记录，其中包括 800 多万条硕博士论文书目记录，每个记录中还带有馆藏信息，基本上反映了从公元前 1 000 多年至今世界范围内的图书馆所拥有的图书和其他资料，代表了 4 000 年来人类知识的结晶。其主题范畴非常广泛，包括图书、手稿、地图、网址与网络资源、乐谱、计算机程序、电影与幻灯片、录音录像带、报纸、期刊、文章、章节以及文件等。该数据库信息平均每 4 秒更新一次。

长江大学用户打开网址 http://firstsearch.oclc.org，输入账号和密码即可访问该数据库。账号为 100 376 331，密码为 MUM.BRXDE。

二、OCLC FirstSearch 的检索

1. OCLC FirstSearch 首页功能介绍

OCLC FirstSearch 首页如图 7-36 所示。

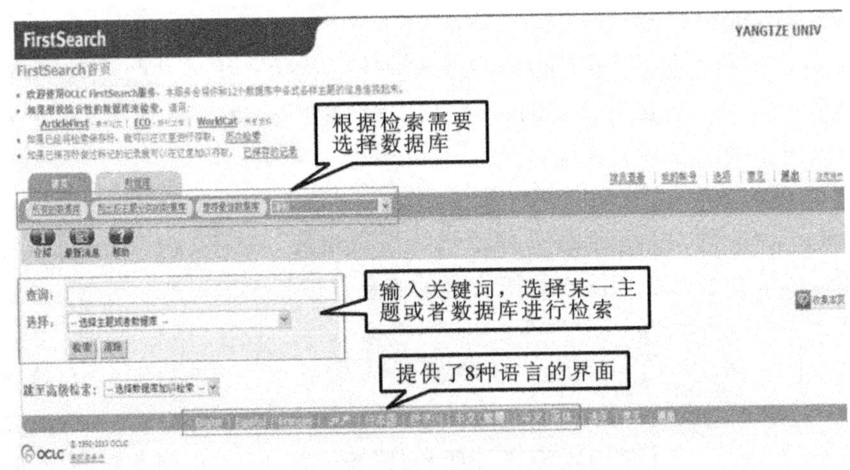

图 7-36　OCLC FirstSearch 首页

在 OCLC FirstSearch 首页提供了以下功能。

(1)简单检索功能：在查询输入框内键入检索式，单击选择右方的箭头，在下拉的“主题范畴或数据库”框后面选择主题或者数据库(若该项缺省，则系统默认为“General”)，单击“检索”按钮，系统即可完成一次简单检索。

(2)数据库选择功能：单击导航菜单的数据库下的链接(全部列出、按主题列出或最佳选择)即可直接进入数据库页面。用户可根据需要选择一个或多个数据

库进行检索，一次不多于 3 个数据库。如需了解数据库的细节，可以单击检索框后的功能图标。

(3)跳转至高级检索的功能：在输入框的下拉列表中选择一个数据库，然后直接跳转到高级检索页面。

(4)数据库列表下方的三个功能图标：①介绍，进入系统预设检索词索引文档；②最新消息，提供 FirstSearch 数据库的提供者、价格等信息；③帮助，进入 FirstSearch 使用帮助系统。

(5)提供了英语、中文、日语、韩语等 8 种语言的页面功能。

2. 检索方法

OCLC FirstSearch 提供了 4 种检索方法，分别为：基本检索(Basic)、高级检索(Advanced)、专家检索(Expert)和历次检索(History)。

1)基本检索

基本检索是查找所需信息的一种快捷的方式，单击导航菜单检索(Search)下面的"Basic"即可进入基本检索页面(见图 7-37)。基本检索页面分为：选择数据库区、关键词输入区、检索结果限制区及检索结果排序区。具体操作如下所述。

(1)选择数据库：单击检索数据库下拉框的数据库表，选择一个数据库。

(2)输入关键词：在关键词输入框内键入一个或多个关键词，如果要检索一个准确短语，将短语放在引号内。

(3)选择限制：包括著者、题名、资料来源及年，在方框中输入一个字段进行限定。

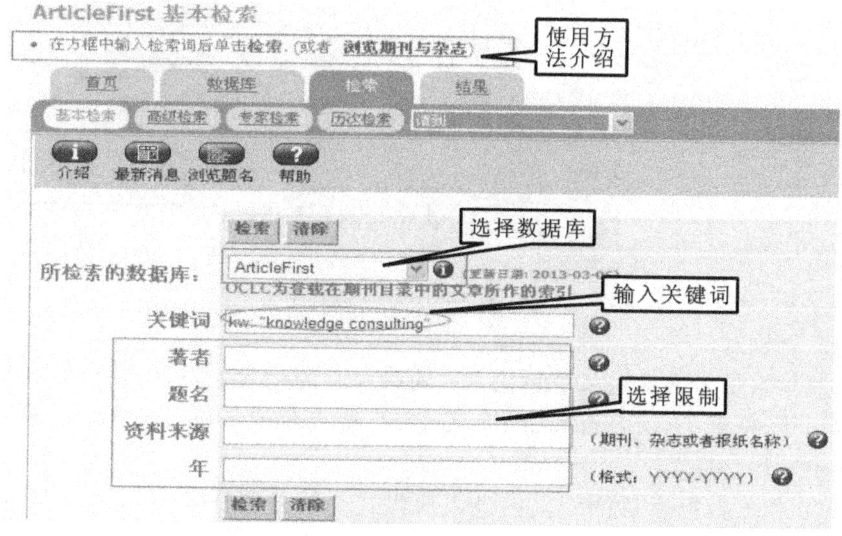

图 7-37　OCLC FirstSearch 基本检索页面

(4)选择排序：分为不排序、按相关性排序、按日期排序。

(5)单击“检索”按钮。

2)高级检索

单击导航菜单的“Advanced”即可进入高级检索页面(见图 7-38)。高级检索方式允许用户构建更为复杂的检索式。具体操作如下所述。

(1)选择数据库：单击检索数据库下拉框的数据库表，选择一个数据库。

(2)输入检索式：高级检索一般使用下拉列表构建检索式，页面的右侧提供当前数据库可用字段索引的下拉列表，用户可用鼠标直接选择而不必在检索框中键入检索式。

(3)选择限制：可用出版年代及馆藏代码等限制手段来缩小检索范围。

(4)选择排序：分为不排序、按相关度排序、按年代排序。

(5)单击“检索”按钮。

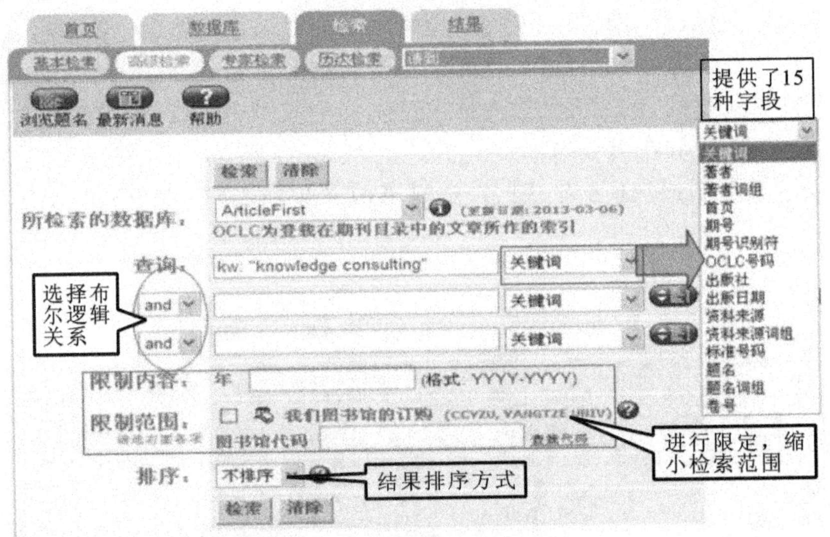

图 7-38 OCLC FirstSearch 高级检索页面

3)专家检索

专家检索是为喜欢输入逻辑检索式的有经验的检索人员而设计的，逻辑检索式由标识符、检索词、结合符和布尔算符组成，检索式的子组可放在括号内。具体操作如下所述。

(1)在检索数据库后的图框内键入检索式。如果用户要检索一个准确短语，把短语放在引号内。

(2)从索引项目下拉列表中选择一个索引用于任何没有标识符的检索项。

(3)如果用户要检验检索词的拼写和格式正确与否,单击屏幕顶部的索引图标即可。

(4)如果想缩小检索范围,可使用限制功能,包括限制内容及限制范围。

(5)如果用户想重新排列检索结果,可从排序下拉列表中选择排序方式。

(6)单击"检索"按钮。

OCLC FirstSearch 专家检索页面如图 7-39 所示。

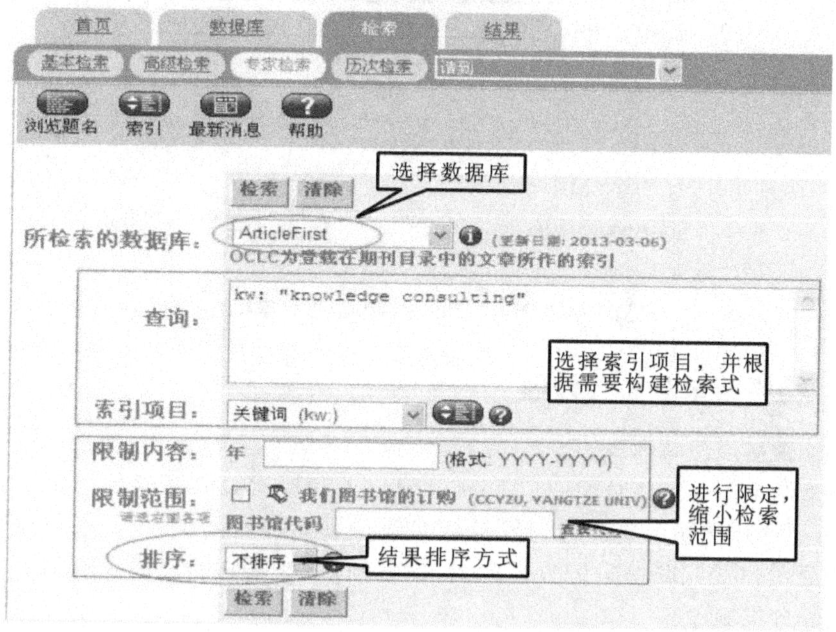

图 7-39 OCLC FirstSearch 专家检索页面

4)历次检索

单击导航菜单中的历次检索,即可看到本次登录的检索历史页面(见图7-40),检索历史页面显示出已经完成的所有检索式和每次检索结果数的列表。

历次检索具有如下功能。

(1)检查先前的检索:本次登录完成的第一个检索显示在列表的最前部,以后进行的检索依次排列。

(2)重复一个先前的检索:单击"清除"按钮清除所有以前的选择或标记项,在检索历史列表找到那个检索,单击对应的选择图框,再单击"检索/组配"按钮就能重复进行检索。

(3)恢复先前的检索结果表:在检索历史列表中选择要恢复的那个检索式,并单击结果列对应的结果数。

(4)在另一个数据库完成先前的检索。

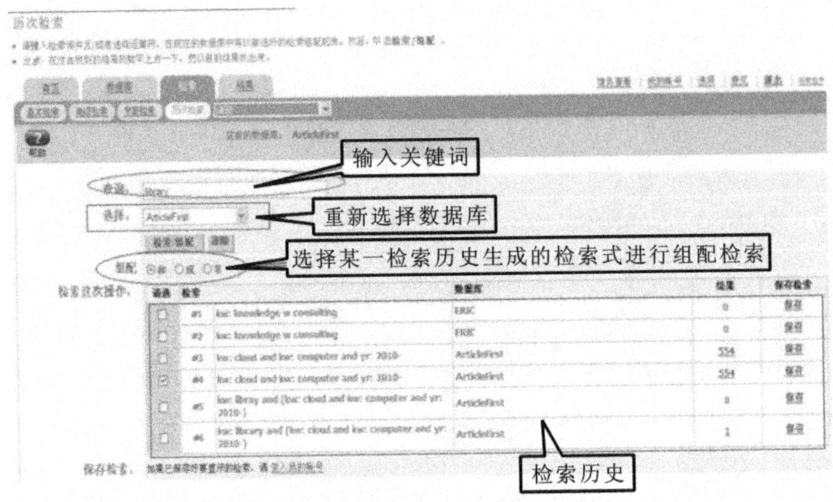

图 7-40 OCLC FirstSearch 历次检索页面

三、检索结果查看与处理

1. 检索结果简单列表

检索结果简单列表页面(见图 7-41)列出了和检索策略匹配的一页记录的简短信息(可通过导航菜单的“选择”链接修改一页显示的记录数)。页面标题下的状态栏显示出了此时检索的数据库名、检索的短语、找到的总记录数和曾使用过的排列和分类顺序。

(1)单击“Prev”和“Next”的箭头图标,翻到记录表的前一页或后一页。或者在它们之间键入一个记录号,记录表会从该序号记录开始显示。

(2)单击记录表中某个简短记录的题名,会进入详细记录页面,可看到该记录的全部书目信息。

(3)单击一个记录名后的全文图标或格式信息即可在页面上看到原文,然后可利用浏览器的保存功能、e-mail 或打印保存全文。

(4)单击要标记的每个记录的复选框,或使用屏幕底部的“全打标记”或“清除标记”按钮对整页作标记,或清除列表中的所有记录的标记,最多可标记 100 个记录。标记记录以后,单击导航菜单中的“已标记的记录”链接进入标记记录页面,在这个页面中可通过单击记录顶部的“详细”按钮查看标记的详细记录、e-mail 或保存到磁盘。

(5)重新格式化结果页以便打印。单击页面顶部相应图标,会把当前显示的页面进行格式化，然后使用浏览器的打印功能打印（也可不打印而用浏览器的保存功能保存这些信息）。

（6）单击页面顶部相应的图标，可进入扩展屏幕。扩展检索页面把当前结果的前 50 个记录的作者或主题词集中起来，以便进行扩展检索。

（7）单击页面顶部的“限制”图标，可进入限制检索页面。

（8）页面上部将显示包括另外信息类型的数据库链接，单击“查找相关数据库”，可以选择一个数据库，重新进行检索。

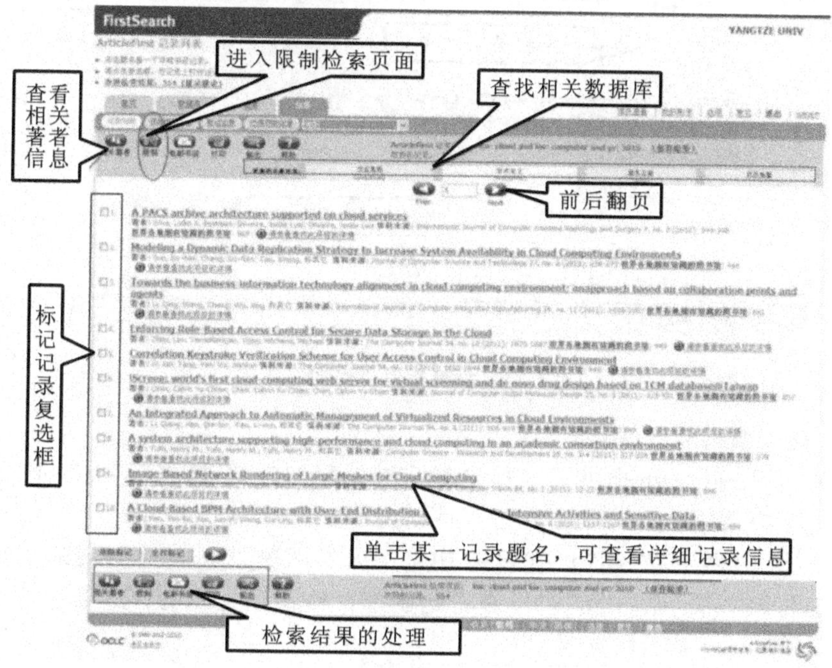

图 7-41　检索结果简单列表页面

2. 检索结果详细列表

单击记录表中记录的题名或导航菜单中的详细链接，即可进入详细记录列表页面（见图 7-42）。

（1）单击“Prev”和“Next”的箭头图标，翻动查看单条详细检索结果记录。

（2）单击“标记”复选框。标记一些记录后，单击导航菜单的“已标记的记录”链接，可对标记的所有记录进行查看、e-mail 或保存到磁盘。

（3）单击“著者”字段的作者名，可检索同一作者的其他著作。

（4）滚动屏幕到“主题”字段找到主题词表，单击任一可链接的主题词，就可检索按同一主题词编目的其他著作。

（5）单击“求借信息”，可以通过馆际互借获取文献。

（6）单击“引用此资料”，可以查看此文献被引用情况。

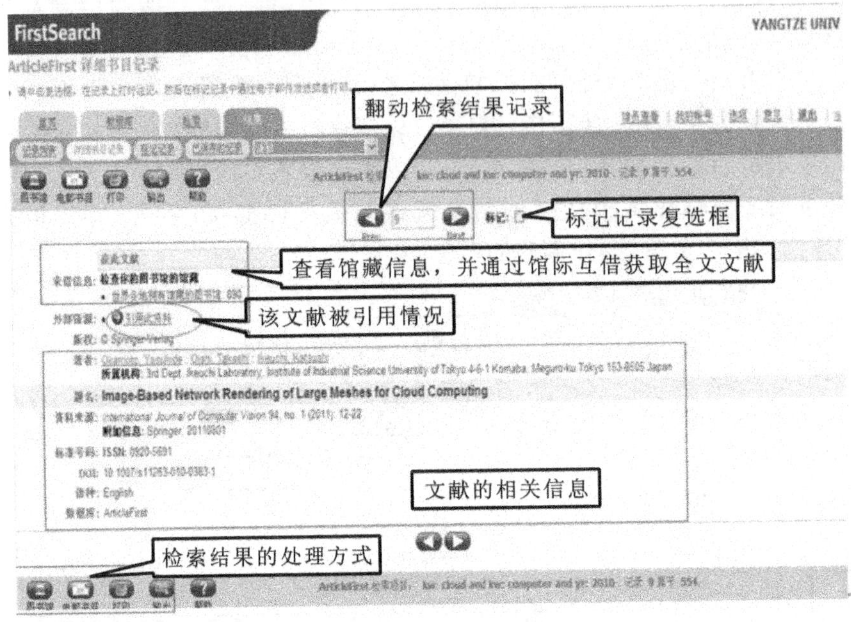

图 7-42　检索结果详细列表页面

3. 检索结果的处理

OCLC FirstSearch 提供了 4 种检索结果处理的方式：图书馆、电邮书目、打印、输出。

(1)单击“图书馆”，可以查看拥有此文献的图书馆列表及图书馆代码(见图 7-43)。再单击某一图书馆，可以查看此图书馆收录该文献的详细信息，并可以通过 e-mail 申请文献馆际互借。

题名: A Library to Run Evolutionary Algorithms in the Cloud Using MapReduce 著者: Fazenda, P 资料来源: Lecture notes in computer science, n.7248, (2012), p.416
ISSN: 0302-9743

如果要查看"显示所有的图书馆"，请和你们图书馆的管理员联系。

有馆藏项目的图书馆: "A Library to Run Evolutio..."(馆藏项目记录 | 获此文献)

位置	图书馆	代码
AU	CSIRO BLACK MOUNTAIN LIBR	RF#
AU	CSIRO INFO MGT	C7F
AU	FLINDERS UNIV LIBR	LF0
AU	MONASH UNIV LIBR	LM1
AU	NATIONAL LIBR OF AUSTRALIA	AUT
AU	QUEENSLAND UNIV OF TECH	LQ6
AU	QUEENSLAND UNIV OF TECH	ATUTQ
AU	ROYAL MELBOURNE HOSP, THE	ATRMH
AU	UNIV OF ADELAIDE	LE1
AU	UNIV OF MELBOURNE	UMV
AU	UNIV OF S AUSTRALIA	LS0
AU	UNIV OF SYDNEY	LS1
AU	UNIV OF WESTERN AUSTRALIA	UWA

图 7-43　检索结果馆藏项目记录

(2)单击“电邮书目”,如图 7-44 所示,输入电子邮箱地址,即可在邮箱中获取检索结果书目信息。

(3)单击“打印”按钮,即可直接打印检索结果页面。

(4)单击“输出”按钮,如图 7-45 所示,即可将检索结果的书目信息导入 EndNote、RefWork 等文献管理软件中,也可以直接以文本格式导出。

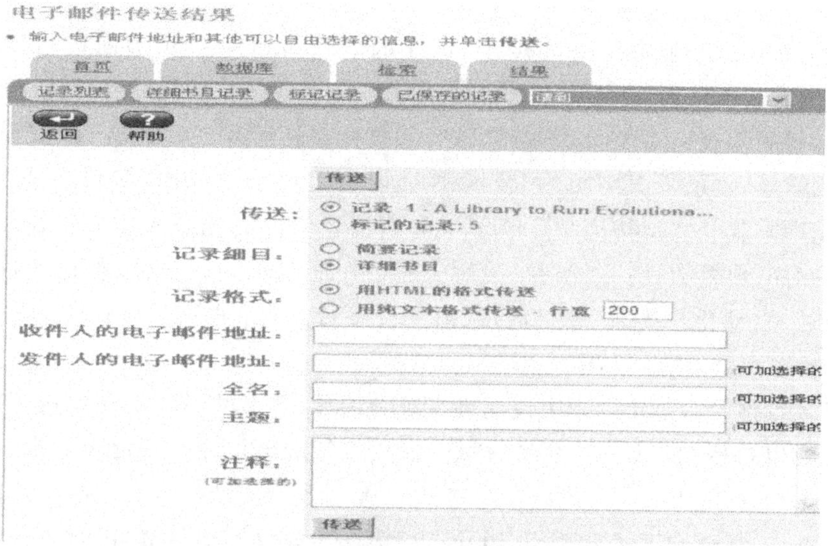

图 7-44　检索结果的处理之电子邮件传送

图 7-45　OCLC 检索结果的处理之输出记录

第五节 SPE 数据库

一、SPE 数据库简介

美国石油工程师协会(Society of Petroleum Engineers,SPE)创立于 1961 年,是一个拥有 79 000 个会员的专业协会。SPE 每年举办一届国际性专业年会和秋季年会,每届发表论文 2 000 多篇。SPE 数据库包括所有 SPE Elibrary 文献,可回溯到 1927 年,收录了 120 000 多篇 SPE 会议论文和 14 种 SPE 期刊,用户可以检索、浏览和下载全文。其论文反映了世界石油各专业的先进水平和动态,内容包括矿藏勘探、地质学、钻井、测井、油藏工程、采油工艺、油井完井、管道运输、矿场机械设计、自动化仪表、计算机应用、海洋开发技术等,对石油专业人员具有较大的参考价值。

SPE 数据库将每年发表的论文进行统一编号,即 SPE Paper 号。按每次会议的论文数以自然顺序编号,并在每次会议和每年的会议之间预留少量空号,以便论文在 SPE 系列期刊或会议论文集正式出版后再给该论文编号。在互联网上可以免费查询、阅读和下载 SPE Elibrary 文摘,下载全文需要付费,目前有 NSTL 和相关院校图书馆提供该数据库的全文传递服务。

为了使全球更多的石油、地质类电子资源能被用户方便地使用,2009 年 4 月美国石油工程师协会将 SPE 数据库扩充为 SPE OnePetro 综合数据库,包括和新增以下学会、组织的电子资源。

(1)API(American Petroleum Institute):包括美国地区的 API Drilling & Production Practices and Secondary Recovery of Oil 的石油文献,当前收录时间为 1934—1985 年。

(2)ARMA(American Rock Mechanics Association):包括其年会的各种文章和文献,当前收录时间为 1956—1957 年、1959 年、1969—1970 年、1972 年、1976—1977 年、1980—1981 年、1983—1990 年、1992 年、1993(partial)年、1996 年、1999 年、2001 年、2004—2006 年、2008 年,今后的内容会进一步增加。

(3)ASSE(the American Society of Safety Engineers):包括其年会的各种文章和文献,当前收录时间为 1999—2007 年,今后的内容会进一步增加。

(4)NACE(the National Association of Corrosion Engineers-International):内容包括年会文章和期刊。NACE 年会文章的当前收录时间为 1996—2008 年,

NACE 期刊 Corrosion Science 的收录时间为 1992 年至今。

(5)OTC(Offshore Technology Conference):收录时间为 1969 年至今。

(6)SPE(Society of Petroleum Engineers):收录时间为 1927 年至今,目前超过50 000篇。

(7)SPWLA(the Society of Professional Well-Log Analysts):包括会议文章和期刊。SPWLA 会议文章收录时间为 1960 年至今的所有文章。SPWLA 期刊"The Log Analysts"收录时间为 1964—2000 年,期刊"PetroPhysics"收录时间为 2000 年至今。

(8) SUT (Society of Underwater Technology):包括 all the volumes of Advances In Underwater Technology Ocean Science And Offshore Engineering(海洋科学和海洋工程在水下技术领域进展)的所有卷期和大量会议录。

(9)WPC(World Petroleum Congress):包括 1933—2002 年在 WPC 上发布的全部文献。2008 年会议录目前需要通过 WPC 网站获得。

图 7-46 所示为 SPE 数据库首页。

二、SPE 数据库的使用方式

SPE 数据库提供域名访问使用方式,长江大学用户必须以@yangtzeu. edu. cn为域名的邮箱/密码注册登录,如果注册之后 3 个月不用,需要重新激活。具体使用方式如下所述。

(1)登录 SPE 数据库网页 www. onepetro. org,单击网页右上角的"Login(登录)"。如果是第一次登录,则要选择"新用户注册",然后输入学校域名范围的电子邮箱地址,填写个人资料等信息,在 OnePetro 创建一个登录账户,如图 7-47 至图 7-50 所示。

(2) 转到 http://www. onepetro. org/mslib/protected/entitlement/RequestEntitlement. jsp,用注册好的邮箱/密码登录 OnePetro。

(3)转到长江大学电子邮箱收件箱,会有一封确认邮件。单击邮件中的链接,该链接将引导用户回到 OnePetro 页面并验证电子邮箱地址是否有效(需要先登录)。

(4)用户将会收到另一个确认邮件,说明已成功注册电子邮箱,可以开始使用该数据库。

图 7-46　SPE 数据库首页

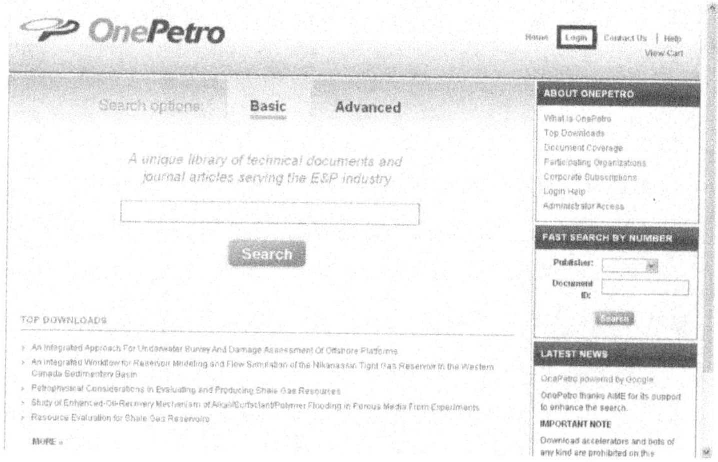

图 7-47 SPE 数据库账户登录

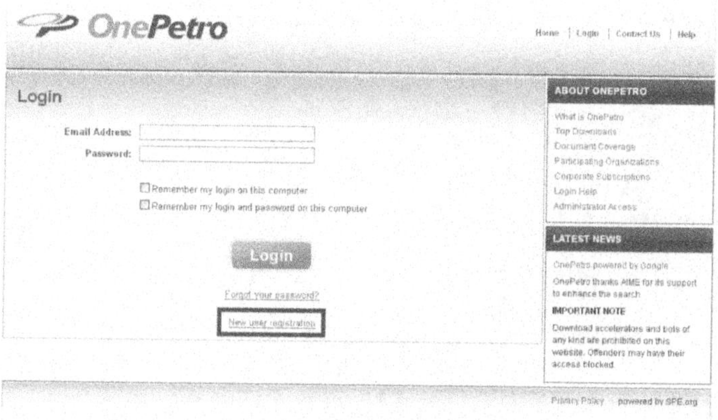

图 7-48 SPE 数据库账户注册

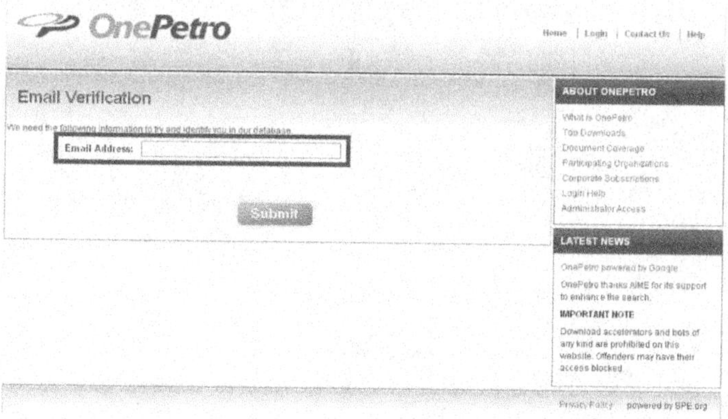

图 7-49 SPE 数据库账户注册之输入有效邮箱地址

account
information:

User Registration

Completing this one-time registration will give you access to all of our site's many features including subscription and/or member pricing. We respect your privacy and will safeguard your personal information. This information is for subscription access and member pricing only. We will communicate with you only in connection with any purchases or other transactions you make on our site. We do not store credit card information beyond the time necessary to process your purchase.

* Denotes required fields

Website Login Information:

Email Address: changzhou@cczu.edu.cn
Password: *
Confirm Password: *
4-20 alpha and/or numeric characters, case sensitive

Identity Verification Question:

Question: *
Answer: *

Personal Information:

Prefix:
First Name (Forename, Given Name): *
Middle Name:
Last Name (Surname): *
Suffix:
Job Title:
Company:

Address Information:

Address Line 1: *
Address Line 2:
Address Line 3:
City: *
Country: China *
State/Province: --- Select A Value --- * Required for U.S. and Canada
Zip/Postal Code: * Required for U.S. and Canada

Please click the "Submit" button only once.

Submit

图 7-50 SPE 数据库账户注册之填写个人信息

三、SPE 数据库的检索

在 SPE 数据库主页单击“Publications”，再单击“Technical Papers”中的“Explore OnePetro”即可进入 OnePetro 主检索页面(见图 7-51)，该页面提供了基本检索(Basic)和高级检索(Advanced)两种检索方式。

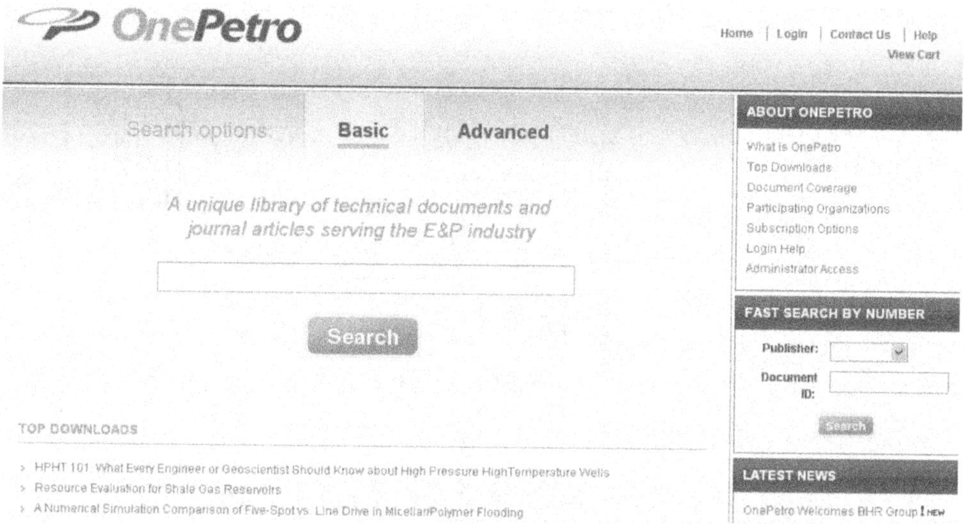

图 7-51　OnePetro 主检索页面

1. 基本检索

OnePetro 默认的检索页面为基本检索页面。OnePetro 的基本检索提供的是 Google 式的一站式检索框，方便简洁，用户在检索框中输入任意关键词，如会议号、出版年代等，即可检索到相关的结果。

2. 高级检索

高级检索提供了 7 种检索字段“Anywhere in Article”“Title or Abstract”“Title”“Abstract”“Author”“Affiliation”“Conference”。系统默认为模糊检索，输入检索词后必须在检索词或短语的前后加引号(英文状态)才能进行精确检索。每个字段内系统支持 AND、OR、NOT 布尔逻辑运算，也可以跨字段组合检索。得到检索结果后，每条检索记录末尾都会有“Abstract”或“PDF”字样，单击“Abstract”可以查看文摘，若要下载 PDF 全文则必须经过授权才行。

高级检索页面如图 7-52 所示。

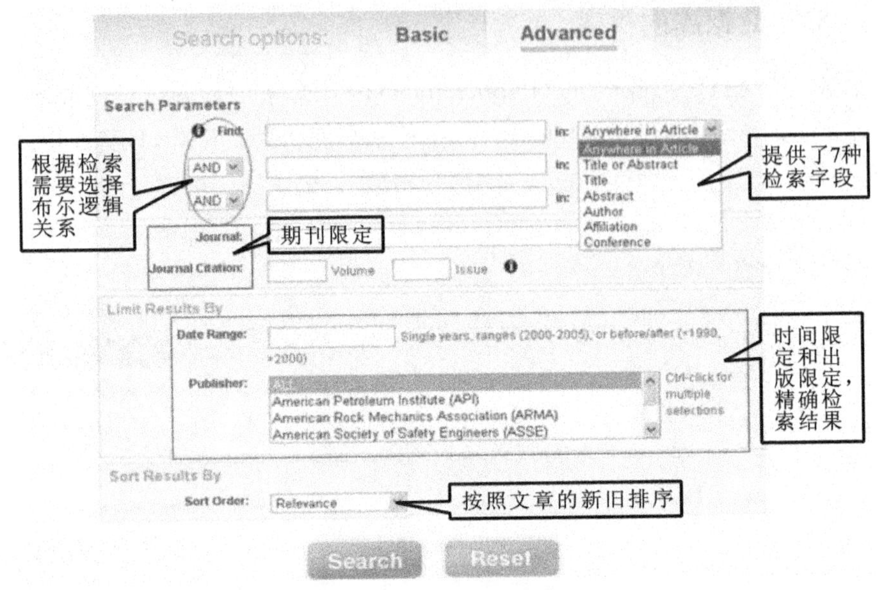

图 7-52　OnePetro 高级检索页面

第六节　国际三大检索系统介绍

1987 年,国家科委(现更名为中华人民共和国科学技术部)主任宋健指示中国科学技术信息研究所,以美国出版的 ISR(Index to Scientific Reviews,科学评论索引)、SCI、EI、ISTP 等四种检索系统(俗称四大检索工具)为依据,对当时我国科技论文被国际重要检索系统收录和国内外引用的情况进行全面统计分析,此后,国家教委(现更名为中华人民共和国教育部)每年也开始利用这四种检索系统对我国主要高校的科技工作进行评价并排出名次,各级科研主管部门也把它引进到各项业绩评估等工作中。由于 ISR 收录的期刊与 SCI 重复,且收录我国的论文数量较少(每年约 200 篇),中国科学技术信息研究所从 1993 年开始,不再选用 ISR 作为国际论文的检索系统,这样三大检索系统应运而生。三大检索系统被用作重要的考核指标,目前杰出青年基金申请、院士评定、职称申报、岗位设置、研究生毕业、优秀论文评奖、科研项目立项、成果评奖等,均需要提供论文被 EI、SCI、ISTP 等检索系统收录引用情况。

一、SCI

SCI 是由美国科学情报研究所于 1961 年创办的引文数据库,列于国际三大著名检索系统之首。它不仅是一个重要的检索系统，也是目前国际上最具权威性的、用于基础研究和应用基础研究成果的重要评价体系。SCI 覆盖生命科学、临床医学、物理化学、农业、生物、兽医学、工程技术等方面的综合性检索刊物，尤其能反映自然科学研究的学术水平，其中以生命科学及医学、化学、物理所占比例最大，收录范围是当年国际上的重要期刊，尤其是它的引文索引表现出独特的科学参考价值，在学术界占有重要地位。许多国家和地区均以被 SCI 收录及引证的论文情况来作为评价学术水平的一个重要指标。引文索引是利用文献引证关系检索相关文献的索引，它以某一文献（包括作者、题名、发表年份、出处等基本数据）作为标目，标目下著录引用或参考过该文献的全部文献及出处，从而方便用户从被引文献查找引用文献。

SCI 的其他系列出版物有社会科学引文索引（Social Science Citation Index，SSCI）、艺术与人文科学引文索引（Arts & Humanities Citation Index，A&HCI）、期刊引用报告（Journal Citation Reports，JCR）。SSCI 创刊于 1969 年，为多学科综合性社会科学引文索引，是 SCI 的姐妹篇，它全面收录 2000 多种用西方主要语言出版的社会科学期刊，主要涉及政治学、法学、经济学和管理学，少数用社会科学实证方法进行研究的教育学、语言学和文化研究的期刊也收录其中，有些记录可回溯到 1956 年。A&HCI 创刊于 1976 年，是综合性艺术与人文类文献数据库，收录范围包括语言、文学、哲学、亚洲研究、历史、艺术等内容，收录了 1 165 种用西方主要语言出版的国际著名的艺术与人文类期刊，累计 200 余万条记录。JCR 对包括 SCI 收录的 3 500 种核心期刊在内的 4 700 种期刊之间的引用和被引用数据进行统计、运算，并按每种期刊定义的“影响因子”等评价指数加以报道，还提供按学科、出版国家等排序的期刊刊源信息，是期刊工作的重要参考工具，每年单独出版。

二、EI

EI 由美国工程信息公司于 1884 年创刊。EI 名为索引，实际上是一种文摘刊物。文摘比较简短，一般是 200 字内的指示性文摘，指明文章的目的、方法、结果和应用等，不涉及具体的技术资料。其收录的文摘主要摘自世界各国的科技期刊和会议文献，少量摘自图书、科技报告、学位论文和政府出版物，报道世界各国工程与技术领域的文献信息，但属于纯理论方面的基础学科文献一般不予报道，是世界上著名的检索系统之一。在选刊方面，EI 先从 6 万～7 万种科技期刊中精选 2 600 种作为来源期刊，然后再从中筛选出 1 000 种期刊作为核心期刊全部报道，而对其余 1 600 种非核心期刊（选做）有选择地加以报道。

EI 印刷版期刊收录世界上 48 个国家 15 种文字 3 500 多种期刊和 1 000 多种世界范围内的会议录、论文集、科技报告、图书、年鉴等，但不收录专利文献。20 世纪 90 年代出现 EI 网络版和光盘版：EI 网络版收录 5 600 多种期刊，收录年限从 1970 年至今；EI 光盘版只收录其网络版中的 2 600 种期刊。在网络版的 EI Village 中凡标记 EX 的记录则表示该记录被印刷成 EI 月刊，且被 EI 光盘版收录。

美国工程信息公司作为世界领先的应用科学和工程学在线信息服务提供者，一直致力于为科学研究者和工程技术人员提供专业化、实用化的在线数据信息服务。1995 年，公司开发了名为“Village”的一系列产品，EI Compendex Web 是 EI 的网络版，内容包括原来的光盘版（EI Compendex）和后来扩展的部分（EI PageOne、EI Village 1），2003 年该公司将它的检索平台升级为 Village 2。EI Compendex 是目前全球最全面的工程领域二次文献数据库，侧重提供应用科学和工程领域的文摘索引信息，涉及核技术、生物工程、交通运输、化学和工艺工程、照明和光学技术、农业工程和食品技术、计算机和数据处理、应用物理、电子和通信、控制工程、土木工程、机械工程、材料工程、石油、汽车工程等以及这些领域的子学科。该数据库每年新增 500 000 条工程类文献，数据来自5 600多种工程类期刊、会议论文和技术报告，其中 2 600 种有文摘，可在网上检索从 1884 年至今的文献并且数据库每周更新。因此，EI Village 是工程文献数据库中的首选数据库网站。

长江大学图书馆自 2010 年开始订购 EI Compendex 供长江大学读者使用。

三、ISTP

ISTP 由美国科学情报研究所编辑出版，1978 年创刊，是一种综合性科技会议文献检索工具。ISTP 每年报道会议录 4 000 余种，20 多万篇。ISTP 印刷版有月刊和年刊两种形式，电子版有光盘版和网络版。ISTP 收录了生命科学、物理化学、农业、生物和环境科学、临床医学、工程技术、应用科学等领域的会议论文，包括一般性会议、座谈会、研究会、讨论会、发表会等。其中工程技术与应用科学类文献约占 35%。其收录论文的多少与科技人员参加的重要国际学术会议多少或提交、发表论文的多少有关。据统计，我国科技人员在国外举办的国际会议上发表的论文占被收录论文总数的 64.44%。

XIAPIAN

下 篇

信息社会与文献综合利用

第八章　信息社会信息安全

信息伦理是随着信息网络技术的广泛应用而出现的调节网络主体间相互关系的行为规范的总和。信息网络技术给人们构建了一个建立在现实社会基础上的信息社会。信息社会的出现与发展有助于人类实现许多在传统社会中遥不可及的理想，但也将人类带入了一个充满重重困惑和道德忧患的时代，使人类陷入了新的伦理困境。计算机高新技术的开发和应用以及信息的生产、存储、交换和传播中的广泛伦理问题成了全球性的问题，学校伦理教育也面临着危机和挑战。为应对信息社会引发的新的伦理问题，西方信息伦理学的道德论证方式经历了相应的变化，这一演变形成了西方信息伦理学理论范式。信息伦理教育的主要理论基础是“科学向善”，其依据融合了目的论、义务论、美德论、人性论以及后现代哲学观。这些理论为信息伦理教育提供了三种基本方向：其一，关注信息社会共同利益的实现，以实现个体受教育者之间互利性利益的共同善原理；其二，以保障受教育者个体权利为目标，关注相关个体受教育者之间相互性关系的公平性原理；其三，德性成为个体受教育者内化信息伦理的基础。

第一节　信息社会发展与信息伦理教育

一、信息社会的特征

信息网络技术的出现与发展将人类带入了一个数字化的信息社会。信息社会也称网络虚拟社会或网络社会，它是数字化空间与心理空间交汇互动所产生的“第三空间”。目前，人们是从两个意义上使用网络社会的，或者说，网络社会有广义和狭义之分。前者是从网络时代这个意义上来使用的，是指网络时代的整个社会；后者称拟社会化的赛博空间，是一种“亚社会”，即所谓的虚拟社会。网络不仅是一个技术概念，而且是一个更为广泛的社会概念。从社会学的角度来看，网络不仅是计算机技术和通信技术结合而形成的一个技术集合体，而且也是当代社会中的一个机构功能实体，因为它包含了一整套新型技术、制度乃至价值观念。技术含义上的计算机网络只是一种信息传输的载体和介质，而网络更为深刻的功能和意义则在于:它能够允许和支持世界上数以亿计的人们相互之间进行通信和信息共享;网络作为人类社会发展的自然历史过程中的一个新阶段和新形态,催生了一种特殊的社会存在形态——信息社会。信息社会对人类生存方式构成了巨大的冲击和挑战,标志着人类的一种新型生存方式——虚拟生存的形成。只要人们进入计算机虚拟系统,就会感到它真实的存在。与现实社会相比,信息社会具有以下特性:虚拟性、去中心化、超时空性、互动性及虚拟社群等。

1. 虚拟性

虚拟性是信息社会不同于现实社会的一个最基本的特性。虚拟性体现为人们通过技术手段对现实社会生活进行人工模拟。在狭义的信息社会中,人们能够在某种程度上隐藏真实生活里的身份,选取与现实生活世界相异的身份,甚至申请多个代号来作为自我化身,这是利用了网络世界本身的匿名特性。

关于网络世界的匿名特性,存在着两种观点:一种观点认为,网络世界的匿名功能降低了行为受约束或受督察的程度;另一种观点认为,网络世界的匿名性导致了使用者的网络行为与真实社会行为有差异。因为匿名性使得每个人可以用化身在虚拟社区中与他人互动,人们在网络世界中的自由程度比其在真实世界高出很多。因此,网络空间不乏充斥着虚假、欺骗、毁谤,甚或违法乱纪的行为。例如,当网络能随时提供以前不容易取得的另类信息,如色情信息时,市场效应便催生了网络色情信息的泛滥,诱发沉溺网络色情的问题。所以,网络的匿名性在某种程度上也促使了诸如网络色情之类的信息伦理问题的产生。

2. 去中心化

"中心"在早期主要是地理位置中一个与边陲对应的概念,但随着政治机构的发展,"中心"也代表了掌握权力、居于领导地位的意义,并具有控制他者的意思。尼采认为,所谓的"旧道德"只是一种权力的网络,这种网络具有集中的性质(中心性),只有摆脱这种旧道德的束缚,才可能找到个人的主体性。有人认为,随着互联网的广泛使用,尼采所追求的去中心社会,似乎在信息社会中可以实现,因为不管是报纸杂志、广播电视,只要是单向传播本身,就有一种中心化的倾向,听众、观众和读者们只能被动地接收,无法参与主导。但是,网络空间不同于一般系统,没有一个固定的起点与终点,而是由遍布在世界各地的无数个去中心、无等级的节点构成的去中心系统,这种去中心化的架构,不仅促使网络使用者抛开现实生活中的身份地位创造多元的角色,也成为许多人提倡网络民主、自由与开放等价值观的立论基础。

3. 超时空性

超时空性是指在人们的网络活动中,由于信息能够以光速在网络上进行传输,极大地延伸了人们网络互动的行动空间,这个空间的元素是不含任何空间的特性,却有不同凡响的即时传播的特性。在这个空间中,从具体的网络活动形式来看，无论是电子邮件、网络讨论还是文件传送等，“在场”的东西的直接作用越来越被在时空意义上“缺场”的东西所取代。可以说，时空的分离与“缺场”取代“在场”构成了网络空间的一个明显的标志。

尽管网络突破时间与空间藩篱的结果会使时空压缩，而在时空压缩下网络的良性运行使各种社会运动信息的传递又更加迅速了，但是在一个被计算机网络打通了的全球化的网络生活空间中，人们对于时间、空间和场所的看法正发生着快速的转变。网络行动作为人们一种新的行动方式，虽然没有成熟，在意识上还处于迂回曲折的阶段，但可以肯定的是，它正在培养出人们作为地球人或世界公民的基础感觉。

4. 互动性

就互动性来说，网络除了快速传递信息外，也具有互动的机制。当人们进入网络之后，所有的互动方式都变成平面化、符号化，彼此传达信息的方式变成以文字、影像或声音为主，而看不到真实的脸部表情与肢体动作等。网络用户间的交往方式如同在真实社会一样，在虚拟社区中彼此互动，逐渐发展出特定的规范与语言沟通模式，形成了一个有意义的语言与符号世界，并沿着其设定的沟通互动模式来建构一个真实的虚拟社区。雪莉·特克(Sherry Turkle)在 *Life on the Screen: Identity in the Age of the Internet* 一书中，探讨了信息时代因特网与计算机如何影响人们对自我认同的重新评价。由于网络的互动性，网络的信息传播者和接收者的角色较为模糊，使传播形态也成为“一对一”“多对一”“多对多”的“双向”或是“多向”的形态，其中网络的高度个人参与使互动性特质的重要性更为突出，正是这种互动性也促使多元信息伦理问题的产生。

5. 虚拟社群

网络空间的出现改变了以学校、社团为主的学习社群的形态，产生了所谓的虚拟社群。莱恩格尔德(Rheingold)认为，虚拟社群是一种社会的集合，只要有足够的人上网，有足够多的公共辩论，就会出现这样的集合。虚拟社群是一个主观的兴趣团体，他们都对同一事件感兴趣；它也是一个客观的利益团体，他们有着共同的物质利益。

虚拟社群和现实世界的社群一样，具有沟通情感和传递信息的功能。但是网络空间和现实空间不同的是，前者的沟通形式是通过计算机网络形成了一种草根式的联结，使得那些位于社会网络边缘的人也与现实世界社会网络中具有优势地位的人一样具有相同的发言权。换言之，网络的去中心化与高匿名性，形成了一种均质的网络社群、一种类似无政府状态的虚拟互动环境。

在网络社群中，参与者的身份是虚拟的。虚拟身份主要表现为三个特征：身份的电子文本化、流动性和等级重建。身份的电子文本化实际上可称为一种虚拟实在，即以作为主体拟像的电子文本对主体进行的仿真，或者说主体通过其书写的电子文本确立其网际身份。对此，波斯特的评价是，“在主客体的边界上书写”。他指出：“人类面对机器，其关系像照镜子一样，令人焦虑：电脑作为机器以它的非物质性模仿着人类。电脑的这种镜像效果使得书写主体双重化；人类在机器可怕的非物质性中认出了自己。”网际身份的电子文本化进一步导致了网际身份虚拟的另外两个特征：其一，身份的流动性，即在线身份是建构性的，而且不一定与离线身份相近；其二，等级重建，即在线社会等级关系的出现重建了一种与离线社会等级关系不同的等级。

任何一种革命性的科学技术的进步，都将比其他力量更大地推动社会道德的进步。同样，信息社会也为人类的道德进步提供了难得的机遇。然而，“技术是一把双刃剑”，这一信息化浪潮也可能造成某些负面的、消极的影响，甚至导致严重的伦理危机，进而在本体论的层次上影响和改变人们对世界、社会、人与人之间的关系、人的存在等重大问题的理解和诠释。总之，这场数字革命对空间、权力和伦理所带来的解放以及信息社会对现实社会所带来的伦理冲击，成为亟待解决的具体课题。

二、信息社会中的伦理问题

以数字化生存为主要方式的信息网络社会的出现，导致了人类生存格局的断裂，也导致了大量信息伦理问题的爆发。

1. 信息伦理问题的表象

国内外很多学者（或组织）从关注的不同角度对信息社会伦理问题进行了阐述。拉斐尔从一种跨文化的和国际性的观点出发，认为信息社会出现的信息伦理学领域的伦理问题包括全球化、隐私和机密、信息的内容规范以及全面获取信息。全球化是指通过互联网使信息广泛流行，这就需要规范、控制信息，或者提供接触信息的机会，只有这样才能创造虚拟传播，或者使虚拟传播更加容易。隐私和机密则包括密码学和越境隐私。信息的内容规范是指知识产权和言论自由。全面获取信息则是指文化多元论和虚拟图书馆。

罗伯特·巴格从人们具备的基本哲学世界观的差异上分析，认为人们能够确定某种特殊的行为是对还是错，与他们对基本实在的理解有关，这种对基本实在的理解被称为“形而上学”。哲学上的“形而上学”立场被分为四种：唯心论、实在论、实用主义和存在主义。因为计算机用户基本哲学世界观的差异，所以他们在理解使用计算机给社会带来的问题时，会陷入种种伦理困境，如面对侵犯知识产权、隐私权和权利等问题时感到进退两难。

从信息网络技术的运行和使用上分析，安德森（Anderson）等学者认为信息社会存在的主要信息伦理问题有：侵犯知识产权、侵犯隐私权、机密性、公平与歧视、不可靠性的责任、利益冲突、未授权存储、抄袭、黑客和病毒、计算机犯罪、数字鸿沟、在聊天室中散布谣言、访问色情网站等。

从网络环境下人际交往的特点出发，有学者认为，人们的网上交往与现实生活中的交往不同，网上交往容易造成信任危机。在现实生活中，人们的身份是自然人，人们既有的生理特征、心理特征和社会身份都直接影响着人际交往和人际关系。人们往往因某人的外在特征比如相貌、身高及其扮演的社会角色或已有的社会身份、地位而产生心理上的接近或疏远。而网络所具有的匿名性、去抑制性、容易接近性、方便性等特征，为人们的社会交往提供了一种新的安全环境。在这样一个具有安全环境的虚拟社区中，大多数网络使用者会逐渐形成新的身份认同。人们可以在较有保障的情况下，试探性地以虚实交错的方式与陌生人互动。同时，计算机网络的联结功能使人与人之间建立新的人际关系，进而从这些关系中塑造自己的身份认同。网络上探索自我认同的可能性正是以计算机网络的隔离功能为基础，特别是较低的社会暴露增进了人们在虚拟空间中互动的意愿与机会。

基于以上分析可以看出，信息使用者在发布信息、使用信息或转化信息时，由于着重于技术层面的优势或强调利益的最大化，以致使社会信息化的结果衍生出各种因利益冲突所带来的信息伦理问题。

2. 信息社会主要伦理问题分类

信息社会主要伦理问题可分为以下几类。

1）网络成瘾

网络成瘾也称网络沉迷。美国心理协会（American Psychological Association）将网络成瘾定义为：过度的上网可能会形成类似酒瘾、药瘾、毒瘾、病态性赌博等无法自律的上瘾行为，导致网络成瘾的症状。金伯利·杨（K. Young）则提出了八点判定网络成瘾的标准，她认为在下列八项叙述中，只要有五项以上答案为“是”，即可判定是网络成瘾：全神贯注于因特网或在线活动，在下线后仍继续想着上网的情形；需要更多时间上网才能感到满足；尝试控制、暂停或终止上网动作却徒劳无功；在暂停或终止上网时感到欲罢不能、难过、沮丧或脾气暴躁；用于上网的时间比预期的要长久；为了上网，宁愿冒着重要的人际关系、工作或学习机会损失的风险；会对家人、朋友、辅导人员或其他关心自己的人说谎隐瞒上网的状况；借上网来逃避困扰或减轻不舒服的感觉。

2）侵犯隐私权

从信息权利的角度来看，隐私权指个人有保守隐私且使其不受他人侵犯的权利。隐私是指一些不必告知他人的纯粹信息，如住址、联系方式、健康状况、感情生活、个人兴趣等。网络的存在与发展和现实社会环境有所不同，因此侵犯隐私权的方式与一般隐私权所受到的侵犯也存在差异性。以偷看信件为例，传统上偷看别人的信件，大多通过拆开的方式，破坏信封了解信件的内容，而在网络上偷看别人的信件，则是通过进入他人的邮件服务器，截取他人的电子邮件，而不必以传统的工具取得。又比如传统的直接行销，是以收集他人的地址资料来寄发相关产品目录，网络上则是以各种方式收集他人的电子邮箱，再寄发广告邮件，这就是新技术产品对个人隐私权侵害形态的具体化。因此网络隐私权的相关问题有：谁在收集个人信息；收集信息的用途何在；这些信息会被如何使用；信息是否会被散布出去；如何预防信息未经授权而被擅用或作为不法用途；如何维持信息的完整性、正确性与即时性；对于不同信息，其机密性如何，等等。

3)侵犯知识产权

根据联合国专门机构——世界知识产权组织的定义，知识产权是一种权利，尤其是指在工业、科技、文学和艺术领域的脑力活动所具有的权利。一般而言，版权法是保护各种文学作品的，专利法是保护工业技术发明的，合同法是保护商业机密的。然而，在这样一个信息成为有价值的商品时代，保护知识产权变得更为困难。

这是因为下列因素削弱了版权法、专利法和合同法这些传统保护机制的效果。首先，信息通信技术的新发展模糊了媒体之间的界限。其次，知识财富越来越抽象和无形。再次，经济的全球化不仅刺激了知识产权侵犯，而且加剧了这种侵犯造成的经济损失。最后，私有化和用市场机制来收集和传播信息的趋势破坏了在分享知识财富方面的传统社会基础。

4)计算机犯罪

计算机犯罪包括：非法访问，指任何故意威胁或攻击计算机系统以及计算机资料的行为；非法截取，指非法截取计算机传送的非公开性质的信息；信息干扰，指任何故意毁损、删除、破坏、修改或隐藏计算机信息的行为；系统干扰，指妨碍计算机系统合法使用的行为，如利用计算机系统传送病毒、蠕虫、特洛伊木马或滥发垃圾电子邮件等；伪造计算机资料，指输入任何虚伪资料和更改、删改、隐藏计算机资料，导致相关资料丧失真实性；计算机诈骗，指有诈骗意图的资料输入、更改、删除或隐藏任何计算机资料，或干扰计算机系统的正常运作，为个人谋取不法利益而导致他人财产损失；儿童色情的犯罪，包括一切在计算机系统生产、提供、发行或传送、取得及持有儿童的色情资料，此项规定是泛指任何利用计算机系统进行的上述儿童色情犯罪行为。在美国，计算机犯罪是增长最快的犯罪领域之一，其中，年龄为10～17岁的未成年人是这种犯罪的最大群体之一。

5)网络性侵害

网络性侵害的概率虽然比传统性犯罪低，但已有逐年升高的趋势，且对未成年人产生了不良影响，英美大规模的调查结果证实了这一点。英国互联网犯罪论坛2001年调查结果显示，年龄在13～17岁的未成年人是网络性侵害最主要的受害者群体，其中又以女性占绝大多数。美国新罕什布尔大学(University of New

Hampshire)抵制儿童犯罪研究中心(Crimes Against Children Research Center)在 2006 年发布的 *Online Victimization of Youth*：*Five Years Later* 报告表明，14%的在线儿童曾经收到来自网络有关性爱内容的推销；75%的网络性侵害者试图引诱儿童上钩并让儿童与其会面；77%的受害者年龄在 14 岁或以上；22%的受害者年龄在 10～13 岁。

D. Finkelhor 等人通过对网络青少年使用者进行的线上性侵害调查结果显示，在受访的 1 500 名美国青少年中，25%的受访者在被动的情况下接触裸体或性爱图片或影像；14%的受访者有曾经在网络上遭受威胁或性骚扰的经历；约 25%的受访者指出相关的性侵扰事件令人觉得恐慌。然而相反，只有不到 33%的家庭懂得应用相关软、硬件来过滤不良的网站，而且只有不到两成的青少年以及一成左右的父母知道应该向何处举报网络性侵害事件。为此，D. Finkelhor 等人将网络性侵害的形态分为三类：①性或色情之相关内容的推销或邀请；②非自愿接触色情图片、影音内容或其他有关色情的事物；③威胁、攻击、羞辱网络使用者或类似的性侵害。根据马奥尼(Mahoney)与福克纳(Faulkner)的分析，互联网提供性犯罪者进行性侵害的途径包括：与世界各地的同好进行即时接触；公开讨论彼此的性幻想与需求；分享引诱受害者上钩的创意；支持并正当化彼此的性侵害哲学；可即时接触世界各地潜在的儿童受害者；在接触可能的受害者时，有效地掩饰真实的身份，甚至化身为受害者的同伴进入青少年聊天室，并锁定加害对象；确认并追踪部分可能受害者的个人家庭联络信息；设法与潜在的受害者进行实际接触之前，与其建立长期稳定的网上联系。

虽然网络本身不能创造出新的犯罪或偏差分子，但它为犯罪者提供了违法的新途径。因此，在某种程度上，网络性侵害的方法、对象与频率将反映出实体社会的现状。

6)数字鸿沟

数字鸿沟是信息社会发展过程中涌现出的大部分伦理问题的根源。数字鸿沟不仅仅包括现代与前代人之间的垂直隔阂，也包括存在于人性中、内部人与外部人之间的一种新的水平隔阂。垂直隔阂是指，在人类历史上，尽管人类利用技术能力可以消除自然和人工之间的障碍，但也深感自己对世界和未来一代的道德责任。这说明伦理知识和智慧并不一定是技术能力和道德责任的必然结果。后现代批评家认为，现代性策略是对自然技术进行的科学控制，现代化强调对自然环境现实进行充分控制和掌握。虽然信息时代是建立在现代化的基础上的，但其精髓不仅仅是塑造现实的物理世界，而是要建立一个替代或巩固现实世界的非自然环境。信息圈不是一个地理、政治、社会或语言空间，而是从教育到科学、从文化表现到通信、从贸易到娱乐的精神生活空间。各个地区、不同职业和不同领域的人们都可能居住在这个信息圈中，形成网民社区。在这个网民社区中，由于信息是其中的重要资源,"信息富裕者"容易拥有知识、财富和权力;相对地,"信息贫穷者"则在各方面的发展大都处于劣势。贫富不均的结果会随着就业机会、教育等进入虚拟空间,而且日益扩大,由此形成的不平等问题更可能引起不满和社会动荡。由此看来,数字鸿沟是信息时代的全球问题,但其实质是信息时代的社会公正问题。

综上所述,信息爆炸使人无所适从,大量庸俗、色情甚至反社会的信息对网络造成了严重的污染;一些非法、非伦理的信息行为对传统伦理观念及伦理规范产生了极大的冲击。在信息社会中,信息技术的快速发展会使得个人的行为产生扩大效果,换言之,在现实社会中,人们的行动空间、时间终究有限,但是在信息社会中,人们的生活除了现实生活之外,还包括了虚拟的网络世界生活。因此,美国管理信息科学专家 R. O. 梅森认为,信息社会必须依赖知识的研发和运用来推动技术的进步,但另一方面,社会在伦理道德的需求上,会对技术发展产生一些拉力,使某些信息或技术新行为仍能在某种程度上受到道德评价。

第二节 网络犯罪

一、网络犯罪的概念、特点及其危害

1. 网络犯罪的概念

网络犯罪是以网络为犯罪工具,或以网络为犯罪对象实施危害网络信息系统安全的犯罪行为。其中,以网络为犯罪工具的,有黑客犯罪、网络诈骗、网络洗钱、网络病毒、网络窃密、自动犯罪、电子邮件炸弹等犯罪;以网络为犯罪对象的,则是指破坏网络犯罪和窃用网络犯罪,危害网络信息系统安全等的犯罪。

2. 网络犯罪的特点

1)犯罪主体的多样化、年轻化

随着计算机技术的发展和网络的普及,各种职业、年龄、身份的人都可能实施网络犯罪。在网络犯罪中,特别是黑客中,青少年的比例相当大。网络犯罪主体的年轻化与使用计算机者,特别是上网者中年轻人占较大的比例,这与年轻人对网络的情有独钟和特有的心态有很大的关系。据国内外已发现的网络犯罪案件统计,当今网络犯罪年龄在 18～40 岁之间的占 80%,平均年龄只有 23 岁。

2)犯罪方式的智能化、专业化

网络犯罪是一种高技术的智能犯罪,犯罪分子主要是一些掌握计算机技术的专业研究人员或对计算机有特殊兴趣并掌握网络技术的人员,他们大多具有较高的智力水平,既熟悉计算机及网络的功能与特性,又洞悉计算机及网络的缺陷与漏洞。只有他们能够借助本身技术优势对系统网络发动攻击，对网络信息进行侵犯，并达到预期的目的。

3)犯罪手段的复杂性和先进性

科技迅猛发展使得犯罪手段也随之水涨船高，犯罪人总是比大众能够更早、更快地掌握更先进的技术去实施犯罪。诸如窃取秘密、调拨资金、金融投机、剽窃软件、偷漏税款、发布虚假信息、入侵网络等网络犯罪活动层出不穷，花样繁多。高科技犯罪分子在计算机网络中多样的攻击方式让网络安防部门防不胜防，同时在进行违法活动后，侦查部门也很难从他们侵犯过的地方找到任何的蛛丝马迹。

4)犯罪对象的广泛性

随着社会的网络化，网络犯罪的对象从个人隐私到国家安全，从信用卡密码到军事卫星，无所不包，甚至网络本身也成为犯罪的对象。

5)犯罪过程的互动性和隐蔽性

网络发展形成了一个虚拟的网络空间，打破了社会和空间界限，使得双向性、多向性交流传播成为可能。由于网络具有开放性、不确定性、超越时空性等特点，网络犯罪具有极高的隐蔽性，增加了网络犯罪案件的侦破难度。

6)犯罪成本的低廉性和高效性

网络犯罪与传统犯罪相比，所冒的风险小而获益大，其作案工具简单，只需一部终端机、上网卡和一部电话就可进行。作案者只要轻轻按几下键盘，就可以使被害对象遭受巨大损失。

3. 网络犯罪对社会的危害

1)危害国家安全

随着计算机信息网络应用不断普及，国家、集体、个人的事务都逐渐运行到信息网络上，针对国家、集体或个人的犯罪将表现为利用或针对网络的犯罪。甚至国家之间的战争或仇视，也将主要表现为摧毁对方的重要计算机信息系统，危害性极大。随着信息越来越计算机化，利用网络窃取或泄露国家政治、经济、军事、科技等机密将成为间谍活动的主要手段，网上秘密争夺战将愈演愈烈。

2)侵犯公私财物

随着货币电子化进程的加快及电子商务的兴起，财富以电子化形式表现，并逐渐集中到计算机中。实施侵财犯罪的嫌疑人逐渐把目光从过去的纸质货币和保险柜、钱包等转移到计算机上。侵财犯罪将主要通过计算机、网络技术等手段实施。目前这类案件已由利用计算机盗窃发展到了网上诈骗、利用网络非法传销，等等。同时，盗窃、诈骗等传统犯罪被犯罪分子移植到计算机网络后，高科技也给这类犯罪带来了更大的欺骗性和隐蔽性。

3)危害信息网络安全

大量的计算机病毒和木马通过各种方式存在于网络中的各种地方，通俗来讲，有网络的地方就有病毒，这更证明了病毒的危害性和严重性。从几年前的“熊猫烧香”到现在利用微软“黑屏”漏洞来侵害网络安全，部分教育科研机构甚至政府部门的网站被入侵，个人计算机受侵害率更是居高不下，严重危害了信息系统的安全秩序。

4)侵犯公民人身、民主权利

由于传统犯罪将逐渐计算机化、智能化，除强奸、偷渡等极少数犯罪外，其他传统犯罪几乎都能通过计算机信息网络实施。其中，侵犯公民人身权利和民主权利的案件明显增多，如利用网络进行人身攻击、诽谤等。近年来更是出现了网络人肉搜索所引发的社会法律和道德争议，如虐猫事件、铜须门事件和死亡博客事件，这些都在人肉搜索上引发了法律和道德争议。

5)利用网络传播色情、淫秽物品

随着多媒体和数字化技术的发展，电视机、录像机、计算机等将合而为一，“黄毒”的产生和传播的介质将主要是计算机及其网络。利用计算机及其网络制作、传播黄色淫秽物品将成为“黄毒”犯罪的主要形式。有关专家的调查显示，网络上的非学术性信息中，47%与色情有关，每天约有2万张色情照片进入互联网。这类案件的违法犯罪分子有的利用互联网出售色情光盘，有的非法提供色情网站链接，有的干脆直接设立色情网页，危害性极其大。

二、形成网络犯罪的诱因

1. 黑客文化对网络犯罪者的影响

现在的网络黑客习惯于把自己看作是敢于超越规则的精英分子，个个胸怀大志，都自认为是新的电子世界的拓荒者。他们对当今电子计算机和电子信息网络技术的应用有悖于他们的理想感到强烈不满。他们一方面热衷于炫耀自己的电子技术才华，另一方面蔑视所有的法规，而这两个方面正是计算机犯罪和电子信息网络犯罪观念的根源。

2. 网络技术局限使网络犯罪者可大显身手

早期计算机革命者们基于对理想的追求，以信息资源共享为目标，在对电子信息网络技术的发明研究中，过多地注重计算机的大容量、微型化、便捷化及其兼容性和互联性，忽视了计算机网络安全技术的发展。所以计算机技术和网络技术发展起来之后，出现了针对计算机和电子信息网络的犯罪，这完全是计算机技术和电子信息网络技术发展中不可避免的技术原因。

随着计算机技术和电子信息网络技术的普及，不仅全社会对之逐渐形成了明确的完整的认识和观念，而且电子信息网络的社会化，使计算机、电子信息系统及电子信息数据的拥有者扩展到政界、商界以至家庭。基于电子信息占有者们不愿自己占有的电子信息受到侵害，社会为保护其电子信息占有权不受侵犯，就必须把黑客行为规定为犯罪，用刑罚来阻止这种行为的再度发生。

3. 法制建设滞后放纵了利用网络的犯罪

目前网络犯罪在国际上的立法都还比较薄弱，美国、英国等发达国家的相关立法也比较滞后，许多案件很难侦破，真正受到刑事起诉的很少，判刑的更少。我国的相关立法还处于起步阶段，在网络犯罪定性方面的法律有一部分，但对具体新类型的网络犯罪特别是犯罪定量方面的法律规范还很缺乏，有待于进一步立法。首先，我们缺乏整体而全面的有关网络犯罪的法律体系，法律的滞后性体现得较为明显，对网络犯罪的打击比较被动。由于网络犯罪法律不健全，有的行为性质很难认定是技术行为还是犯罪行为，所以多半“宽厚有加”，打击力度不够，对滥用网络等违法行为则往往“投鼠忌器”。其次，由于发达国家和发展中国家对网络的观点与态度不尽相同，因而对网络犯罪打击的侧重点有所不同，彼此协调不佳，导致对一些网络犯罪行为的放纵。最后，相关法律往往过于概括与宏观，可操作性不强，难以对网络犯罪形成真正的制度化打击与防范。因此，网络犯罪在法律适用上还有很大的难度。

4. 抵制力量薄弱不利于网络犯罪防控

一是法律难以对黑客的犯罪行为具体定罪；二是在网络犯罪活动中的证据很容易消除从而难以收集；三是网络侦查部门很难对一些网络高手进行跟踪、查找、定位，难以取得可靠的证据证明某人实施了犯罪行为；四是受害人还没有足够的自我保护意识，计算机操作防范不够完善，有些人甚至受害后没有报警意识而导致了对网络犯罪者的纵容。

三、防范和遏制计算机网络犯罪的对策

1. 从技术角度进行防范

网络犯罪是利用计算机技术和网络技术实施的高科技犯罪，因此，防范网络犯罪首先应当依靠技术手段，以技术治网。主要措施有以下 4 种。

(1)防火墙技术。该软件利用一组用户定义的规则来判断数据包的合法性，从而决定接受、丢弃或拒绝，在一定程度上能起到对非法访问的防范作用。

(2)数据加密技术。在计算机信息的传输过程中，存在着信息泄漏的可能，需要加密来防范窃密者的直接盗取使用。

(3)病毒特征判定技术。通过研究开发最新的杀毒引擎，以病毒和木马的某些行为特征直接判定并清除，能起到较好的防范作用。

(4)用户签名认证技术。通过在用户发出的邮件或其他信息中加入第三方合法认证的签名，有效防止信息被篡改或冒用，也能在一定程度上降低网络应用的风险。

类似的方法还有很多，只要配合得当、合理应用，在网络安全防范中都能起到

很大的作用。

总的来说,网络犯罪行为人往往都精通计算机及网络技术,包括安全技术,因而侦察与反侦察、追捕与反追捕的战斗,将在很大程度上体现为一场技术上的较量。只有抢占技术制高点,才有可能威慑罪犯,并对已经实施的网络犯罪加以有效打击。

2. 从立法角度予以跟进

技术层面的防范远远达不到制止网络犯罪的目的,因为再先进的技术,也不可能保证绝对的安全,一旦被入侵窃密,仍会导致很大损失。所以,要更有效地防范网络犯罪,还得靠法律,实行依法治网。在对相关计算机及网络信息安全的立法中,已经有了一定的规范,但是远远达不到精确、完整的程度,很多案例都证明了现行的法制对这类犯罪活动不能进行有效惩治、判决。

(1)立法的认识观念问题。黑客行为犯罪化是计算机技术和电子信息网络技术发展到一定阶段后的产物。一方面,目前所有将黑客行为犯罪化的立法都是站在维护既存社会秩序、保护既得者利益的基础上的,比较忽视计算机技术和电子信息网络技术进一步发展的有关要求,而网络技术的发展和安全技术的加强在某些角度成了对立面,到底是为了安全的加强而遏制网络技术的进步,还是为了网络的进步在一定程度上放弃网络安全的强化没有人能确定。另一方面,可以说正是有关法规对网络信息系统的禁限,正是大企业集团、政府机构、军事当局等对信息资源和网络信息系统的垄断,刺激出了更多的黑客行为。所以,即使仅从犯罪防控的角度看,有关计算机犯罪和网络犯罪的立法也必须认真考虑社会观念的问题。

(2)程序法与实体法的衔接问题。黑客行为犯罪化之后带来的一个重要问题就是如何认定黑客行为(犯罪行为)。认定犯罪的关键是证据。黑客犯罪行为针对的是网络信息系统,留下的犯罪痕迹不是传统意义上的犯罪痕迹,可作为证据的材料也往往不是传统意义上的证据材料。这就要求刑事诉讼中扩展证据概念的内涵,将电子证据规定为证据。我们应加紧制定电子证据法,确立电子取证、网络侦查的程序,确立电子证据认定的基本规则,从根本上解决无法有效对网络犯罪进行惩处的问题。

(3)法律法规的实施问题。有了好的法律规定,对之进行具体的实施就成了关键。其中,有没有一支好的警察队伍是至关重要的。警察工作应该能揭露犯罪、侦破犯罪并查获罪犯。这不仅需要警察工作者具有足够的法律知识和传统侦查工作技能,而且要求他们熟练掌握计算机技术和电子信息网络技术。同时,公检法等部门更应多做一些网络犯罪的研究,分析它的趋势和特点,以便能够更好地加强对网络犯罪的打击力度。

(4)法制教育加强的问题。在健全法制的同时,要大力宣传有关互联网方面的法律法规，使广大网民依法依规上网。在对人们进行法制教育的同时，重点树立人们的法制观念。网络犯罪的高发率在很大程度上恰恰反映了人们法律精神的欠缺。虽然网络犯罪的手段和方式与普通犯罪有所不同，但其危害是相同的，都造成了对公共安全、他人的人身财产权利的侵害。因此，如果我们在对人们进行法律知识普及的同时，更注重法律精神、法律观念的培养，则人们不仅在现实世界而且在网络世界中也会成为真正自觉守法的高素质群体。

(5)我国的互联网，在国家的大力倡导和积极推动下，在经济建设和各项事业中得到了日益广泛的应用，使人们的生产、工作、学习和生活方式已经开始并将继续发生深刻的变化，对于加快我国国民经济、科学技术的发展和社会服务信息化进程具有重要作用。同时，如何保障互联网的运行安全和信息安全问题已经引起全社会的普遍关注。为了兴利除弊，促进我国互联网的健康发展，维护国家安全和社会公共利益，保护个人、法人和其他组织的合法权益，2000 年 12 月 28 日第九届全国人民代表大会常务委员会第十九次会议通过了《全国人民代表大会常务委员会关于维护互联网安全的决定》。

第三节 信息安全

一、信息安全问题的提出

对于信息安全，我们的理解有以下几个层面。

一是信息是一种权利，也是一种财产。美国总统克林顿曾说："今后的时代，控制世界的国家将不是靠军事，而是信息能力走在前面的国家。"据上海思道科投资有限公司的调查，国内各家电视台播发的国际新闻（时事、财经、文艺、体育等），大部分来自路透社、CNN（全称为美国有线电视新闻网）、美联社（全称为美国联合通讯社，英文缩写为 AP）等，来自内地国际新闻信息所占比例微乎其微，中国观众基本上是用别人的眼睛看世界，甚至个别地方领导决策中所依据的主要信息来源也是如此，这样，我们就在很大程度上被国外媒体牵着鼻子走。另外，国内企业所需的国际金融、证券、期货、外汇、大宗商品交易等信息基本上也依赖于境外信息供应商。这是由信息社会的特点决定的，在社会竞争中，则表现为抢占信息控制权。值得注意的是，目前还有许多人没有认识到这一点。

二是科学是一把双刃剑，信息技术的发展推动社会文明，给人类造福，与此同时，如果利用的方向不对，也有可能造成反面的结果，带来负面作用。考虑到信息时代的速度因素，这种逆向的破坏程度不可低估。

三是由于现实中信息系统安全的漏洞越来越多，尤其是信息化过程中开发的各类信息系统对于许多问题没有引起足够的重视,或者在这方面还没有太多的实践经验,致使特定主体屡屡受到伤害或暴露在潜在的危险中。

四是信息的无形性、易溢出性、共享性等特征决定了信息难以控制,稍不留意,有价值的信息就被别有用心的人攫取。

此外,人们对于周围信息环境的复杂性、威胁性了解不够深刻,容易受骗;信息安全问题主要出现于现代信息平台之上,使传统的安全制度面临新的挑战。

二、信息安全现状

计算机病毒是指编制者在计算机程序中插入的破坏计算机功能或者破坏数据,影响计算机使用并且能够自我复制的一组计算机指令或者程序代码。1983 年 11 月 3 日,Fred Cohen 博士研制出第一个计算机病毒,其后,计算机病毒一直在不断危害着用户系统的安全。一种新的病毒技术出现后,病毒迅速发展,接着反病毒技术的发展会抑制其传播。操作系统升级后,病毒也会调整为新的方式,产生新的病毒技术,对用户的信息安全造成巨大的破坏,如此此消彼长。总的来说,计算机病毒的特征可归纳为潜伏性、传染性和破坏性等。

当我们谈及特洛伊木马、蠕虫和病毒时,我们通常都会觉得这些文件具备破坏能力。实际上主要是说恶意程序。恶意程序涵盖了所有通过创建、更改和删除文件方式破坏数据的程序。一般来说,恶意程序可分为如下几类。

1. 特洛伊木马

特洛伊木马不具备自我复制的能力。它包含有隐藏程序的组件,这些隐藏程序是后门程序。黑客可以利用这些后门程序将目标计算机完全控制,执行任何需要的操作,而用户却不知道有人在操作或者控制他们的计算机。

2. 蠕虫病毒

蠕虫病毒是一种常见的计算机病毒。它的传染机理是利用网络进行复制和传播,传播途径是通过网络、电子邮件以及 U 盘、移动硬盘等移动存储设备。比如,2006 年以来危害极大的"熊猫烧香"病毒就是蠕虫病毒的一种。蠕虫程序主要利用系统漏洞进行传播。它通过网络、电子邮件和其他的传播方式,像生物蠕虫一样从一台计算机传染到另一台计算机。因为蠕虫使用多种方式进行传播,所以蠕虫程序的传播速度是非常快的。

3. 网络蠕虫

如果黑客发动攻击,通过扫描目标计算机上的一些端口,这时协议上的漏洞(比如互联网信息服务 IIS)就成为传播病毒的工具。为人所熟知的例子就是 Lovsan/Blaster 和 CodeRed("红色代码"病毒)。Sasser("震荡波"蠕虫)利用 Local Security Authority Subsystem Service(本地安全认证子系统服务,LSASS)的缓存溢出攻击错误,它们一旦发现计算机联网时就进行传染。

4. 邮件蠕虫

邮件蠕虫通过邮件传播，主要是借助邮件客户端工具（比如 Outlook 和 Outlook Express）或者蠕虫自己的 SMTP（简单邮件传输协议）邮件引擎。邮件蠕虫除了耗尽带宽和系统资源之外，还有其他的破坏能力。

5. 病毒

病毒自我复制后通过某种途径传播到其他计算机上。病毒通常依附于其他文件或者嵌入到数据存储媒介的启动扇区。通过可移动磁盘（例如软盘）、网络（包括 P2P）、邮件和互联网进入用户计算机。病毒也可以将自己依附于各种操作系统，并可以使用多种方式运行。

下面对几种恶意软件进行简单介绍。

1. 恶作剧程序

恶作剧程序通常通过邮件进行传播，并建议收件人转发给朋友或者同事。实际上，恶作剧程序通常只会给用户带来恐慌。

2. 后门程序

许多系统管理员使用远程管理工具对计算机进行维护。这非常有用，尤其是对一些大公司，但通常需要管理员拥有一定的网络知识并取得用户的同意才能使用此类远程管理工具。类似这种程序的一些工具在使用者没有一定网络常识并未取得用户同意的情况下，它们实质上已经逐渐沦为后门程序，与恶意软件没有差别。

3. 间谍程序

间谍程序通常会执行类似于记录用户的上网习惯或者键盘输入（包括用户的密码），然后将这些信息在第一时间通过网络转发给第三方团体，从而复制实体然后盗用，给被盗者本身带来很大的经济损失，有些甚至是名誉损失。

4. 垃圾邮件

用户总是收到一些转发的垃圾邮件，这些邮件内容大致都是一些广告信息等，甚至有些会带有病毒的图片和程序，稍有不慎就会感染病毒。

5. 钓鱼站点

钓鱼站点使用假冒的网址或邮件尝试窃取用户数据，诸如用户名、密码和信用卡号、银行账户访问信息等，一些人已经上了这些不法分子的当。

如图 8-1 所示，据 360 互联网安全中心报告，2013 年第三季度新增恶意程序样本 5.4 亿个，同比增长 50%。恶意程序样本增量保持高位，但环比增速较低。

以推广网店地址为目的的“收藏夹替身”程序是 360 互联网安全中心在 2013 年第三季度拦截次数最多的恶意程序，堪称第三季度的“木马之王”；可被黑客用于远程操控用户计算机的远程控制木马在 2013 年第三季度也重新活跃起来，对用户上网构成了巨大的安全威胁，值得用户提高警惕；同时广告推广类木马逐渐成为木马主流。

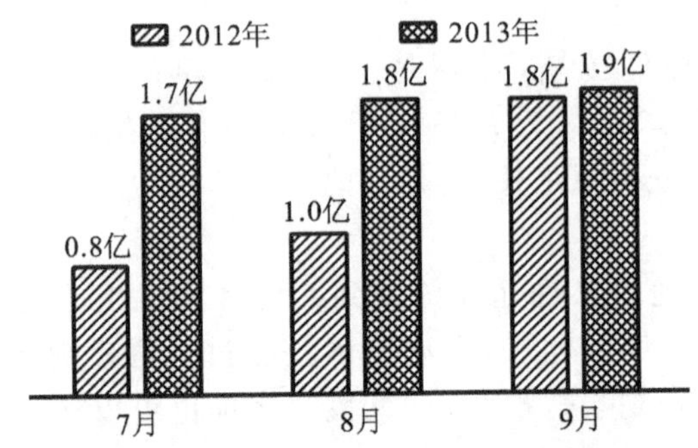

图 8-1 2012、2013 年第三季度新增恶意程序样本数对比

比特币热潮带动比特币“挖矿木马”活跃，第三季度平均每月新增样本近万个。中招后的计算机性能会受到较大影响，计算机操作会明显变慢、散热风扇狂转、大量耗电，并造成显卡、CPU 等硬件急剧损耗，用户要提高警惕。

从风险人群和高危人群的比例分布上看，贵州省继 2013 年第二季度后继续成为 2013 年第三季度中国上网最不安全的省份，而上海、北京、澳门、香港和西藏自治区则是第三季度中国上网最安全的地区。

海南省继 2013 年第二季度后，继续成为 2013 年第三季度中国上网最不安全的省份，而西藏自治区山南地区则继 2013 年第二季度之后继续蝉联 2013 年第三季度中国上网最安全的地区。

钓鱼网站数量继续保持在很低的量级，平均每天新增 65.5 个；新增钓鱼网站数量同比增长了 76.3%，但环比却下降了 15%，与 2013 年第二季度趋势相同；虚假购物、虚假中奖和模仿登录仍然是新增钓鱼网站的主要类型；而从单个钓鱼网站的拦截量来看，排名前 20 名的钓鱼网站以境外彩票、假医假药和钓鱼广告为主。

2013 年第三季度新增钓鱼网站类型分布如图 8-2 所示。

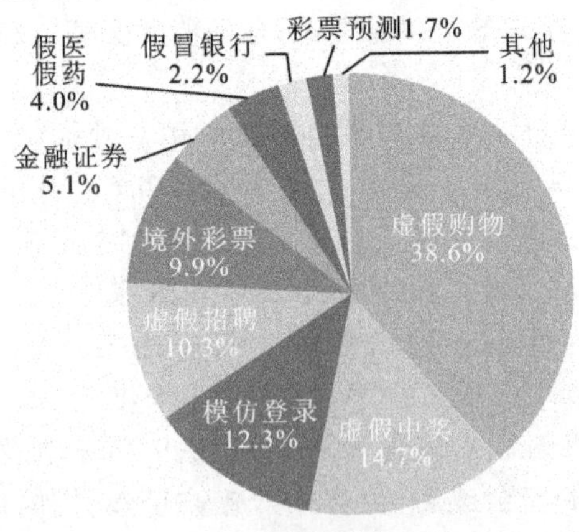

图 8-2 2013 年第三季度新增钓鱼网站类型分布

各地用户访问钓鱼网站的类型分析结果显示，福建省在 2013 年第三季度取代贵州省成为“最喜欢”境外博彩的省份；而山西省则蝉联“最相信”彩票预测的省份；广东省则成为“最容易”单击钓鱼广告和金融证券类钓鱼网站的省份；在“最相信”虚假办学一栏中，北京市继 2013 年第二季度之后再次蝉联 2013 年第三季度第一的城市。

三、信息安全教育资源

1. 全国信息安全技术水平考试

全国信息安全技术水平考试是全国信息化工程师考试体系中推出的专业认定考试，是中华人民共和国工业和信息化部人才交流中心推出的认定考试，考生通过该考试后，将获得由中华人民共和国工业和信息化部人才交流中心颁发的相应级别的认定证书。

2. 国家信息化安全教育认证

国家信息化安全教育认证项目是由中国电子商务协会推出和管理的网络信息安全技术应用领域的从业人员的技能认证项目。培训合格学员将获得相应级别的国家信息化安全教育认证证书。

第九章　文献信息综合利用方法

文献信息综合利用指的是用户主动地、创造性地利用文献信息，不但深入掌握内容实质而且对其进行分析和研究；用户不但利用已知，而且创造新知、探索未知。例如，用户为了课题攻关、技术革新、发明研制而利用文献，为写作学术论文而以原有文献为依据演绎出新的理论观点。文献信息综合利用作为一种社会活动，是与决策管理、教学工作、科学研究、技术研究、产品开发、市场销售等社会活动息息相关的。文献信息综合利用的直接意义主要有两个方面：一是实现文献信息存在和运动的社会价值，二是达到文献信息用户进行一系列信息活动的最终目标。

进入大学高年级阶段，大学生们逐步涉足科学研究。科学研究自始至终离不开文献信息的综合利用。首先，要选定一个切实可行的研究课题；其次，要围绕这个课题查阅大量的文献资料，对相关文献进行分析、整理、归纳、总结，得出研究的结论；最后，将自己的研究成果形成学术论文。如何科学、规范地撰写学术论文是大学生和初入研究领域的科研人员必须掌握的一个技能。一篇好的学术论文，除了必须具有一个有意义的选题、严谨的研究方法和合理的分析总结外，一个同样重要的部分就是规范、条理清晰的文献综述。这些都涉及文献信息的综合利用方法。

我们开展大学生信息素养教育，目的是培养大学生个体独立地开发、利用文献信息的能力。大学生信息素养教育既是一种智能教育，也是一种技能教育，是要使受教育者能够具有信息意识，掌握信息检索、信息评估和信息利用的方法。学生们了解了文献信息的基础理论后，最终还要落实到对文献信息的利用上来。

第一节　文献综述概述

一、文献综述的概念

文献综述是将某一学科、专业或专题的大量文献进行整理筛选、分析研究和综合提炼而成学术论文，是高度浓缩的文献产品。根据其涉及的内容范围不同，综述可分为综合性综述和专题性综述两种类型。综合性综述是以一个学科或专业为对象的，而专题性综述则是以一个论题为对象的。文献综述反映当前某一领域中某分支学科或重要专题的历史现状、最新进展、学术见解和建议，它往往能反映出有关问题的新动态、新趋势、新水平、新原理和新技术，等等。文献综述是针对某一研究领域进行分析和描述前人已经做了哪些工作、进展到何种程度，要求对国内外相关研究的动态、前沿性问题做出较详细的综述，并提供参考文献。作者一般不在其中发表个人见解和建议，也不做任何评论，只是客观概括地反映事实。

文献综述有两层含义：其一，作动词解释，它是文献信息综合利用的一种方法，是对某一类文献进行搜集、整理、分析、归纳、总结、加工的一个活动过程；其二，作名词解释，它是一种文体，是通过上述活动过程而得出的结果。

二、文献综述的目的

总的说来，文献综述有以下几个目的：首先，文献综述总结了与本课题相关的研究结果，包括每个研究所涉及的具体问题、研究思路以及研究结果等；其次，在总结的基础上，通过文献综述将所综述的每一个研究与整个文献相关联，并且对每一个研究在文献中的贡献加以评述，比如说填补文献中的空白、对文献进行有意义的扩展等；最后，文献综述通过对相关文献的回顾建立了一个研究的框架体系，通过这个框架体系，读者可以清晰地了解到作者所要进行的研究对于文献的重要性和贡献，也可以明确地界定文献中每一个研究的具体结果是什么、在这个框架中处于什么位置，并且能够和文献中其余研究的结果相对比。

作者需要通过文献综述使读者对相关研究有所了解，即在阅读文献综述后，读者应该对过去的研究所涉及的具体问题、研究的手段，以及研究的主要发现和结论有所了解。为了显示自己所进行的研究的意义、理论和实践价值，作者也应该让读者知道过去相关研究的缺陷和空白，以及拟进行的研究将如何对文献有所贡献。读者甚至可以了解到相比过去的研究，本研究在设计思路和具体程序的改进。总之，好的文献综述应该使读者确信作者所要进行的研究在这个领域是有价值的，提出的研究问题是清晰的，方法也是可行的。

三、文献综述的类型

一般而言，在两类文章中会涉及文献综述：一是纯文献型的文献综述；二是在理论和实证性的文章中进行的文献综述。

纯文献综述类文章与一些理论和实证研究不同，它不是讲解和研究某个具体的理论或者对相关理论进行实证性的检验，而是对某一方面研究的文献进行比较详尽的回顾，并在此基础上对文献中存在的不足、矛盾以及未来研究的方向进行总结和探讨。一般情况下，纯文献综述类文章所回顾的文献数量大，基本囊括了相关文献的研究，同时有作者自己对文献的总结和评述。

理论和实证性文章的文献综述是围绕作者研究的主题，对相关的理论、研究框架等进行实证性的检验。这类文章在应用型学科的文献中比较常见。例如，在定量的实证研究中，作者首先要对相关的文献进行回顾，在此基础上提出自己的研究问题。在定性的研究中对文献的回顾和定量研究是有区别的，例如，作者是在提出研究问题前还是之后进行综述，等等。关于定性研究，本章不展开讨论。

四、文献综述的作用

文献综述高度浓缩了几十篇甚至上百篇散乱无序的同类文献的成果与存在的问题或争论焦点，对其进行了归纳整理，使之达到条理化和系统化的程度。它不仅为科研工作者完成科研工作的前期劳动节省了大量的宝贵时间，而且还非常有助于科研人员借鉴他人成果、把握主攻方向，以及为领导者进行科学决策提供依据。

五、写文献综述的意义

(1)通过搜集文献资料过程，可进一步熟悉文献的查找方法和资料的积累方法，在查找的过程中同时也扩大了知识面。

(2)查找文献资料、写文献综述是科研选题的第一步，因此学习文献综述的撰写也是为今后科研活动打基础的过程。

(3)通过综述的写作过程，能提高归纳、分析、总结能力，有利于独立工作和科研能力的提高。

第二节　文献资料的查询

一、研究课题的选题原则

(1)结合所学知识选取自己专长的或有基础的题目，否则难以写出较高水平的综述。

(2)根据所占有文献资料的质和量选题。

(3)选题一定要能反映出新的学科矛盾的焦点、新成果、新动向。

(4)题目不宜过大、范围不宜过宽。这样查阅文献的数量相对较小，撰写论文时易于归纳整理，否则，题目选得过大，查阅文献花费的时间太多，影响实习，而且归纳整理困难，最后写出的综述大题小做或是文不对题。

二、课题资料的查询

1. 各阶段文献信息利用的侧重点

科研工作自始至终离不开文献信息的利用。在科研工作的不同阶段，文献信息利用的侧重点各不相同。

1)科研选题阶段

在科研工作中，选择和确定具有创造性、应用性的研究课题至关重要，而选题必须掌握国内外有关的最新科技信息和市场信息，从中了解科研动向和科研成果转化为社会生产力的情况，以寻找突破口。选题有两种方式：一种是经上级选定后指派下来的课题；另一种是由科研人员自己选取的课题，无论哪种方式都必须对课题的可行性和新颖性进行论证。深入地利用文献信息，能使科研人员明确了解科研课题的概况，并在此基础上确定这个课题的水平、意义及其在所在领域的影响。

2)计划制订阶段

科研规划和计划是科研管理的核心，也是科研工作的保证。在制订科研规划和计划时，需要时刻掌握和了解该领域的进展和最新成果，以便确定能否把国内外最新科技成果用在自己的研究项目中。在此基础上，应对该领域的文献信息状况做出客观估计，哪些课题已经转移，哪些课题是重点。

3)课题进行阶段

在科研选题阶段和计划制订阶段，科研人员虽然阅读和研究了大量文献信息，但作为研究过程的起点毕竟是初步的，课题必须进一步具体化。在课题进行阶段，必须不断深入地研究前人的文献，在坚实的理论和前人工作的基础上，调整科研计划，更新试验方法，启迪自己的思维，并进一步明确课题中包含的问题，透过表面现象的问题抓住内层实质的问题，把模糊的、不确切的问题变成清晰的、确切的问题。在课题进行阶段，最好是通过定题服务，定时定期对信息进行分析，以便及时掌握最新成果。若遇到某些难题也可通过专家咨询或研究科技动态，以开阔思路，解决难题。

4)课题结束阶段

在此阶段主要是针对成果鉴定和课题总结的要求获取和利用相关的背景材料。首先需要大量的文献信息做论据，并往往由科研管理部门召开同行专家、工程技术人员、权威部门的有关人员、管理人员、用户单位的技术人员参加的鉴定会，对科研成果的创造性、科学性、实用性进行切合实际的评价。其次是多数的科研成果都以学术论文、研究报告的文献形式表现出来，使科研成果变成社会的知识。在写作过程中，凡参考借鉴或直接引用的文献内容、实验数据等一般要以注释、引文目录等形式指明出处。科研工作利用的文献类型是多种多样的，但不同类型的研究,其文献信息利用的侧重点有所不同。例如,基础研究工作多利用理论性较强的一次文献,如期刊、学位论文、科技报告、考察与研究报告、会议论文等,以及一些相关的标准和专利文献;应用研究工作和开发研究工作主要利用有关新产品、新技术、新工艺等方面具体的文献信息,包括技术期刊、标准、专利、产品样本、图纸、技术报告、实用手册等,而对会议论文和学位论文需求较少。

可见,无论是科学研究的哪个阶段,都需要大量的文献信息资料作支撑。

那么,如何快捷、准确地查找课题资料呢?

2. 查找课题资料

1)文献的来源

在进行文献综述之前,一个比较常见的问题是如何找到有价值的文献。著名学者 Burns(2000)在总结自己进行学术研究,特别是文献综述的经验时,提出的较好方法是首先找到一些初步的文献并从中得到有价值的线索,这里所指的初步文献包括教科书和一些学者在相关领域进行的文献综述。通过教科书,可以得到与课题相关的一个完整的理论和研究框架及体系,同时在书籍中也可以发现丰富的参考文献。而通过查找一些文献综述类文章,可以比较容易地对相关文献情况有一个初步的了解和整体的把握。虽然在一个文献综述中,作者对于原始文献的理解和总结可能存在一定的偏差,也可能加入了一些个人的观点,但是一般来说,这些已经进行的文献综述可以使研究者对相关的研究情况可以有一个快速和大概的了解。通过对这些资料的阅读和理解,可以更加明确自己所要研究的课题在整个相关文献体系中的位置,更好地判断其研究价值和目的。在这个基础上,可以进一步查找一些后续的文献,这些文献更多地来自一些学术期刊、学术会议和论文集、学位论文、工作论文等,然后进行详细的文献综述。

文献的来源是多方面的,研究人员可以使用关键词在一些文献数据库中进行搜索。在我国比较常用的社会科学的文献数据库有 CNKI 中国期刊全文数据库、万方数据知识服务平台以及维普期刊资源整合服务平台等,国外的数据库包括 EBSCO、Elsevier 等。在这些数据库中,可以找到一些学术期刊和一些实用的非学术性期刊。当然,在一些数据库中,还可以查找到书籍、硕博士论文和一些课题报告等。除了图书馆中提供的数据库外,互联网也是一个很好的资料来源,例如通过 Google 中的 Google Scholar(谷歌学术搜索)对文献进行搜寻,往往能够得到丰富的文献。当然,在互联网上搜集到的许多文献没有办法得到全文,这时可以转向学校图书馆或者相关的数据库去查找全文。

值得注意的是,所综述的文献大多应该是一手资料。一手资料又称原始资料,主要指的是那些由直接经历、目睹事件的人以文字、照片、录音或者其他形式对相关事件所做的记录,这些一手资料能够对所研究的事件提供直接的证据,那些针对某个课题而进行的原始研究和理解就是一手资料,也可以称为一手文献。

相反，二手资料指的是在相关事件上提供的非直接信息，这些信息不是建立在对事件的亲身经历基础之上，而是通过直接经历人的记录或者叙述而得到相关信息。在学术文献中，有时候可以看到对其他人的研究结果和观点进行转述或评论，就是一种形式的二手资料或者二手文献。过多地引用二手文献是比较危险的，原因是二手文献的提供者在解读别人研究结果时往往会加入自己的理解，甚至会有一些偏见，毕竟不同的人对于同一个事物的看法是不同的。

2）文献资料的搜集途径

（1）利用有关的检索工具（包括目录、文摘和索引等）搜集文献资料。

（2）利用国际联机检索系统搜集文献资料。

（3）利用原始文献（包括专业期刊、科技报告、专利文献、学位论文、会议文献、专著和标准等）搜集文献资料。

（4）利用三次文献（包括综述、述评、百科全书、年鉴和手册等）搜集文献资料。

（5）通过互联网和光盘数据库搜集文献资料。

3）文献资料的搜集方法

将文献资料储存在计算机中或其他载体上形成随时取用的“资料库”的过程称为文献资料搜集法。它包括阅读法、剪报法、笔记法和现代化技术存储法（如复印、计算机存储、光盘存储等）。每个人搜集文献资料的习惯不一样，年长些的可能习惯做读书笔记、做文摘卡片或者做剪报，而对年轻的大学生来说，计算机已基本取代了纸、笔，利用计算机技术和网络技术储存自己搜集的文献资料，更加简捷高效。可以在自己的计算机上为某个课题做一个目录，将研究课题分解成若干个子问题，每个子问题建一个文件夹，每个文件夹中存放同类问题的文献，这样，分门别类，有条不紊，便于存储。研究过程中得出的数据、图表也可以归入相应的文档中，这样，等到课题进入尾声时，文献信息资料也基本上搜集齐备，后期形成综述、写作论文也就水到渠成了。

大学生做科学研究，搜集课题资料的最简捷的方法就是利用高校图书馆。因为高校图书馆是高校的文献信息中心，是为高校师生的教学和科研服务的学术性单位。不同的高校图书馆在搜集文献信息资料时，都会考虑到自己学校的学科门类、专业结构和办学特色，有选择性地组织藏书，形成自己的馆藏特色，也就是说，已经为自己的读者进行了一次文献筛选、组织和加工。因此，大学生利用本校的图书馆查阅文献，有更强的针对性和目的性，可以避免一些重复劳动，少走弯路。

当代高校图书馆，信息载体形式多种多样，不仅拥有海量的纸质文献，而且拥有各种电子资源，大学生只要掌握了一定的信息利用方法，查阅文献信息是相当方便的。

图 9-1 在“查找资料”和“电子资源”栏目下列举了长江大学图书馆的各种搜索引擎和数据库，读者可以根据自己的需要查找文献。如单击“本馆书目查询”，则

进入图 9-2，在该图中单击“书目查询”，进入图 9-3，选择一个检索点，输入检索内容，若需要，可做一些限定或设置，就可以搜索想要的文献了。

图 9-1 长江大学图书馆主页的部分一

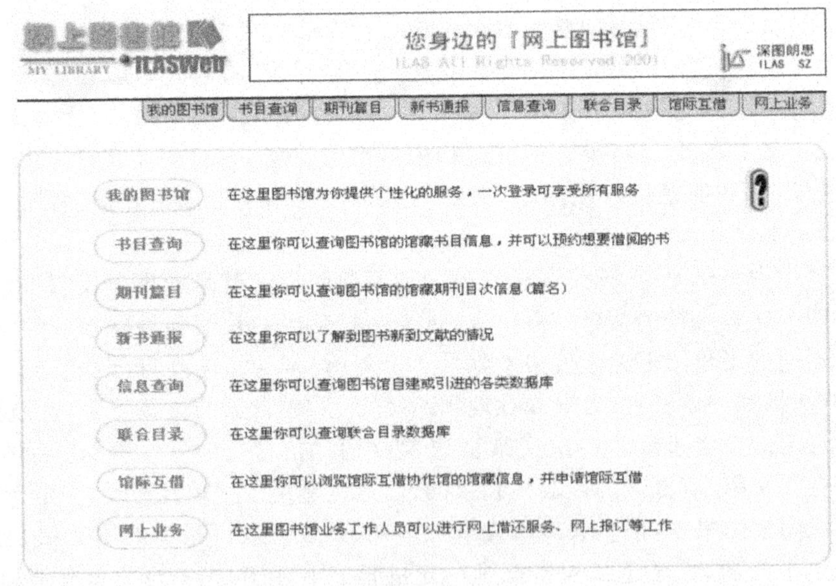

图 9-2 长江大学图书馆主页的部分二

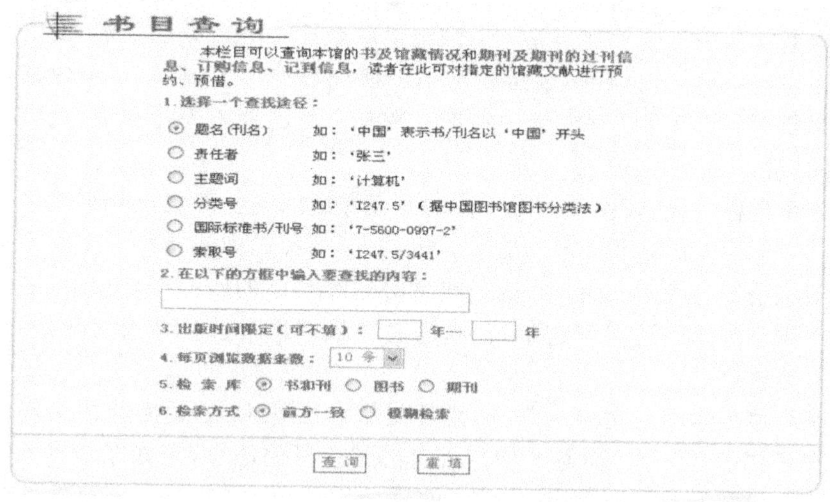

图 9-3　长江大学图书馆书目查询页面

第三节　文献资料的整理

文献综述是由对每一篇文章的总结组成的。因此在写作文献综述的过程中，首先需要对文献中的每一篇文章进行很好的总结和评论。就每一篇文章，最好能做一个读书笔记，最后将这些读书笔记进行综合并最终形成完整的文献综述。

阅读每一篇文献，不仅仅要对其中重要的结论和启示进行记录和总结，而且还应该有批判性和建设性的评价，比如说找出文献的缺陷。具体来说，在阅读每一篇文献时，需要考虑哪些是该文献所没有回答的问题、对未来研究的建议是什么等。特别是对于理论和实证性的文章，尤其需要关注的是研究的逻辑推理、研究方法以及研究结果报告部分，而不是最后作者给出的结论；需要仔细审视作者的发现，自己是否同意作者的结论，以及作者是不是没有对其中的一些结果进行很好的理解或者夸大了自己的结论及其理论和实践意义。

一个完整的文献综述应建立在对文献中的每一篇文章的充分理解基础之上，但关键的问题是如何将对这些文献的理解和评论做一个有机的结合，组成一个整体。只有这个整体才能使研究者能完整地理解相关的主题、文献中各个研究的优缺点和相互之间的关联。在这个过程中，既要见森林，也要见树木。文献综述不仅仅是将文献中的研究结果和观点进行一个简单的罗列和集合，作者还必须清晰地阐述这些研究结果和观点之间的联系，以及它们与自己正在进行的研究之间的联系。例如，哪些研究在相关问题有上相似观点，不同的观点之间存在什么具体的差异、原因是什么，以及这些差异和自己的研究有什么联系等。通过文献回顾，作者可以对文献中不一致甚至是矛盾的结果和观点有个清晰的了解，或者找出文献的空白，这将给自己为什么要进行相关的研究找出理由、提供一个佐证。例如通过文献综述，作者可以对文献中的不一致和矛盾的地方进行澄清，也可以填补文献中的空白。

在这个过程中，比较困难的是不同的研究在该问题上的观点和结论来自不同的角度，不同的学者表述的方式也不尽相同，那么我们如何按照一个合理的线索将这些研究有机地整合起来，而这个线索必须和自己的研究密切相关，并且能够为自己的研究服务？要实现这个目标，需要文献综述者进行多次实践，并在实际写作中具体体会。

文献综述是学术论文的一部分，既然是学术性的论文，就应该用最简单的语言将主题思想表述出来，而避免使用带有感情色彩的语言，正如在学术界的一个通常的说法，“好的论文就是用最简单的语言把问题说清楚”。一篇好的学术论文，其核心是逻辑和思维，而不是语言的华美，因此作者需要注意语言的简洁、平实和准确。

第四节　文献综述的写作

一、格式与写法

文献综述的格式与一般研究性论文的格式有所不同。这是因为研究性的论文注重研究的方法和结果，而文献综述要求向读者介绍与主题有关的详细资料、动态、进展、展望以及对以上方面的评述。因此文献综述的格式相对多样，但总的来说，一般都包含以下部分具体格式：①综述题目；②作者单位；③摘要；④关键词；⑤前言；⑥主题；⑦总结；⑧参考文献。①、②、③、④为文前部分，⑤、⑥、⑦为正文部分，⑧为文后部分。下面着重介绍前言部分、主题部分、总结部分及参考文献。撰写文献综述时可按这四部分拟写提纲，再根据提纲进行撰写。

1. 前言部分

前言部分，主要是说明写作的目的，介绍有关的概念、定义以及综述的范围，扼要说明有关主题的现状或争论焦点，使读者对全文要叙述的问题形成一个初步的了解。

值得说明的是，综述的范围包括专题涉及的学科范围（综述范围切忌过宽、过杂）、时间范围（必须声明引用文献起止的年份）。

下面以胡小菁、李恺发表在《中国图书馆学报》上的综述《MARC 四十年的发展及其未来》为例，对文献综述前言部分进行讲解。

1.引言

20世纪50年代末，计算机从科学计算逐渐扩展到数据处理、事务处理及机构的信息管理，图书馆也开始探索计算机应用。美国国会图书馆(LC)是其中的佼佼者，1969年正式发行的计算机可读目录(MARC)磁带，将计算机应用扩展到整个图书馆领域。正如时任馆长L. Quincy Mumford指出的那样，"只有当机读形式的书目数据准确且以合理的价格发行，计算机技术才能在图书馆得到广泛应用。"[1]MARC的出现走出了图书馆全面自动化的重要一步，其后图书馆自动化系统逐渐发展并普及，成为图书馆计算机管理与服务的主要工具。机读目录的发展，也使书目提供方式从集中编目走向联合编目，加速了书目数据的获取，进一步促进了图书馆自动化系统的应用。

随着网络资源的快速发展，虚拟资源在图书馆服务中的地位日益上升，以MARC记录为核心的传统图书馆自动化系统(图书馆集成管理系统，ILS)已不再是图书馆唯一的计算机应用系统，但在对实体资源的利用与服务方面，ILS仍有着不可替代的作用，一些新的应用系统也常围绕ILS提供服务。在MARC作为一个产品问世40年之际，本文希望对其发展做一个简单的回顾与分析，并对其未来进行展望。

这一部分提纲挈领，统领全局。提出了有关概念：计算机可读目录(MARC)、图书馆集成管理系统(ILS)及虚拟资源等。给出了时间范围：从1969年正式发行计算机可读目录磁带到作者撰文时的2009年，其间正好40年。说明了写作的目的：从MARC的产生、发展、成熟甚至有可能被取代，为读者展现了MARC的过去、现在和未来。

2. 主体部分

综述的主体写法多样，没有固定的格式。可按年代顺序综述，也可按不同的问题进行综述，还可按不同的观点进行比较综述，不管用哪一种格式综述，都要将所搜集到的文献资料归纳、整理及分析比较，阐明有关主题的历史背景、现状和发展方向，以及对这些问题的评述。主体部分应特别注意代表性强、具有科学性和创造性的文献引用和评述。

还以上面的综述为例，第二、三、四三个部分是文章的主体。

2.美国国会图书馆与MARC的开发[1]3-7

20世纪60年代初，应用计算机成为一种新的发展方向，吸引了一批有远见的图书馆开始尝试。当时LC希望利用计算机来打印该馆发行的集中编目卡片，该卡片产品始于20世纪初，是对北美乃至全世界图书馆界影响最大的产品。MARC研发的简单经过如下：1964年开始调研卡片目录机读形式的可行方法；1966年推出MARC Ⅰ格式，适用于英语专著类文献；1966年11月开始"MARC

试验项目”,16 所图书馆参与试用 MARC Ⅰ格式磁带;1967 年 10 月开始修改 MARC Ⅰ格式,于 1968 年 7 月推出 MARC Ⅱ格式,也就是后来的 US-MARC,适用于所有资料类型;1969 年初正式发行 MARC Ⅱ格式磁带,MARC 作为产品走上图书馆自动化舞台。在研发过程中,LC 与美国图书馆界进行了充分的沟通,了解到图书馆更需要机读格式书目数据而不是打印出来的目录卡片,MARC 的研发目标因而转向成为以数字形式交换书目数据的标准。

……

3. MARC 的发展及其国际化

随着图书馆自动化系统的发展,在最初的 MARC 书目记录格式外,陆续开发了与书目记录配套使用的规范记录、馆藏记录,以及分类、社区信息格式,构成了完整的 MARC 家族。由于书目数据格式最为常用,在没有特别说明时,一般论及 MARC 时,常常指其书目格式。

……

4. MARC 的未来

MARC 历经 40 年而长存,其间也伴随着种种质疑,质疑甚至在 20 年前就已出现[19]。随着图书馆信息环境的变化,对 MARC 这一图书馆专用标准,质疑声浪越来越大,曾经在国内引起热烈讨论的“让 MARC 安乐死”就是集中体现[20]。如前所述,MARC 并非一成不变,而是一直在与时俱进,那么未来 MARC 会怎样,或者说,MARC 有没有未来?一切都还没有定论,本文只能根据目前的状况做一些推测。

这一部分,按照年代顺序,通过学科内的一些核心人物及权威人士的大量的文献,详尽交代了 MARC 的来龙去脉。

3. 总结部分

总结部分与研究性论文的小结有些类似,即将全文主题进行扼要总结,对所综述的主题有研究的作者,最好能提出自己的见解。在文章的结论部分,作者一般会对研究所获得的结果进行讨论,但是文献综述的讨论和一般文章中的数据分析和结果部分存在区别。在文献综述的数据分析和结果部分,作者需要将统计分析的结果比较客观地呈现出来,带有逻辑性地、条理清晰地介绍给读者,这时常常用一些显示结果的表格或者图片。而在结论讨论部分,需要对所得的结果进行一个简要的总结,提炼出最为重要和具有理论及实践意义的结果,并在这个基础上和文献对比,同时进行讨论。讨论的主要问题包括本研究结果和文献中是否存在差异、差异主要体现在哪几个方面、原因是什么,也就是说该如何解释和文献的不同、和文献的一致的方面有哪些、研究者的发现对于弥补文献的空白或者澄清文献中的一些模糊之处有什么意义、对于相关理论和研究框架的贡献在什么地方以及在实践上有什么意义等。综述的结果讨论部分应该比数据分析和结果部分在更高的一个层次对文章的结果进行讨论，而不是局限于简单地呈现研究的发现。此外，在结果讨论部分，也需要结合文献对研究的发现进行比较，找出本研究和文献中的相关发现一致或者不一致的地方，并结合文献对这些异同的发现进行讨论。最后还应该回到文献的理论部分，着重讨论本研究的理论意义即对相关理论或者研究框架的贡献是什么。

5. 结语

40 年来，MARC 曾经是图书馆人最引以为豪的作品，但任何产品或标准都有自己的生命周期，MARC 也不例外。为了方便处理与发布书目数据，图书馆界最终彻底放弃 ISO 2709 格式是可以预期的，但 MARC 内容标识符的前景则不明朗。如果最终如 MODS 那样以文字标识代替数字字母标识，不再用 UNIMARC 的 200 或 MARC21 的 245 代表题名，MARC 还是 MARC 吗?

无论是 LCMARC 还是 UNIMARC，最初都是作为一种数据交换格式而开发的。MARC 的语义丰富，作为一种基本的书目信息格式间的交换中介，至今仍受到推崇。或许可以告慰艾弗拉姆的是，她所抽象出来的这套元数据元素集，作为数据结构标准，仍将长存于书目世界中。

4. 参考文献

参考文献也是文章的一个组成部分，它一般在文章的最后。参考文献列出了文章中所有引用的研究，使得读者可以有足够的线索去查找所感兴趣的文献。详细地列出参考文献也是对所引用文献作者的劳动成果的尊重。此外，清晰、准确的参考文献可以让读者对相关文献的发展脉络、文献的实效性和权威性等有很直观的了解。例如通过列出文献析出的期刊，读者可以根据期刊的权威性对所引用文献的质量做出一个大致的判断。如在国内图书情报界，如果一个作者所引用的文献多来自权威的学术期刊《中国图书馆学报》《图书情报工作》，那么读者就可以知道这些文献多引自权威期刊，这些文献的可靠性和权威性会有保证。

每种期刊对参考文献的格式都有明确的规定，在发表的期刊或者期刊的网站中可以查到。从目前的情况来看，我国的一些核心学术期刊对参考文献格式的要求并不是完全一样的，有的甚至差别较大，因而作者要根据所投稿刊物的要求来编写参考文献。当然，不同高校对学位论文的参考文献格式也有自己的要求，学生在完成学位论文的过程中同样需要注意具体的要求。

5. 文前格式

总的来说，论文(综述)的写作格式应该是标准的，但不同的期刊有不同的规定，有的简略，有的详细。下面以图书情报类核心期刊《图书馆建设》(因出版需要，以下有修改)为例，来看详细的文前格式。

《图书馆建设》投稿文前格式编写指南

所谓文前，即文章正文前面的部分，包括中文题名，英文题名，作者名称，作者通信地址，中文摘要，英文摘要，中文关键词，英文关键词，中图分类号，文献标识码等。

1. 中文标题

题名应简明、具体、确切，概括文章的要旨，符合编制题录、索引和检索的有关原则，并有助于选择关键词和分类号。中文题名一般不超过20个汉字，必要时可加副标题。

2. 作者姓名

著录于中英文标题的下方。

3. 作者通信地址

格式为：作者单位名称　单位所在地省　单位所在地市　邮政编码。

4. 中文摘要

(1)中文摘要前加"[摘要]"作为标识。

(2)字数限定为200字左右，不宜过短或过长。

(3)摘要应以报道性摘要为主，是一篇独立、完整带有自明性质的短文，使读者不用阅读文献全文，就能掌握必要信息。摘要内容应具体、翔实，充分阐述文献的主要内容。结构严谨、语义准确、表述清晰，无空洞的评语，不进行自我评价。切忌"分析了""总结了""提出了""指出了""解决了"等字样。语气用第三人称，不要出现"我们""本文"等字样(请参照《图书馆建设》2008年第三期摘要)。

5. 中文关键词

(1)中文关键词前应冠以"[关键词]"作为标识。

(2)每篇文章要求3～5个关键词，多个关键词之间用空格分隔。

(3)关键词的标引应按GB/T 3860—1995《文献叙词标引规则》(已作废，现被GB/T 3860—2009《文献主题标引规则》替代)的原则和方法，参照各种词表和工具书选取；未被词表收录的新学科、新技术中的重要术语以及文章题名的人名、地名也可作为关键词(自由词)标出。

(4)所选择的关键词应具有索引与指示作用。不应出现无检索意义的关键词，如"研究""概述""展望""发展"等包含范围过广的词语。

6. 中图分类号

(1)分类号前应以"[中图分类号]"作为标识。

(2)采用《中国图书馆分类法》(第4版)进行分类。

(3)文章一般标识1个分类号；多个主题的文章可标识2个分类号，中间用分号";"间隔。

7. 文献标识码

文献标识码前应以"[文献标识码]"作为标识。主要标识码含义如下：

A——理论与应用研究学术论文(包括综述报告);

B——实用性技术成果报告(科技)、理论学习与社会实践总结(社科);

C——业务指导与技术管理性文章(包括领导讲话、特约评论等);

D——一般动态性信息(通讯、报道、会议活动、专访等);

E——文件、资料(包括历史资料、统计资料、机构、人物、书刊、知识介绍等)。

8. 英文标题

(1)除冠词、介词和连词(音节超过 2 个需大写)及不定式中的 to 外,其他的词应大写首字母,包括复合词中破折号后边的单词。首词和尾词的首字母应大写。

(2)如有副标题,副标题前用破折号,且整个副标题采用斜体。

(3)标题中引用文章、文件名称用引号标明,书名用斜体标明。

9. 英文摘要

(1)英文摘要前加"[Abstract]"作为标识。

(2)需与中文摘要相对应。

10. 英文关键词

(1)英文关键词前冠以"[Keywords]"作为标识。

(2)需与中文关键词相对应。

(3)每个关键词首字母应大写且各词之间用分号";"间隔,最后一个关键词后无任何符号。

二、注意事项

无论是纯文献综述还是理论和实证性的文献综述,容易出现的问题都是多方面的,如对相关文献只是简单的罗列而缺乏归纳、总结和评论;在对文献的回顾中以作者为线索,没有结合所探讨的课题进行文献的安排;没有对文献做出自己的评论,等等。

纯文献综述的文章,根本目的不是对一些具体理论进行讨论和拓展,也不是对理论进行实证性的检验,而是对相关文献进行比较系统的总结,并在此基础上对文献存在的问题进行评述,最后对未来研究的方向和潜在有价值的课题进行讨论。显然,这类文献综述是有价值的,综述中所涵盖的文献量也较大,常常会有上百篇的文章,包括过去一段时间内比较有价值的研究,这些研究一般发表在一些具有影响的学术期刊和论文集上。

对于学生来说,平时的一些课程作业、协助教师进行的一些研究课题,以及自己的学术论文等,都会涉及文献综述问题。因此,在纯文献综述类文章上进行的练习非常有利于熟悉相关文献和对问题的总结、归纳,也能培养自己发现问题、找出有价值的研究课题的能力。

然而,纯文献综述类文章并不意味着需要讨论的是一些比较宽泛的课题,特别是对于一般的学生来说，一个宽泛的题目往往使得对文献的综述面面俱到，但是在每一个具体的问题上都不够深刻。其实每一个具体问题中的一个方面，如在某一个理论框架下、从某个角度进行研究，都可以是一个值得回顾的研究课题。因此，与其宽泛面面俱到，不如具体深入研究。

(1)首先应该对文献综述文章的基本框架有个清楚的了解。其实对于学术性文章来说，一般是有着非常规范的格式的，基本上包括引言、具体的文献综述部分，以及后面的总结和讨论。这个结构在前面已经做了介绍。但是，在实际写作中，一些作者在引言部分往往忽视了对文献的引用。例如作者常常需要在引言部分对所研究课题的重要性和意义进行论证，如研究的现实意义，因而会需要引用一些非学术性的文献，如报纸、电视新闻，以及一些统计数据等。此外，为了佐证研究的理论意义，作者也需要文献的支持，但这往往被作者忽视，认为是在引言部分，不需要引用相关的文献。

(2)以什么线索来安排对文献的综述是一个较为关键的问题。常见的问题是以作者为线索对相关文献进行简单的罗列。文献综述是对相关研究的理论框架、结论、提炼出的观点、研究的角度等进行总结和归纳，并在此基础上发现问题，进行评述。因此对所讨论的问题，按照一个逻辑的线索进行递进，才应该是文献综述所遵循的路线。相反，纯粹以作者及其研究为单元进行文献的回顾，其背后的原因是文献回顾者往往没有对文献进行“加工”，亦即没有对各个研究的核心观点和研究之间的关联进行提炼，最终出现以作者为线索的简单罗列的问题。

(3)在一些文献综述中，存在泛泛而谈、蜻蜓点水的问题。所谓的文献综述，是要通过对相关研究的总结和分析，就文献提出自己的观点，不是简单地指出有这么一个研究，摆出一副文献回顾的姿态，没有融入自己的思考、自己的劳动，没有具体的内容，没有新的成果，读者也得不到所需要的信息。

(4)综述的深度问题。既然是对相关研究进行的文献回顾，那么不能将文献综述局限在对研究结果和观点的总结上，变成一篇对相关课题研究结论的“汇编”。与研究相关的问题同样是在综述中需要包括的内容，例如还有哪些相关的问题没有被重视和研究、目前的研究角度和理论框架所存在的问题、相关研究结论和观点的矛盾之处是什么以及为什么等。简单地对几个文章中的结论进行罗列，这样就失去了文献回顾的意义。

(5)逻辑上的严谨也是一个值得注意的问题。在文章递进上以及对问题进行分析的每一个环节上，都必须保持逻辑上的完整性。有因有果有始有终，前后一致，首尾呼应，论证要缜密，环环相扣，直到结语。

(6)在文献综述中，每当作者给出一个概念时应该将这个概念介绍清楚，特别是当相关概念比较关键、容易产生歧义并且是第一次出现时，对概念的介绍就显得更加必要。在一篇文章中必须要注意到概念的统一，对一些概念应该自始至终使用一个固定的说法，不能在没有解释的情况下随意变换概念的名称，以免给读者在理解这些概念时带来不必要的困难。

(7)在文献综述中，需要对原始的文献进行总结，也就是说不能完全利用另外一篇文章中的文献综述内容。对于同样的文献，每个人的理解是不一样的，所总结和归纳出的观点也不尽相同。因此，在进行文献综述的过程中，必须阅读所引用的每一篇文章，而不能简单地从另外一篇文章中借用该作者对文献的理解和综述结果。在确实需要引用别人对原始文献的讨论和回顾时，则应该注明“引自某某文章”。

总之，在文献综述的写作中常出现的问题是多样的，有些是关键或者比较常见的问题，而更多的是一些琐碎的问题，需要在实际写作中仔细体会，多做文献综述的练习，是解决问题的唯一途径。

就具体如何写作文献综述的问题，每个人有自己不同的习惯，关键在于日常的文献积累以及经常练习。我们在阅读一篇学术文章时，可以尝试对这一篇文章进行综述，例如在阅读的过程中可以做一些笔记，列出文章的关键点。阅读完后，结合已经列出的关键点，将其稍加合并就可以成为对该篇文章的综述。这样，在阅读多篇文章后，就可以根据自己所要研究的课题对这些文章进行分门别类，在每一篇文章综述的基础上分别对每个子问题进行问题类别的综述。然后，可以将上述的多个综述结果进行有机的整合，形成一个整体的文献综述。亦即从每篇文章的总结到对某方面问题的总结和综述，最后整合成对整个课题的文献综述。

在文献综述的过程中，作者应该注意使用自己的语言，在充分理解原文的基础上用自己的话将原文的思想表述出来。但事实上，有些作者往往将原文中的内容直接进行引用和粘贴，对于外文文章的引用可以明显地看到直接翻译的痕迹。当然，文献综述中并不是完全不可以直接引用。一般来说，如果作者认为原文的表述非常精准到位，用自己的语言进行转述会失去很多有价值的信息、不能体现出原文的含义，在这种情况下，可以进行直接的引用，但是必须注明引用的文献和页码。

对于原文的直接引用有两种形式：一是引用原句，那么要使用引号，并且给出引用文献和具体的页码；二是对一段文字的直接引用，除给出引用文献外，还应该使用单独的段落，并在后给出所引用文献的页码。当然，大多数期刊的格式要求在引用整段文字时，单独的段落还要左端缩进。

在文献回顾部分对文献的回顾与在结果讨论部分对文献的回顾有着许多的不同。在文献回顾部分，作者需要在文献综述的基础上找到需要研究的具体问题并提出假设等。因此，在这部分内容中对文献的回顾是比较彻底和全面的，在回顾的过程中需要将文献与研究方向（如研究的理论框架等）结合起来，层层推理，最后找出需要具体分析的主要问题，例如提出研究假设等。而在结果讨论部分，已经得出了研究结论，因此在这个部分需要将结果与文献中的相关发现进行对比，在这个基础上讨论本研究所要澄清的问题，最后还要结合相关理论部分的文献，讨论研究的理论贡献等。

文献综述的写作既不同于"读书笔记""读书报告"，也不同于一般的科研论文。因此，在撰写文献综述时应注意以下问题。

(1)搜集文献应尽量全。掌握全面、大量的文献资料是写好综述的前提，随便搜集一点资料就动手撰写是不可能写出较好的综述的，甚至写出的文章根本不能称为综述。

(2)注意引用文献的代表性、可靠性和科学性。在搜集到的文献中可能出现观点雷同，有的文献在可靠性及科学性方面存在着差异，因此在引用文献时应注意选用代表性、可靠性和科学性较好的文献。

(3)要围绕主题对文献的各种观点进行比较分析，不要教科书式地将有关的理论和学派观点简要地汇总陈述一遍。

(4)文献综述在逻辑上要合理，做到由远而近，即先引用关系较远的文献，最后才是关联最密切的文献。

(5)评述(特别是批评前人不足时)要引用原作者的原文(防止对原作者论点的误解)，不要贬低别人抬高自己，不能从二手材料来判定原作者的"错误"。

(6)文献综述结果要说清前人工作的不足，衬托出作者进一步研究的必要性和理论价值。

(7)采用了文献中的观点和内容来源，模型、图表、数据应注明出处，不要含糊不清。

(8)文献综述最后要有简要总结，表明前人为该领域研究打下的工作基础。

(9)所有提到的参考文献都应和所研究问题直接相关。

(10)文献综述所用的文献，应主要选自学术期刊或学术会议。

(11)所引用的文献应是亲自读过的原著全文，不可只根据摘要就加以引用，更不能引用由文献引用的内容而并未见到被引用的原文，因为这往往是造成误解或曲解原意的重要原因，有时会给综述的科学价值造成不可弥补的损失。

总之，一篇好的文献综述，应有较完整的文献资料，有评论分析，并能准确地反映主题内容。

第十章　学位论文写作规范

第一节　学位论文概述

一、学位论文的含义

国家标准 GB/T 7713.1—2006 对学位论文的定义为：学位论文是作者提交的用于其获得学位的文献。通俗地讲，学位论文就是在教师的指导下，学生运用所学的基础理论、专业知识和基本技能，对本专业的某一课题进行独立研究后，为表述研究过程和研究成果而撰写的大作业。它是提供给学位答辩委员会并以此获得相应学位的书面材料。学位论文必须是学术论文，需要具有学术论文的特点、要求和格式；学位论文是供申请相应学位而使用的，所以是答辩委员会决定是否通过论文答辩并是否授予学位的重要依据。

论文是学术论文、科学论文或研究论文的简称。它是科学研究成果的书面表达方式。其中，论文包括两大类：一是科研工作中的研究报告、科学论文、学术专著；二是高校或研究机构的学年论文、毕业论文、学位论文。可见，学位论文只是众多论文中的一种，是学生为获取相应学位而撰写的一种特殊类型的论文。跟一般论文相比，学位论文有其特殊性。比如，一般论文往往需要发表在学术刊物上，或在正式的学术会议上宣读、演讲，会后又被收入会议论文集中。这些论文正式发表后，就是公开出版物，读者可以比较容易地检索到。但学位论文是一种灰色文献，不是正式出版物，有些学位论文还有保密要求，通过答辩后就放到学校或学院的图书馆里，可以供人检索查阅。学位论文经过修改和编辑加工后，也可以以论文和专著的形式正式发表。

撰写学位论文并进行论文答辩是高等教育中必不可少而且非常重要的实践性教学环节，其目的是指导学生运用已有知识独立进行科学研究、学习并掌握分析和解决学术问题的方法，培养学生综合运用所学知识和技能解决实际问题的能力。它着眼于研究方法的学习和科研能力的培养，为今后的科学研究奠定基础。

二、学位论文的起源及现状

学位论文的起源可以追溯到我国汉代。据传，汉文帝为选拔人才采取了察举制和征辟制，察举贤良方正直言之士，由皇帝直接征聘为朝廷官员，多授予博士或待诏学位，侍从左右，以备顾问；汉武帝察举孝廉和秀才，并亲自出题、阅卷，董仲舒以《对贤良策》名列榜首。这里的“对策”被认为是一种文体，简称“策”，可以算作是最早的“学位论文”。隋文帝杨坚开创了科举制度，以后历朝历代都把科举考试作为选才取士的主要方式。而科举考试的主要内容就是写一篇“论文”，以此作为获得相应“学位”的凭证。

学位论文写作在现代教育体制中占有极为重要的地位，它与入学考试制度、学分制度、学位制度等一起构成现代高等教育体制的主要部分。《中华人民共和国学位条例》规定：“凡是拥护中国共产党的领导、拥护社会主义制度，具有一定学术水平的公民，都可以按照本条例的规定申请相应的学位。”根据该条例的精神，凡申请各种学位的人，都要提交学位论文并通过论文答辩才能获得学位。大学教育的最终目的是要培养能够实现知识创新的人才，现代高等教育也正是通过严格、有效的学位论文写作和评审来训练、培养知识创新人才的。学位论文对我国选拔和培养人才起了极大的促进作用。

第二节　学位论文的类型

一、学士论文

学士论文，也称大学生毕业论文，它侧重于考查学生运用所学知识解决某些问题的基本能力。学士论文应能表明作者较好地掌握了本学科的基础理论、专门知识和基本技能，并具有从事科学研究工作或担负专门技术工作的初步能力。《中华人民共和国学位条例》第四条规定，高等学校本科毕业生只要成绩优良，较好地掌握了本门学科的基础理论、专门知识和基本技能，具有从事科学研究工作或担负专门技术工作的初步能力，就可以通过毕业论文，取得学士学位。学士论文要求学生在导师的指导下，在限定的时间内（一般为半年左右），运用本科 3～4 年内所学的专业知识和技巧解决学科内的基本问题，一般选择本学科某一重要问题的一个侧面或一个难点，可以重复或综合前人的工作，但要求有一定的创见性。一般来说，作者应基本了解本专业学术研究的信息，至少应阅读与选题有关的一定数量的参考文献。学士论文不能是别人研究成果的简单归纳，至少应该在论点和论据上有一些自己的见解。文科学士论文的篇幅一般在 8 000 字以上，理科学士论文在 6 000 字以上。

二、硕士论文

硕士论文是硕士学位研究生的学位论文，是攻读硕士学位的研究生写的毕业论文，它是在研究生导师指导下进行的，应能表明作者在本门学科上掌握了坚实的基础理论、专门知识，并对所研究的课题有新的见解，有从事科学研究工作或独立担负专门技术工作的能力。它要求作者能就本专业的基本问题或疑难点提出独立的新见解，使论文有较强的学术价值或应用价值。《中华人民共和国学位条例》第五条规定，高等学校和科学研究机构的研究生，或具有研究生毕业同等学力的人员，只有通过硕士学位的课程考试和论文答辩，成绩合格，并且在本门学科上掌握坚实的基础理论和系统的专门知识，具有从事科研工作或独立担负专门技术工作的能力，才可取得硕士学位。硕士学位论文的篇幅一般在 2 万～4 万字。

三、博士论文

博士论文是博士学位研究生的学位论文，是攻读博士学位的研究生毕业时撰写的用以申请博士学位的专业论文。它要求论文具有较高的学术价值，所提出的创造性的成果对学科的发展有重要的推动作用。《中华人民共和国学位条例》中明确规定授予博士学位的学位论文的学术水平为：在本门学科上掌握坚实的基础理论和系统深入的专门知识，具有独立从事科学研究工作的能力，在科学或专门技术上做出创造性的成果。所以，博士学位论文是水平最高的一种学位论文，能够对他人进行同类性质问题的研究和其他问题的探讨有明显的启发性、引导性，在某一学科领域起先导、开拓作用。博士论文的篇幅在 7 万字以上，一般为 10 万～20 万字，规模相当于学术专著。

第三节　学位论文写作步骤

学位论文的写作步骤和其他文章写作步骤相似，包括编写提纲、撰写初稿、修改加工、整理定稿等。

一、编写提纲

1. 提纲的作用

提纲是文章的设计蓝图，是作者将自己初步形成的思路、观点、想法等用文字形式记录下来的总体构思的文字体现。在写作的过程中，作者还可以加入许多新的想法和发现，使原来的设想得到修改、补充，使之更臻完善。例如，对于大篇幅的论文如博士论文，一般不可能一气呵成，只能断断续续地写作，有了完整的提纲，就不怕因中断写作而影响思路，随时开始写作随时就可以接上思路。同时，学位论文的写作也不一定要按照从头到尾的自然顺序来写，可以根据手头的资料和条件的成熟程度，先写其中的某一部分，然后再写其他章节，最后组成一个完整的篇章。

2. 提纲的类型

提纲可分为标题式(目录式)、论点式、提要式等类型。

1)标题式(目录式)

标题式提纲是最简单的一种提纲，是把拟写的论文题目和各个部分的大标题和小标题都列出来，由此形成的论文目录即是标题式提纲。但是，标题式提纲所反映出的信息量不大，一般只有作者自己明白所包含的内容。

2)论点式

论点式提纲可分为两种：一种是不写各部分的标题，只把中心论点和各分论点列出来；另一种是在标题式提纲的基础上，加入中心论点和各分论点。后一种的层次性较强，结构清楚。

3)提要式

如果在标题式提纲中，加入论点论据，再插进主要材料和展开部分知识点，以要点的形式概括写出各个层次的基本内容，形成各部分的提要，便成了提要式提纲。这种提纲列起来可能费事，但到写作时就省事多了，因为它已基本成形了，再加一些材料进去，细化一下便可。

提纲的写法并没有规定的格式，主要根据作者自己的习惯和具体写作对象而定，只要能起到理顺思路、深化主题、突出重点即可。

二、撰写初稿

1. 初稿的写作方法

初稿的写作方法有以下几种。

1)自然顺序

自然顺序即按照提纲上排列的顺序，从开头到结尾、从绪论到本论再到结论的写法；或先写材料，后综合分析，写出抽象概括所得的概念，引出结论。这是论文写作的一般顺序，符合人们的思维习惯，也符合作者认识客观事物的基本规律，具有较强的说服力。这种写法的好处是可避免材料和内容上的重复。

2)本论优先

先写好本论、结论，然后回过头来写摘要、前言和绪论。这是因为，本论是作者科研成果的集中反映，是作者在科研过程中思考最多的问题，写起来比较顺手。同时，在本论和结论写好后，再写摘要、前言和绪论就有了内容，因为摘要和绪论中都要求提出问题、提示结论和论文要点。

3)主句开路

主句开路即在一段的开头或其他适当地方先提出作者从实际材料中抽象和概括出来的结果,也就是作者的观点,然后举出一系列事实来加以论证。

4)分段写作

一篇大的论文不可能一口气写完,可以分阶段一部分一部分地写。作者可以根据自己的构思和对论文内容的把握程度,把论文划分成若干个长短不同的部分,然后选择自己觉得最成熟的部分先写,最后把各部分连起来。当然,在部分与部分之间要使用一些过渡段或过渡词语进行连接,使论文浑然一体。

2. 撰写初稿的注意事项

1)尊重提纲

既然拟定了提纲,就要围绕提纲写作,尽可能不打乱原定章节顺序,使文章条理清楚以免出现遗漏和重复现象。还要注意,不要先撰写后面的理论分析部分,然后补写前面的材料部分,以使论文的逻辑性受到影响。当然,提纲只是论文的轮廓,不可能把每一个论点、论据和细节都考虑到,因此在写作初稿时,随着认识的深化,可以对提纲进行必要的调整和修改。

2)用尽材料

在写作初稿时,要尽可能多地使用材料,把能想到的内容都写进去,使论文内容饱满。尤其是学士论文,写作论文的时间很短,搜集到的材料不多甚至不够用,把所有的材料都用上也不见得能够说明问题。可能有同学担心这样会使论文写得很长或显得庞杂,这是没必要的,因为在修改时还可精简。如果初稿就写得很干瘪,那么修改时就更不好削减了。

3)准确无误

论文中引用的数据、资料、参考文献等,在初稿中就一定要核实准确。特别是运用术语和引用别人提出的概念时,必须切实掌握这些术语和概念的准确含义,正确理解原提出者的思想。当作者根据自己的研究结果,认为某个术语有必要修改,或有必要赋予它新的含义时,应说明理由,并写出修改后的内容。参考文献要及时编上序号,注明出处。图表也应放在相应的位置,不能不管前后地堆在一起。

4)面对争议谦虚认真

面对有争议的学术问题,作为学位论文的作者,既要谦虚又要认真。对各种不同的观点,应加以分析,根据自己所掌握的材料和研究这些材料所得的结果来讨论各种观点是否符合客观实际,不能轻率地肯定或否定。讨论与自己相悖的观点时,应照抄原句,注明出处,给以客观的分析,而不能断章取义或有意歪曲。

三、修改加工

1. 修改的范围

修改范围包括内容和形式两个方面。内容方面包括观点和材料，形式方面包括结构和语言。

1)内容方面

对于观点的修改，首先要检查写作意图是否表达清楚，论点(包括中心论点和各分论点)是否成立，有无偏颇之处，论述得是否严密准确。这就要从事实和逻辑上反复推敲，力求全文的基本观点和说明基本观点的若干从属观点一致。如有问题，应深入思考，反复推敲，矫正偏颇，重新论证。其次是要考虑自己的观点是否深刻和有新意，如果观点和别人的雷同或缺乏创新点，就需要寻找角度重新论证，提出属于自己的新观点、新见解、新思想。

对于材料的修改，主要看材料用得是否妥当，有无遗漏和说服力，论据是否充分，材料的安排与论证是否富有逻辑效果，全文的各个部分是否均衡。初稿里写进去的材料不一定都很合适，为了使材料更加准确和更有说服力，有些材料还必须更换。一是论文中的材料调换位置，使其更有力地支持论点，增强论证的逻辑效果；二是换掉论文中不太典型和比较陈旧的材料，换上新鲜的具有典型意义的材料，增加论证力度。一篇学位论文的学术价值，不在于它所罗列的材料的多寡，而在于其结论所依据的材料的关键性、代表性和准确性，所以在修改过程中，要毫不犹豫地将那些缺乏代表性的、非关键性的材料删除。

2)形式方面

形式方面的修改主要考虑结构和语言，例如：从大的部分到小的段落构成是否完整，段与段、部分与部分之间的衔接是否恰当；句子是否正确地表达了内容；用词是否准确；书面格式是否符合规范等。

初稿写完后，首先，看看是否符合学位论文的结构和形式方面的要求，层次脉络是否清楚分明，思想内容是否表达顺畅。其次，看看论文的各部分的安排是否妥当，开头、结尾、段落、层次、过渡、照应、主次、详略等结构的各个环节是否合适。如果有不理想的地方，就应进行修改。一般只作部分修改，很少全部打乱从头开始。

学位论文的语言属于专门科学语体，这是由学位论文的科学性、学术性、创造性所决定的。学位论文的语言特征表现为准确、简练、严密。准确是指用语周密、恰当、有分寸；简练是指用最经济的字句去表现丰富的内容；严密是指语言要合乎规范，表述要符合实际，实事求是，诸如“填补了国内外空白”“达到了国内外先进水平”等，一定要有依据，不夸张、不吹嘘，与别人展开讨论时不能用诽谤攻击性的语言。

2. 修改的方法

1）从大处着眼

作者在动笔修改论文之前，应反复阅读论文初稿。在阅读的过程中，作者应从大的方面去发现问题，不要纠缠在细小的事情上。

2）从小处过目

作者应从头到尾对论文进行拉网式过目，逐字、逐句、逐段地进行，在哪里发现问题就在哪里解决。通常的方法是边读边改，通过朗读可以发现不合理的地方，随手更改。

3）采取冷处理

论文写好后，作者的大脑处于兴奋状态，难以发现论文存在的问题，应将论文搁置一段时间后或者看点其他相关材料后再来修改，就能看出论文的缺点和不足。

4）求教于导师

初稿写出后，作者自己的头脑往往会形成一个框子，而且很难从这个框子里跳出来，所以不容易发现论文存在的问题，同时，自己辛辛苦苦写出的东西，舍不得删改。这时，作者可以向导师求教，导师的建议可以帮助提高认识并发现论文存在的问题，进而修改好论文。

四、整理定稿

整理定稿包括文稿誊清和最后定稿等工作，是学位论文的最后一道工序。

随着社会的发展及计算机应用的普及，学位论文一般都要求计算机打印，并且各个学校都对各类学位论文的封面、封底、参考文献、图、表、论文的字体及字号、打印尺寸、装订顺序等有不同的规范要求，作者在整理定稿时应该参照相关要求进行。

第四节　学位论文基本结构及写作规范

一、学位论文基本结构

学位论文可以有多种形式，不同的高校有不同的要求，但学位论文和其他学术论文一样，具有其基本结构，一般包括前置部分、主体部分和结尾部分。

1. 前置部分

前置部分包括：①封面；②中文题名页；③英文题名页；④独创性声明与版权使用授权书；⑤勘误页（可根据需要）；⑥致谢；⑦序言或前言（可根据需要）；⑧摘

要页；⑨目次页；⑩插图和附表清单（可根据需要）；⑪缩写、符号清单和术语表（可根据需要）。

2. 主体部分

主体部分包括：①引言（绪论）；②正文；③结论。

3. 结尾部分

结尾部分包括：①参考文献；②附录（可根据需要）；③索引（根据需要）；④作者简历及在学校学习期间所取得的科研成果；⑤封底。

二、学位论文写作规范

1. 前置部分

(1)封面。封面可以包括分类号、密级、单位代码、作者学号、校名、学校徽标、学位论文中文题目、学位论文英文题目、作者姓名、导师姓名、学科和专业名称、提交时间等内容。其中，分类号应按中国图书分类法，根据学位论文的研究内容确定。密级仅限于涉密学位论文，密级应根据涉密学位论文，分为绝密、机密和秘密三级，并注明保密期限。非涉密学位论文不得填写密级。论文题目应准确概括整个论文的核心内容，简明扼要，一般不能超过 25 个汉字，英文题目翻译应简短准确，一般不应超过 150 个字母，必要时可以加副标题。学科和专业名称必须按照国家研究生培养的学科专业目录规范填写。

(2)题名页。题名页应包括学位论文中英文题目，学位论文导师及作者本人签名，学位论文评阅人姓名、职称和单位等信息（隐名评阅除外），学位论文答辩委员会主席及成员姓名、职称和单位，学位论文答辩日期等。

(3)英文题名页。中文题名页相对应的英文翻译。

(4)独创性声明与版权使用授权书。有的学校将独创性声明放到结尾部分。

(5)致谢。致谢对象限于对课题研究、学位论文完成等方面有较重大帮助的人员，也有的学校将致谢移至结尾部分。

(6)序言或前言。学位论文的序言或前言，一般是作者对本篇论文基本情况的简介，如说明研究工作缘起、背景、主旨、目的、意义、编写体例，以及资助、支持等。这些内容也可以在正文引言（绪论）中说明。

(7)摘要页。摘要包括中文摘要和英文摘要两部分。摘要是论文内容的总结概括，应简要说明论文的研究目的、基本研究内容、研究方法、创新性成果及其理论与实际意义，突出论文的创新之处。不宜使用公式、图表，不标注引用文献。硕士学位论文摘要的字数一般为 300～500 字，博士学位论文摘要的字数为 500～1 000字。英文摘要应与中文摘要内容相对应。摘要最后另起一行，列出 4～8 个关键词。关键词应体现论文特色，具有语义性，在论文中有明确的出处，并应尽量采用《汉语主题词表》或各专业主题词表提供的规范词。

(8)目次页。目次页是论文中内容标题的集合，包括前言、章节或大标题的序号和名称、小结、参考文献、注释、索引等。

(9)插图和附表清单。论文中如果图、表较多，可以分别列出清单置于目次页之后。图的清单应有序号、图题和页码。表的清单应有序号、表题和页码。

(10)缩写、符号清单和术语表。缩写、符号清单和术语表是符号、标志、缩略词、首字母缩写、计量单位、术语等的注释表。

2. 主体部分

主体部分包括引言(绪论)、正文和结论。主体部分一般另页起，每一章也应另页起。

1)引言(绪论)

引言(绪论)应包括论文的研究目的、流程和方法等。论文研究领域的历史回顾、文献回溯、理论分析等内容，应独立成章，有足够的文字叙述。

2)正文

主体部分由于涉及不同的学科，在选题、研究方法、结果表达方式等上有很大的差异，但是，论文应层次分明、数据可靠、图表规范、文字简练、推理严谨、立论正确，避免使用文学性质的带感情色彩的非学术性词语。论文中若出现非通用性的新名词、新术语、新概念，应进行相应解释。

(1)图。图应具有“自明性”。图包括曲线图、示意图、框图、流程图、记录图、地图、照片等，应一目了然。照片上应有表示目的物尺寸的标度。图的编号和图题应规范，并置于图下方。

(2)表。表应具有“自明性”。表的编号和表题应规范，并置于表上方。表题应简单明了。表的编排，一般是内容和测试项目由左至右横读，数据依序竖读。如某个表需要转页接排，在随后的各页上应重复表的编号。编号后跟表题(可省略)和“(续)”，并置于表上方。续表均应重复表头。

(3)公式。论文中的公式应另行起，并缩格书写，与周围文字留足够的空间区分开。如有两个以上的公式，应用从“1”开始的阿拉伯数字进行编号，并将编号置于括号内。公式的编号应右端对齐。公式较多时，应分章编号。较长的公式需要转行时，应尽可能在“＝”处回行，或者在“＋”“－”“×”“/”等记号处回行。

(4)引文标注。论文中引用的文献的标注方法遵照《文后参考文献著录规则》(GB/T 7714－2005)，可采用顺序编码制，也可采用著者-出版年制，但全文必须统一。

(5)注释。当论文中的字、词或短语，需要进一步加以说明，而又没有具体的文献来源时，可用注释的方式。注释一般在社会科学类论文中用得较多。应控制论文中的注释数量，不宜过多。注释采用文中编号加脚注的方式，置于当页的页脚。

3)结论

论文的结论是最终的、总体的结论,不是正文中各段小结的简单重复。结论应包括论文的核心观点,交代研究工作的局限,提出未来工作的意见或建议。结论应该准确、完整、明确、精练。如果不能得出一定的结论,也可以没有结论而只进行必要的讨论。

3.结尾部分

(1)参考文献。参考文献是文中引用的有具体文字来源的文献集合,其著录项目和著录格式遵照《文后参考文献著录规则》(GB/T 7714—2005)的规定执行。参考文献应置于正文后,并另页起。所有被引用文献均要列入参考文献中。引文采用顺序编码标注时,参考文献按编码顺序排列,引文采用著者-出版年制标注时,参考文献应按著者字顺和出版年排序。

(2)附录。附录作为主体部分的补充,并不是必需的。下列内容可以作为附录编于论文后:为了整篇论文材料的完整,但编入正文又有损于编排的条理性和逻辑性,这些材料包括比正文更为详尽的信息、研究方法和更深入的技术叙述,对了解正文内容有用的补充信息等;由于篇幅过大或取材于复制品而不便于编入正文的材料;不便于编入正文的罕见珍贵资料;对一般读者并非必要阅读,但对本专业同行有参考价值的资料;某些重要的原始数据、数学推导、结构图、统计表、计算机打印输出件等。

(3)索引。根据需要可以编排分类索引、关键词索引等。

(4)作者简历。作者简历包括教育经历、工作经历、攻读学位期间发表的论文和完成的工作等。

第五节　文献信息资源利用学术规范

掌握基本的学术规范和学术论文写作要求对初登学术研究殿堂的本科生和研究生尤为重要。在美国,很多大学都为研究生开设"学术方法研究""论文写作"之类的课程。而在中国,许多高校的本科生和研究生阶段中没有开设关于学术规范的课程或讲座,而只是依靠宽泛的提醒和任课教师或指导教师的提示,所以,为了帮助高校学生掌握基本的学术规范,写出符合学术规范的学术论文,我们有必要了解文献信息资源利用学术规范的基本原则。

一、文献信息资源利用学术规范的基本原则

所谓学术规范,是指学术共同体内形成的进行学术活动的基本伦理道德规范。它涉及学术研究的全过程、学术活动的各方面。文献信息资源利用学术规范

的基本原则主要包括以下几点。

1. 所有的专门性研究，都应该依据已有文献对相同或相关方面的研究成果、研究状况做出概略性的说明介绍

为实现这一规范，必然要求研究者在选题之前尽可能全面地普查相关文献。因为只有通过全面的检索获得文献，才能对文献进行分析研究，最终才能明确前人的研究已经解决了哪些问题，存在什么缺陷，自己研究的主旨和创新是什么，这也就是需要概略性地说明介绍的内容。由此可见，检索相关文献是任何有价值的专门性研究的起点。

2. 对已有文献任何形式的引用，都必须注明出处

这是在学术研究中征引文献最基本的道德规范。体现作者实事求是，言之有据的科学态度；体现保护他人著作权的精神；把作者的成果和前人的成果明确地区分开来；为读者深入了解相关内容、查找相关资料提供线索；为文献信息的定量统计提供方便。

3. 原则上不采用间接引用方式

所谓间接引用，就是一般所说的“转引”——引用第三者作品中所引用的内容。

在学术研究中，转引在原则上是被禁止的。因为转引不能确保所引内容的准确无误。就人文社科研究来说，有时候间接引用难以避免，这时必须明确注明“转引自”，否则被认为是对出处的不实标注，学术界惯称“伪引”。不实标注同样是一种学术上的弄虚作假，同样为学术伦理规范所不容。

4. 引用以必要、适当为限

这是对征引文献量的限制。虽然“必要”“适当”难以给出一个整齐划一的数量标准，但过度的引用，必然会带来两个后果：一是使人怀疑作者是否具有原创能力；二是涉嫌侵权。没有原创能力，把研究作品变成资料长编，让引用的内容成为研究成果的主要部分或实质部分，即便是注明了出处，研究成果也从根本上失去了存在的价值。

5. 引用不得改变或歪曲被引内容的原貌、原义

改变或歪曲被引内容的原貌、原义，被认为是不实引用。不实引用，被视为学术上的弄虚作假。

6. 原则上引用原始文献

这是针对引用文献的来源的规范。有些文献，特别是一些著名文献，往往有汇编本、改编本、简本、摘要等形式，作为原则，引用时应尽可能使用原始形态的文本。

7. 原则上引用最新版本

这是针对有修订版的著述的规范。最新版本，一般是指最新修订版。一般来说,作品的初印本和修订本有形式上或实质上的差异,修订本往往体现了作者思想、观点或表达的最新修正。因此,当引用某一作者的某一资料作为支持性论据时,即使用作者最新修正信息的版本。

8. 引用标注应完整、准确地显示被引作品的相关信息

这是对引用标注技术方法的规范。所谓相关信息,包括作者、题名、出版地、出版时间、卷期、页次等。完整、准确地显示相关信息,一方面体现了引文的正确性,说到底是学术研究严谨的科学态度的体现,同时也为读者进一步查找提供了方便。

9. 引用网络资源必须注意其动态性

网络资源的引用出处一般由网址和时间信息构成。时间信息是指网络资源的发布、更新时间或获取时间。

二、学术道德规范

学术道德规范是对学术工作者从思想修养和职业道德方面提出的应该达到的标准。在从事科学研究的过程中,应严格遵守《中华人民共和国著作权法》、《中华人民共和国专利法》、中国科学技术协会颁布的《科技工作者科学道德规范(试行)》等国家有关法律法规、社会公德及学术道德规范,要坚持科学真理、尊重科学规律、崇尚严谨求实的学风,勇于探索创新,恪守职业道德,维护科学诚信。基本学术道德规范内容包括以下几点。

(1)在学术活动中,必须尊重知识产权,充分尊重他人已经获得的研究成果;引用他人成果时如实注明出处;所引用的部分不能构成引用人作品的主要部分或者实质部分;从他人作品转引第三人成果时,须如实注明转引出处。

(2)合作研究成果在发表前要经过所有署名人审阅,并签署确认书。所有署名人对研究成果负责,合作研究的主持人对研究成果整体负责。

(3)在对自己或他人的作品进行介绍、评价时,应遵循客观、公正、准确的原则,在充分掌握国内外材料、数据基础上,做出全面分析、评价和论证。

(4)尊重研究对象(包括人类和非人类研究对象)。在涉及人体的研究中,必须保护受试人合法权益和个人隐私并保障知情权。

(5)在课题申报、项目设计、数据资料的采集与分析、公布科研成果、确认科研工作参与人员的贡献等方面,遵守诚实客观原则。搜集、发表数据要确保有效性和准确性,保证实验记录和数据的完整、真实和安全,以备考查。公开研究成果、统计数据等,必须实事求是、完整准确。对已发表研究成果中出现的错误和失误,应以适当的方式予以公开和承认。

(6)诚实严谨地与他人合作,耐心诚恳地对待学术批评和质疑。

(7)对研究成果做出实质性贡献的有关人员拥有著作权。仅对研究项目进行过一般性管理或辅助工作者,不享有著作权。合作完成成果,应按照对研究成果的贡献大小的顺序署名(有署名惯例或约定的除外)。署名人应对自己做出贡献的部分负责,发表前应由署名人审阅并署名。

(8)不得利用科研活动谋取不正当利益。正确对待科研活动中存在的直接、间接或潜在的利益关系。

三、学术法律规范

学术法律规范是指学术活动必须遵守国家法律法规的要求,主要包括以下内容。

1. 按照《中华人民共和国著作权法》的规定

第一,合作创作的作品的版权由合作作者共同享有,其中的每一个人都无权单独行使合作作品的版权。署名应按照贡献大小排序,但另有学科署名惯例或作者另有约定的除外。

第二,未参加创作的人不可在他人作品上署名。只是参加了一些准备性、服务性工作的,不能认为是参加了作品的创作。

第三,反对剽窃、抄袭他人作品。尊重他人的劳动成果,杜绝任何形式的剽窃行为,比如稍微改变形式或内容,将他人作品的部分或全部据为己有。

第四,禁止在法定期限内一稿多投。依据《中华人民共和国著作权法》的规定,自作者稿件发出之日起 15 日内未收到报社通知决定刊登的,或者自作者稿件发出之日起 30 日内未收到杂志社通知决定刊登的,作者可将同一作品投向其他报社或杂志社,双方另有约定的除外。目前,我国学术性期刊一般都把通知时间规定为 3 个月,应在此期间内避免一稿多投。

第五,合理使用他人作品的有关内容。对他人作品的合理使用要符合以下条件:一是引用的目的仅限于介绍评论某一作品或说明某一问题;二是所引用的部分不能构成引用人作品的主要部分或实质部分;三是不得损害被引用作者著作权人的利益。符合这三个条件的可不经过著作权人同意,不向其支付报酬,但须在自己作品中指明被引用作品作者姓名、作品名称等版权事项。

2. 要保守党和国家秘密,维护国家和社会公共利益

遵守《中华人民共和国保守国家秘密法》,对学术成果中涉及国家机密等不宜公开的重大事项,应严格执行送审批准后才可公开出版(发表)的制度。

3. 应遵守其他法律法规中的相关规定

按照《中华人民共和国民法通则》的规定,不得借学术研究以侮辱、诽谤方式损害公民、法人的名誉。按照《中华人民共和国统计法》的规定,必须对属于国家机密的统计资料保密。在学术研究及学术作品中使用标准、目录、图表、公式、注释、参考文献、数字、计量单位等应遵守《中华人民共和国国家标准化法》《中华人民共和国计量法》等法律法规的规定。

参考文献

[1] 柯平.信息素养与信息检索概论[M].天津:南开大学出版社,2005.

[2] 姚建东.信息素养教育[M].北京:清华大学出版社,2009.

[3] 许征尼.信息素养与信息检索[M].合肥:中国科学技术大学出版社,2010.

[4] 张厚生,袁曦临.信息素养[M].南京:东南大学出版社,2007.

[5] 薛华成,陈晓红,刘兰娟.信息资源管理[M].2版.北京:高等教育出版社,2008.

[6] 谷琦.网络信息资源组织管理与利用[M].北京:科学出版社,2008.

[7] 曹均.网络环境下高校图书馆信息资源采访[M].成都:电子科技大学出版社,2008.

[8] 张怀涛,索传军,代根兴.网络环境与图书馆信息资源[M].郑州:郑州大学出版社,2002.

[9] 俞立君,陈树年.文献分类学[M].武汉:武汉大学出版社,2001.

[10] 袁润,沙振江.大学生信息素质初级教程[M].镇江:江苏大学出版社,2008.

[11] 苏新宁.信息检索理论与技术[M].北京:科学技术文献出版社,2004.

[12] 霍福广,刘社欣,等.信息德育论[M].北京:人民出版社,2008.

[13] 李跃珍.信息检索与利用[M].杭州:浙江大学出版社,2006.

[14] 储开稳,朱昆耕.文理信息检索与利用[M].武汉:华中科技大学出版社,2010.

[15] 王勇,彭莲好.信息检索基础教程[M].武汉:华中科技大学出版社,2010.

[16] 戚敏,梁晓天.数字信息资源检索方法与实践(理工版)[M].武汉:华中科技大学出版社,2011.

[17] 江南大学图书馆.数字图书馆[M].北京:中国轻工业出版社,2007.

[18] 夏立新,黄晓斌,金燕.数字图书馆导论[M].北京:科学出版社,2009.

[19] 罗志尧,胡优新,张永红.文献信息检索与利用[M].北京:科学技术文献出版社,2005.

[20] 汪楠,张炎.实用检索技术[M].北京:科学出版社,2010.

[21] 吕耀怀.信息伦理学[M].长沙:中南大学出版社,2002.

[22] [美]乔尔·鲁蒂诺,安东尼·格雷博什.媒体与信息伦理学[M].霍政欣,

等,译.北京:北京大学出版社,2009.

[23] 李伟超.计算机信息安全技术[M].长沙:国防科技大学出版社,2010.

[24] 张黎.怎样写好文献综述——案例及评述[M].北京:科学出版社,2008.

[25] 肖东发,李武.学位论文写作与学术规范[M].北京:北京大学出版社,2009.

[26] 李德华.学术规范与科技论文写作[M].成都:电子科技大学出版社,2010.

[27] 李国新.中国文献信息资源与检索利用[M].北京:北京大学出版社,2004.

[28] 傅友,白仲奎,刘勇,张新生,陈湖.怎样写文献综述[J].农业图书情报学刊,2007(05).

[29] 胡小菁,李恺.MARC 四十年的发展及其未来[J].中国图书馆学报,2010(02).

[30] 刘颖.高校图书馆读者信息素养教育的分阶实现[J].图书馆学刊,2011(10).

[31] 周芳笃.试论高校图书馆与大学生信息素养教育[J].农业图书情报学刊,2011(04).

[32] 金国庆.信息社会中信息素养教育概述[J].图书情报工作,1995(06).

[33] 滕文花.略论现代图书馆的信息素养教育[J].福建省图书馆学会 2006 年学术年会论文集,2006.

[34] 侯娟侠.大学生信息素质教育的现状及对策[J].教育与职业,2011(21).

[35] 吕芳,刘宏军.大学生信息素养教育研究[J].大学图书情报学刊,2012(02).

[36] 蓝巧燕.论信息素养教育与大学生综合能力的提升[J].江苏教育学院学报(自然科学),2011(03).

[37] 刘佳,周文娟.图书馆开展大学生信息素养教育的优势与途径[J].武汉生物工程学院学报,2007(02).

[38] 李思.论高校图书馆在大学生信息素质教育中的作用[J].科技情报开发与经济,2011(06).

[39] 王菲.当代大学生信息素养培养的途径及模式[J].教育探索,2006(05).

[40] 孙静茹,翟庆伟,孟繁中.高校图书馆与信息素养教育[J].浙江高校图书情报工作,2006 (03).

[41] 侯长红.论高校图书馆的信息素养教育功能[J].教育理论与实践,2011(09).

[42] 房萍.大学生信息素质现状及对策[J].南京工程学院学报(社会科学版),2011 (01).

[43] 李婷婷,谷秀洁.英国高校信息素养教育进展[J].图书与情报,2012(01).

[44] 傅生合.发挥高校图书馆优势 加强大学生信息素养教育[J].科技情报开发

与经济,2011(29).
[45] 周筱夏.中国数字图书馆实践历程及新发展[J].知识经济,2012(09).
[46] 孟玲.浅析我国数字图书馆的发展现状和存在的问题[J].科技情报开发与经济,2010(23).
[47] 唐彦.高校数字图书馆建设的现状与发展探析[J].韶关学院学报,2010(09).
[48] 黄幼菲,袁素瑛.数字图书馆面临的困境及发展路径[J].图书馆论坛,2011(05).
[49] 骆颖."云"环境下数字图书馆的未来[J].重庆图情研究,2011(02).
[50] 张冬梅.21 世纪数字图书馆的发展趋势[J].现代图书情报技术,2002(01).